给予比接受更幸福

安德鲁·卡内基

[美]安德鲁·卡内基（Andrew Carnegie）　著　张岩 编译

中华工商联合出版社

图书在版编目(CIP)数据

给予比接受更幸福：安德鲁·卡内基 ／ （美）卡内

基著；张岩编译. —— 北京：中华工商联合出版社，

2016.1

　ISBN 978-7-5158-1579-4

　Ⅰ. ①给… 　Ⅱ. ①卡… ②张… 　Ⅲ. ①卡内基，A.

(1835~1919)—传记 　Ⅳ. ①K837.125.38

中国版本图书馆CIP数据核字（2016）第 018966 号

给予比接受更幸福
——安德鲁·卡内基

著　　者：	［美］安德鲁·卡内基（Andrew Carnegie）
编　　译：	张　岩
出 品 人：	李　梁
责任编辑：	林　立
封面设计：	冬　凡
责任审读：	郭敬梅
责任印制：	迈致红
出版发行：	中华工商联合出版社有限责任公司
印　　刷：	三河市兴博印务有限公司
版　　次：	2016 年 3 月第 1 版
印　　次：	2022 年 1 月第 2 次印刷
开　　本：	710mm × 1020mm　1/16
字　　数：	228 千字
印　　张：	14
书　　号：	ISBN 978-7-5158-1579-4
定　　价：	38.00 元

服务热线：010 — 58301130 — 0（前台）

销售热线：010 — 58302977（网店部）

　　　　　010 — 58302166（门店部）

　　　　　010 — 58302837（馆配部、新媒体部）

　　　　　010 — 58302813（团购部）

地址邮编：北京市西城区西环广场 A 座

　　　　　19 — 20 层，100044

http://www.chgslcbs.cn

投稿热线：010 — 58302907（总编室）

投稿邮箱：1621239583@qq.com

工商联版图书

版权所有　侵权必究

凡本社图书出现印装质量问题，
请与印务部联系。

联系电话：010—58302915

序　言

　　离开商界后，我的丈夫禁不住好朋友（既有英国的朋友，也有美国的朋友）的恳求，开始抽空把早年的往事一点一滴地记录下来。然而，他不久就发现根本没有想象的那么空闲，他的生活比以前更加忙碌了，于是，只好利用在苏格兰的度假时间来撰写这些回忆。每年夏天，总有几个星期，我们会去位于奥特纳格的郊外小屋度假，享受一下简朴的生活。在那里，他大部分时间都用于写作。对早年时光的回忆令他非常愉快，正如他自己所写的，他又重新回到了过去。1914年7月，他正在那里潜心写作，战争的阴云开始笼罩起来，8月4日，当我们得知这个灾难性的消息后，立即离开那里，回到了斯基伯，以便对局势有更多的了解。

　　这本自传就是在那时完成的。从此以后，他对自己的事情就再也没有兴趣了。有很多次，他试图继续写作，但发现毫无效果。在那以前，他过着中年人的生活——甚至像个年轻人一样——每天打高尔夫球、钓鱼、游泳，有时一天做三项运动。他一直是个乐观主义者，即使面对希望破灭，他也努力表现出乐观的一面来。当世界性的灾难降临，他的心碎了。在患上重感冒后，接着又得了两次严重的肺炎，一下子使他变得苍老了。

　　据他同时代的一个人（那人比卡内基早过世几个月）说，"他无法承受年老带来的负担"，也许，对有幸了解卡内基生平的好友们来说，他一生中最令人鼓舞的地方就是他如何承受"年老带来的负担"。他总是耐心、体贴、乐观，对别人给予的任何一点方便和帮助都心存感激，而从来没有为自己考虑过。他一直期待着美好的明天，他的精神在任何时候都闪闪发光，直到"离开人间，被上帝所带走"。

他在手稿的扉页上亲笔写了这样一段话："在我的回忆录中，可能只有一小部分内容会使公众有兴趣去阅读，而大部分内容只有我的亲朋好友们才会喜欢。我想，我断断续续写的许多内容，理应删去。替我整理这些笔记的人要注意，不要给读者太多的负担。应当选一位既热情又聪明的人来做这项工作。"

因此，还有谁能比我们的朋友约翰·C.范·戴克教授更符合这些要求呢？在看到这部手稿但还没有看到卡内基先生的批注时，他就说："将这部书稿整理出版是一项充满爱心的工作。"这是我们共同的选择，从他做这项工作的态度就可证明，这个选择是明智的——本着一份珍贵而美好的友谊而作出的选择。

露易丝·惠特菲尔德·卡内基

1920 年 4 月 16 日于纽约

目 录

第一章　我的父母和我的童年

有人断言：任何一个人只要将他的人生经历真实地展现出来，都会显得很精彩。如果此话属实，那么，支持我写传记的亲朋好友或许就不会对这一结果感到过度失望。我所聊以自慰的是：至少有些熟悉我的人会对我的经历产生兴趣，这便是我写作的动力。

我在匹兹堡的一位朋友——梅隆法官，几年前写过这类书。该书给我带来的愉悦，使我倾向于赞同在上文中所提及的那一高见。当然，梅隆法官的传记确实给他的朋友们带来极大的愉悦，并且肯定会继续影响他的子孙后代，使他们过得更好。不仅如此，该书超出了亲友的阅读圈子，被列为受欢迎作家之作。该书具有一个实质性的价值——揭示了人的特性。该书的创作没有任何哗众取宠的意图，只是为家人而作。同样，我也只想讲述自己的经历，不想在公众面前故作姿态，而是像在我的家人和真诚可靠的朋友中间一样，毫不拘束地和他们聊天，甚至一些鸡毛蒜皮的小事也不会令他们感到乏味。

那么，言归正传。我于1835年11月25日出生在丹佛姆林的一间平层小房子的阁楼里。这幢房子坐落在摩迪街和皮奥雷巷的拐角处。正如俗语所说："我有贫穷而正直的父母、善良而友好的亲戚朋友。"丹佛姆林作为当时苏格兰的绸缎贸易中心，曾经闻名遐迩。我的父亲威廉·卡内基曾是一位纺织工人，祖父是安德鲁·卡内基——我便是以他的名字命名的。

我的祖父卡内基在当地颇有名声，因为他机智幽默，亲切随和，坚忍不拔。他是他们那个时期活跃分子的领袖人物，又是他们那快乐的俱乐部"帕提梅尔学院"的长官，因此远近闻名。我记得，当我回到阔别14年的丹佛姆林时，一位老人走近了我——有人告诉他，我是"教授"（亲朋好友就是这样称呼我祖父的）的孙子。他当时一副颤颤巍巍、老态龙钟的样子，他的鼻子和下巴都显示出他的年迈。

他步履蹒跚地穿过房间向我走来，将颤抖的手放到我的头上，说："你就是安德鲁·卡内基的孙子？啊，小伙子，你和你祖父长得简直一个模样！我仿佛又回到了从前的时光，与那些他所认为的通情达理的人们友好相处。"

丹佛姆林的其他几位老人跟我讲了一些关于我祖父的故事。下面便是其中之一：

除夕之夜，村子里一位很有个性的老妇人突然发现窗户上出现了一张鬼脸，吓了一跳，仔细一看，惊呼道："哦，原来是你呀，是愚蠢的小伙子安德鲁·卡内基。"她说得没错，我的祖父在 75 岁时还经常扮作嬉闹的年轻人，去吓唬他那些年老的女性朋友。

我想我乐观的天性，排解烦恼、笑对生活的能力，以及如朋友所说的能把丑小鸭变成天鹅的本领，肯定是源自我这位像老顽童一样能够给人带来快乐的祖父的遗传。我为能够继承他的名字而感到自豪。乐观的性格比财富更有价值。年轻人应该知道，性格是可以培养的，心志也可以像身体一样，从阴暗处转移到阳光中来。那么让我们将心志转移到阳光中来吧。如果可能，让笑声驱除烦恼吧。只要一个人有点哲人气质，这一点是能够做到的，倘若他的自责不是因为他做了错事。自责总是存在的。这些"该死的污点"是无法洗刷掉的。最高法院里的法官是从来不会遭受欺骗的。因此，彭斯曾提出了生活的一条重要准则：

唯有自责才能产生恐惧。

这条我在早年生活中所遵循的座右铭，对我而言，比我所听到过的任何说教者都更有意义。不过，我得承认，我与成年时代的老友贝利·沃克颇有几分相似之处。他的医生询问他的睡眠状况，他回答说很不理想，严重失眠，并且眨巴着眼睛作了补充："但是一到教堂里，我能时不时地打个美妙的盹儿。"

在我母亲家族这边，外祖父更为有名，因为我的外祖父托马斯·莫里森是威廉·古伯特的朋友，是他的《政治评论》的撰稿人，他们一直有通信往来。甚至当我着手写这本书的时候，在丹佛姆林的一些认识我外祖父莫里森的老人，依然认为他是他们所知晓的最为出色的演说家和最具才能的人物之一。他是《先驱报》的出版人，与古伯特的《政治评论》相比，这只能算一份小报，却也被视为苏格兰第一份激进的报纸。我读过他的一些文章，文中提出了技术教育的重要性。我认为他的创作中最值得关注的是 70 多年前出版的一本小册子，题目是《智力教育与手艺教育》。在某种意义上，他强调后者的重要性，这也反映出对今天技术教育大力倡导者的信任。小册子的结尾这样写道："感谢上帝，在我年轻的时候，让我学会了制作和修补鞋子。"古伯特把它发表在 1833 年的《政治评论》上，并且加了编者按："本期所发表的是我们尊敬的苏格兰朋友兼记者托马斯·莫里森的书信，这是刊印在《政治评论》上与此主题相关的最有价值的通信之一。"由此可见，我信笔涂鸦的倾向是源于父母双方家族的遗传，因为卡内基家族成员既是读者，也是思想家。

我的外祖父莫里森是个天生的演说家、热情的政治家，也是当地激进派的领袖。他的儿子——我的舅舅贝利·莫里森，作为继承人接替了这一职位。在美国，好几个有名望的苏格兰人找过我，要求与"托马斯·莫里森的外孙"握握手。有一次，美国克里夫兰和匹兹堡铁路公司的总裁法莫先生对我说："我所有的学识和素养都受益于你外祖父的影响。"《丹佛姆林大事记》的作者埃比尼泽·亨德森曾说，他一生中的进步在很大程度上要归功于他年轻时有幸得到了我外祖父的帮助。

如果缺少赞美，我的一生恐怕不会这般辉煌。但是，最令我感到愉快的，是来自《格拉斯哥报》的记者所说的一番恭维话。这位记者听了我在美国圣安德鲁大厅所作的一场关于"地方自治"的演说后，首先报道了一些当时苏格兰人所共知的关于我和我的家族，尤其是我外祖父托马斯·莫里森的情况，接着他写道："试想一下，当我发现讲坛上的是托马斯·莫里森的外孙，其言谈举止和音容笑貌简直就是老莫里森的一个完美的翻版时，我该是多么的惊讶！"

我不记得我是否见过外祖父，但我与外祖父有着令人惊讶的相似是毋庸置疑的。因为，我记得非常清楚，我 27 岁那年，第一次回到了丹佛姆林，当我和舅舅贝利·莫里森坐到沙发上时，他那一双乌黑的大眼睛里充满了泪水，他抑制不住感情，一言不发地跑出了房间。过了一会儿，他回来解释说，在我身上，时不时地闪现出他父亲的影子，这幻影稍纵即逝，间隔一会儿又重现。我们的神态如此相似，他不能准确地解释为什么。我的母亲也时常注意到我身上有着外祖父的一些特性。这种遗传学倾向每时每刻都在被证实，但是，这种举手投足方面的遗传法则，更显微妙！我被深深地触动了。

我的外祖父莫里森与爱丁堡的霍奇小姐结为夫妻，那是一位有教养、举止优雅、身份高贵的女子，可惜在他们还很年轻的时候，她就去世了。那个时候，他的生活条件已经非常优越了，他是一名皮革商人，管理着丹佛姆林的皮革制造业。但是，如同成千上万的人们一样，他在滑铁卢战役失败后的和平时期破产了。他的长子，我的舅舅贝利是在富裕环境中成长起来的，他有一匹可以乘骑的小马驹，而家庭中的其他年轻人则遭遇了艰苦的岁月。

我的母亲玛格丽特是家中的二女儿，关于她，我一言难尽。她从她的母亲那里继承了高贵和端庄，是一位颇有气质的女子。也许有一天，我会将这位女英雄的事迹公之于众，不过，能否做到我难以确定。对我来说，她是圣洁的，无须别人知道。没有人能够真正理解她——只有我能懂她。在父亲早逝后，她是我生命的全部。我的第一本书的献辞中这样写道："献给我最亲爱的女英雄——我的母亲。"

出生在这样一个家族，我无比幸运。一个人的出生地是非常重要的，因为不同的环境和传统会引导和激发一个孩子身上的不同的潜力。罗斯金真切地评述说：在爱丁堡，每一个聪明的孩童都会受到城堡景致的影响。丹佛姆林的孩子也是如此，他们会受到大教堂的影响，受到苏格兰的威斯敏斯特大教堂的影响。这座教堂，早在 11 世纪（1070 年）就已建成，是苏格兰的守护神马尔科姆·坎莫尔国王和玛格丽特王后建立的。大教堂的遗址以及国王们出生的宫殿的遗址如今依然留存，那儿还有皮特克利夫峡谷，环抱着玛格丽特王后的圣坛和马尔科姆国王塔的遗址，如同一首古老的民谣《帕特里克·司本斯》开头所唱的那样：

> 国王坐在丹佛姆林的塔上，
> 饮着鲜红的葡萄酒。

布鲁斯王的陵墓就位于大教堂的中央，附近是圣玛格丽特的陵墓，还有许多皇亲贵族长眠在周围。第一次来这个浪漫的城市观光的孩子们的确是非常幸运的。这座城市位于峡湾北面 3 英里的高地上，可以俯瞰大海，南面可以看到爱丁堡，北面奥克山顶清晰地映入眼帘。这一切不禁令人回想起丹佛姆林作为苏格兰宗教中心和首都时代的昔日的辉煌。

孩子生长在这样的环境中能得到优越的发展，他能够呼吸到诗意和浪漫的气息，当他极目四望时又能感受到历史和传统的陶冶。正是这一切，成为他孩童时代的真实的世界——理想的世界便是曾经存在的真实的世界。在他未来的成年生活中，当他面对残酷的现实百无聊赖的时候，童年的真实世界定会显现出来。甚至直到他生命的尽头，早期的印象还会依然留存，有时偶然也会有短暂的缺失，那只是明显受到了驱逐或压制。但是，这些印象还会抛头露面，施加自己的影响，从而振奋思想，丰富生活。没有哪个丹佛姆林的聪明孩子能够逃避大教堂、宫殿和峡谷给他带来的影响。这些景致触动他，点燃他内心潜在的火花，使他出类拔萃，即使出身寒门也无妨。我的父母也出生在这令人鼓舞的环境中，因此，毋庸置疑，他们也深深受到浪漫和诗意力量的熏陶。

当父亲在纺织业中取得成功后，我们从摩迪街搬到了里德公园一处更宽敞的房子里。父亲的四五台织布机把楼下占满了，我们住在楼上，那里可以直通外面，老式苏格兰房子通常都可以由外面路边的楼梯直通上面的房间。这里是我早期记忆开始的地方。然而很奇怪，我最早的记忆是当时我看到的一幅小型的美国地图。它是用轴卷的，大约2平方英尺。我的父母、威廉叔叔和艾肯特姨妈在地图上寻找匹兹堡，并且指出了伊利湖和尼亚加拉河。不久以后，威廉叔叔和艾肯特姨妈就乘船前往那片充满希望的土地。

当时，我记得表兄乔治·兰德（"多德"）和我由于一面隐藏在顶楼的非法的旗帜而陷于极大的危险之中，对此我俩印象深刻。我相信，那是我的父亲或叔叔或家中其他善良的激进分子在反《玉米法》的游行中携带的。镇上曾经发生了暴乱，骑兵队进驻市政厅。祖父、外公以及叔叔和舅舅们分为两派，我的父亲积极参与各种会议、发表演说，整个家庭处在动荡不安之中。

我记忆犹新，仿佛事情就发生在昨天。一天晚上，我被敲击后窗的声音所惊醒，有人前来告诉我父母，说我舅舅贝利·莫里森胆敢组织非法集会，因而被关进了监狱。镇长在士兵们的协助下，在离镇几英里远的集会现场逮捕了他，连夜将他带回镇上，围观的群众人山人海。

我们担心会有严重的麻烦，因为百姓们威胁说要去营救他，后来我们得知，镇上的监狱看守把他叫到朝着大街的窗口，请求人们撤离。他照做了，对大家说："如果今晚站在这里的是正义事业的朋友，请将双臂合拢。"人们照他说的做了。于是，短暂的停顿之后，他又说："现在请安静地散开！"我的舅舅，像我们家中所有的人一样，是一位有精神感染力的守法公民，但是骨子里是激进的，同时对美国非常向往。

当所有这一切即将公之于众的时候，人们可以想象，这些私下里口口相传的话语多么令人触动。对国王和贵族政府的强烈谴责、对所有形式的特权的公然抨击、共和体制的伟大、美国的优越性、一块适合本民族人们居住的地方、一个人人都享有公民权利的自由的家园——我被这些激动人心的主题所深深感染。作为一个孩子，我曾想到杀死国王、公爵、封建统治者，并且认为这是一种英雄之举，因为这些人的死亡是对国家有利的。

这些正是孩提时代的早期联想所带来的影响，所以，在很早的时候，我就要求自己敬重那些并非通过捷径而成名，并由此获得公众尊敬的任何特权阶层或个人。仅仅依靠血统，不免有人在背后讥讽——"他什么也不是，什么也没干，不过是碰巧罢了，一个徒有虚名的冒牌货，他所拥有的一切不过是碰巧投胎投得好；他们家最有成就的人还像土豆一样埋在地下呢。"我真不知道，在有些人生来就享有特权生活的世界上，一个富有才智的人该怎么生存！特权不应该是他们与生俱来的权利。我总是不厌其烦地引用那几个恰如其分地表达我义愤的词句：

> 曾经有个勃鲁托斯，他难以忍受，
> 魔鬼要像国王一样永远控制罗马。

但是，国王就是国王，并非仅仅是影子。当然，所有这些都是通过继承得到的，我仅仅是回应在家里所听到的。

丹佛姆林或许作为这个国家最激进的城镇长期以来享有盛名，虽然我知道苏格兰的佩斯利涡旋纹花呢也非常有名。激进主义是它更令人称道的一个原因。在我所提及的那个时代，丹佛姆林的人们大多是小手工业者，各自拥有一台或者更多的织布机，他们不用被固定的时间所束缚，工作是计件制的，他们从大的制造商那里取来织物，在家里进行纺织。

这是一个充满强烈的政治激情的时代，在整座城镇里经常可以看到，午饭后的小憩时间，系着围裙的男人们三五成群地围在一起谈论国家大事。休姆、科布登、布莱特的名字常被大家挂在嘴边。尽管我当时还小，却经常被吸引到这个圈子里，是一名非常认真的听众。人们谈话的倾向性完全一致，已经为大家所普遍接受的结论必须有所改变。市民中组织了俱乐部，征订了伦敦的报纸。奇怪的是，每天晚上，向人们诵读报上主要社评的，是镇上的一位牧师。我的舅舅贝利·莫里森是位忠实的读者，他和其他读者读过文章之后，都要发表评论。这样的聚会是相当激动人心的。

这类政治性的集会时常举行，也很可能是人们所期待的。我和家中所有人一样对此有着浓厚的兴趣，多次参加这样的集会。我的一位叔叔或是我的父亲通常拥有不少听众。记得一天晚上，父亲在一个大型的户外集会上发表演说，我从听众的腿间挤了进去，挤到喝彩声最为响亮的一个人旁边，我无法抑制自己的热情，抬头看着这位将我夹在他双腿之间的人，跟他说，演讲的是我父亲。他就把我举了起来，让我坐在他的肩膀上。

我在父亲的带领下参加了另一场由约翰·布莱特主讲的集会。他发表演说支持 J. B. 史密斯成为斯特灵区自由党的候选人。回到家里，我对布莱特先生不恰当的措辞发表评论，比如他提到"许多人(men)"，其实他当时想要表达的意思是"一个人(man)"，他不像我们苏格兰习惯用法那样加上一个重要的"a"。在这样的环境下，我毋庸置疑地成长为一名坚定而年轻的共和党人，我的口号就是"毁灭特权"。当时，我并不知道"特权"的含义，但我的父亲是知道的。

我的姨父兰德最精彩的一个故事也同样与 J. B. 史密斯有关，史密斯是丹佛姆林议会会员约翰·布莱特的朋友。兰德姨父是史密斯委员会的成员，一切进展顺利，直到史密斯被宣布是一个"神教徒"。当地的布告上这样问道：你会投票给一个神教徒吗？这是个严肃的问题。坎内·希尔村的史密斯委员会的主席是一名铁匠，他宣称绝不会投票。兰德姨父赶过去向他抗议。他们约好在乡村的酒馆里边喝边谈。

"先生，我不会投票给神教徒的。"这位主席说道。

"但是，"我的姨父说，"竞争对手是一个基督教徒啊。"

"该死，那是战争。"主席如是回应。

而后，铁匠投了赞成票。史密斯以微弱的过半数优势在选举中胜出。

从手工织布机到蒸汽织布机的纺织变革对我们家庭来说是一个灾难。父亲没有意识到即将来临的工业革命，仍然在旧的体制下艰苦奋斗。他的织布机大大地贬值。在任何紧急时候，都需要有永不言败的力量——我的母亲站了出来，全力挽救家庭的命运。她在摩迪街开了一家小店以增加收入，尽管微薄，然而在当时足以维持我们舒适而体面的生活。

记得在那以后不久，我开始认识到贫困的含义。糟糕的日子来了，当父亲将最后一批纺织品带给大制造商时，我看到母亲在焦急地等待他回来，想要知道是取回了一些新的纺织原料呢，还是将面临无事可做的日子。虽然"凄惨的境况不意味着可耻"，但是当我的父亲如彭斯所说，"乞求地球上的兄弟给他辛苦的工作"的时候，我的心中有火焰在燃烧。

当时，我就下定决心，长大成人后我将拯救这一切。然而，和许多邻居相比，我们还没有完全陷入贫穷的境地。我不知道贫穷的日子会持续多久，母亲也没有把握，但她尽可能地让她的两个孩子穿得干净而整洁。

我的父母不经意间承诺：在我自己要求上学之前，他们将不会送我上学。后来我才知道，这个承诺给他们带来了很大的不安，因为我长大后并没有提出想上学的要求。他们请校长罗伯特·马丁先生对我多加关照。有一天，马丁先生带我和我的一些已经入校的同伴去远足，此后不久，我就要求去他的学校，父母深感安慰。不用说，我的请求当然获得了准许。这年我已经8岁了，后来的经验告诉我，对任何孩子来说，在这个年龄上学还是够早的。

校园生活对我来说是非常快乐的，要是有任何阻止我上学的事情发生，我都会不高兴。然而，这样的事每天都会发生，因为我早上的任务是到摩迪街最前面的一口井里打水。水供应不足，断断续续。有时，我们还不能和别人抢着打水，以至于早上弄得很晚。上了年纪的老太太们在井边围坐成一圈，她们在前一天晚上就放了不值钱的铁罐排成一队，以保证她们先来后到的顺序。可以料想，这导致了我不卑不亢地与这些尊敬的老妇人据理力争。我被她们称为"坏小子"。也许就是这样，我养成了争强好斗的性格，并且一直伴随着我。

由于要做这些事情，我经常上学迟到，但是校长了解其中原委，对此给予谅解。我可能提起过，通过同样的关系，我有了一份放学后去商店打工的差事，因此，回顾我的人生，我非常满意自己在刚10岁的时候就对父母已经有用了。不久后，我接受委托，保管与商店有业务往来的许多人的账目，以至于我对业务渐渐熟悉起来，就这样，在孩童时期，我对生意上的事就有了一定的了解。

然而，在我的校园生活中也有一件苦恼的事。男同学们给我取了个绰号叫"马丁的宠儿"，有时当我路过校园，也会有人大声对我喊这个讨厌的绰号。我不清楚这个绰号到底意味着什么，但对我而言可以说是极度的羞辱，这也阻止了我以其他方式来回报这位优秀的老师——我唯一的校长。对他，我心怀感激和歉意，非常遗憾，在他生前我再也没有机会做更多的事情来报答他。

在这里，我还要提到一个人，他就是对我影响至深的我的兰德姨父——乔治·兰德的父亲。我的父亲要在纺织店里一刻不停地工作，一整天里只有很少的休息时间可以照看我。姨父是希尔街的一家店主，因此不太辛苦。那里是贵族店长的聚集地之一，在丹佛姆林，有各种不同等级的贵族担任店主。我刚上学的时候，斯通姨妈过世了，这对兰德姨父影响颇深，在他的独生子乔治和我的友谊中，他才找到了慰藉。他天生就善于和儿童打交道，教了我们很多事情。记得其中有一件事是，他教我们英国历史时，让我们想象每一个国王在房间墙上的某一个地方，然后他熟门熟路地进行表演，让我们加深印象。于是，至今在我的印象中，约翰国王就坐在壁炉架上面签署文件，维多利亚女王则抱着孩子，坐在门后。

多年之后，我在威斯敏斯特教堂的教士礼拜堂里找到了完整的国王的名册。这可能会被认为有点冗长了。在威斯敏斯特小礼拜堂里有一张停尸桌，据说，奥利弗·克伦威尔的尸体就是从那里搬走的。在这份国王的名册里，我了解到，姨父所景仰的一位重要的共和主义君主写了封信给罗马教皇，通知他，假如他不停止对新教徒的迫害，"在罗马教廷将听到大英帝国的炮声"。毋庸置疑，我们认为用"领袖"来形容克伦威尔，恰如其分。

从兰德姨父那里，我了解了苏格兰的早期历史知识——关于华莱士、布鲁斯、彭斯、布兰德·哈里、司各特、拉姆齐、坦尼希尔、霍格、费格森。坦诚地说，彭斯的作品点燃了我对苏格兰的爱国热情，贯穿于我的整个生命。华莱士理所当然是我们的英雄，所有英雄的特征都集中在他身上。伤心的是，有一天，学校里一个淘气的大男生告诉我英格兰比苏格兰要大得多。我便去找姨父请求帮助。

"这算不了什么，奈格，假如苏格兰像英格兰一样铺平展开，苏格兰就会大得多，但是你能把苏格兰高地碾平吗？"

噢，这是不可能的！这只是对心灵受伤的爱国青年的安慰。后来，我被英格兰人口众多的问题困扰，再次去找姨父请教。

"是的，奈格，7∶1，但是在班诺克本战役中比例更悬殊。"于是，我心里又高兴起来，高兴的是英国人越多，就越说明我们值得称赞。

有一句至理名言："战争会引发战争。"每一场战争都为将来的战争播下了种子，因此，许多国家世代为敌。苏格兰男孩的经历，美国男孩也有。他们长大后读过华盛顿和福奇山谷的故事，读过雇用黑森人残杀美国人的历史，因而憎恨英格兰人。这就是我和我在美国的侄子都受过的教育。苏格兰是正义的，但是英格兰要打苏格兰，是个不讲道理的对手。直到他们长大成人后，仍有根深蒂固的偏见，甚至可能很难消失。

兰德姨父告诉我，他经常带客人到家里来，让他们见识他使我和多德或哭或笑或捏紧我们的小拳头准备开战的能力——总之，就是通过诗篇和歌曲的感染力来影响我们的情绪。华莱士被出卖的故事是他的一张王牌，彻底毁灭成为永远不变的结果，每次都能让我们幼小的心灵哭泣。每次说起这个故事，他都很有把握。毋庸置疑，这个故事不时得到新的修饰和润色。我姨夫的故事从来不需要司各特所给予的"帽子和拐杖"。英雄对孩子们的影响是多么奇妙啊！

在海尔街，我跟姨父和多德在一起度过了许多时光。因此，我与多德之间结下了终生的兄弟情谊。小时候，我不会喊他"乔治"，他也不会喊我"卡内基"，我俩总是相互称"多德"和"奈格"，没有其他名字能够涵盖这份亲情。

从海尔街的姨父家回到位于镇尾摩迪街的我自己的家，有两条路可走，一条路要经过教堂阴森恐怖的墓地，一路上没有灯光，另一条则是灯光灿烂的梅格路。每当我必须回家时，姨父都会故意使坏问我会走哪条路。想想华莱士会怎么做吧！我总是回答将沿着教堂的那条路走。我为自己的勇敢感到自豪，每一次都抵抗住了诱惑，没有转向沿路有灯的梅格路口。我常常沿着墓地向前走，经过教堂黑暗的拱门，心都提到了嗓子眼儿。经过那片漆黑的地方时，我试着吹口哨来给自己壮胆，打退堂鼓时就想想假如华莱士遇到了敌人、怪物或鬼神，他究竟会怎么处理。

在我的童年时期，罗伯特·布鲁斯国王从来没有在我和我的表兄那里得到过公正的评价。对我们来说，他只是一个国王而已，而华莱士是人民的英雄。约翰·格雷厄姆先生是我们心中排名第二的英雄。我的爱国心也正是这样培养起来的，苏格兰男孩的爱国主义精神非常强烈，在他的整个生命中形成了一种重要的力量。假如要问我所拥有的主要潜质——勇气和胆量源自哪里，我相信分析后将会发现来自华莱士，来自这位苏格兰的英雄。对于一个孩子来说，英雄就是一座力量的高塔。

到达美国后，当我发现另有国家声称自己拥有值得骄傲的遗产的时候，我感到苦闷不解。没有华莱士、布鲁斯和伯恩斯的国家有什么可以骄傲的？我认为，在人迹罕至的苏格兰地区，至今仍然有人会有这样的感觉。随着年龄的增长和知识面的拓宽，我知道每一个国家都有各自的英雄、各自的传奇、各自的习俗和各自的成就。然而，真正的苏格兰人是不会在若干年后找理由贬低自己的国家以及她在全球大国中的地位的。他会寻找充足的理由去抬高他对其他国家的评价，因为每个国家都有许多值得自豪的地方——足以激励他们的子孙后代各尽其力，为国争光。

多年前，我觉得在新大陆上能大有作为，但它只是一个临时的居所。我的心在苏格兰。我和彼得逊校长的小儿子有相似之处，他在加拿大时，问他是否喜欢加拿大，他回答说："作为短暂的访问观光之地非常好，但我不会永远住在离布鲁斯和华莱士的遗址太遥远的地方。"

第二章　丹佛姆林和美国

我的好姨父兰德在教育上非常重视背诵，我和多德因此受益良多。我们经常穿上长礼服或衬衣，挽起袖子，戴上纸制的头盔，把脸涂黑，拿着木板条当剑，扮做戏剧中的人物，向我们的同学和长辈们背诵诺瓦尔和格雷纳温、罗德里克·杜和詹姆斯·费茨詹姆斯的台词。

我清晰地记得，在诺瓦尔和格雷纳温的经典对白中，我们对于重复短语——"该死的虚伪"有些顾虑。起先，我们以小声咳嗽来掩盖这个总是让观众觉得好笑的令人不快的词语。有一天，姨父告诉我们，可以说"该死"这个词，不会引来责骂。这天对我们来说太重要了。此后，我们经常排练这段台词。我总是扮演格雷纳温的角色，把这个短语说得非常到位。偷吃禁果对我来说具有很强的吸引力。我非常能理解玛乔丽·弗莱明的故事。一天早上，她生气了，瓦尔特·司各特问她怎么了，她回答说：

"今天早上我非常生气，司各特先生。我真想说'该死的'，但是我不能。"

从那以后，一个特殊词语的表达成为演出中的亮点。在神坛上，牧师说"该死的"不算有错。在朗诵时，我们也同样可以大声说"该死的"。另一件事也给我留下了很深的印象。在诺瓦尔和格雷纳温的争斗中，诺瓦尔说："我们的争斗终有一死。"1897 年，我在给《北美评论》写的文章中用了这句话，姨父偶然读到，立即从丹佛姆林写信给我，说他知道我是从哪里发现这句话的，在世的人中，只有他能做到。

姨父所采用的教育方式使我的记忆能力得到了很大的加强。我觉得鼓励年轻人去记忆一些经典的片段并经常背诵对他们是有利的，没有比这更好的方法了。我对自己的速记能力非常满意，这也使我的一些朋友感到惊讶。我能记住任何事情，不管是我喜欢的还是不喜欢的，但是，如果那件事不能让我留下深刻的印象，那么几小时后我就会忘得一干二净。

丹佛姆林的校园生活对我的一项考验是每天熟记《圣经·诗篇》中两首双行体的诗歌，为此，我不得不天天背诵。我的方法是这样的：在动身去学校之前，都对诗歌一眼不看。慢步走到学校花不了五六分钟时间，但在这简短的时间里我能轻松地完成作业。第一节课就是诗歌课，我做好了准备，顺利地通过了这项煎熬。如果要我在半小时之后将诗篇再复述一遍，那么结果恐怕非常糟糕。

我挣得的第一笔钱，或者说是从家庭圈子以外的人那里接受的第一枚硬币，是来自学校的老师马丁先生，那是作为我在全校师生面前背诵彭斯的诗歌《人类创造忧伤》的奖赏。写到这里，我想起了若干年后在伦敦和约翰·莫利先生共进晚餐的情景。当话题转到华兹华斯生平的时候，莫利先生说，他正在找彭斯的诗歌《晚年》，对这首诗他非常欣赏，但是在篇目中没有找到。我很乐意地向他复述了这首诗的一部分，他当即给了我第二枚硬币。啊，莫利先生真伟大，虽然他不是我们学校的老师。马丁先生是我所认识的第一个"伟大"的人。对我来说，他真的非常伟大。但是，"老实人"莫利也的确是位英雄。

在宗教问题上，我们不会过多涉及。当学校里其他男孩和女孩被迫学习《简明教义问答手册》时，我和多德可以免修，对于这样的安排以及具体原因我从来没有弄明白过。我们家族中的所有亲戚，包括莫里森家和兰德家，其宗教立场与其政治观点一样激进，并且反对教义，对此我毫不怀疑。在我们家族圈子里，没有一个正统的长老教会员。我的父亲、叔叔和艾肯特姨妈、兰德姨父以及卡内基伯父，都不信仰加尔文教。后来某一天，他们中的多数人在瑞典宗教哲学家斯韦登伯格的学说中找到了精神慰藉。我的母亲在宗教问题上一直保持沉默。她从不对我提起这些，也不去教堂，因为在那些早期的岁月里，家里没有佣人，她要做所有的家务，包括烹饪星期天的正餐。她酷爱阅读，《查宁一神教》一书在那些日子里给了她特别的快乐。她真是不可思议！

童年时期，弥漫在我周围的是一种政治和宗教上强烈动荡不安的气氛。伴随着当时的政界是最先进的思想——消灭特权、公民平等、共和主义，我还听到许多在宗教问题上的争论。敏感的孩子容易不假思索地从长辈那里接受这些思想。我清楚地记得，加尔文主义的苛刻教条对我来说就像是一场可怕的噩梦，但是由于前面提到的这类影响，那种糟糕的情绪转瞬就消失了。长大后，有件事一直藏在我的心里。有一天，牧师在传教时，我的父亲愤然离开了长老会教堂。

此事发生在我到那以后不久。父亲不能接受牧师宣讲的理论，他说："如果那就是你们的信仰和你们的上帝，那么我会去寻找一个更好的信仰和更高尚的上帝。"他离开长老会教堂后再也没有回去过，但他没有停止关注其他各种教派。我看见他每天早上进入祈祷间里去祷告，这给我留下了深刻的印象。他的确是位圣徒，一直心怀虔诚。所有的宗教对他来说就像是正义的代言人。他发现宗教有许多派别，但信仰只有一个。我为父亲感到骄傲，他比牧师懂得更多，牧师勾画出来的不是天神，而是《圣经·旧约》中的残忍复仇者——正如安德鲁·D. 怀特曾在自传中大胆放言，说他是一个"永远的拷问者"。值得庆幸的是，如今这种无知的观点已成为过去。

我童年时最大的乐趣之一是饲养鸽子和兔子。每当我想起父亲不嫌麻烦地为这些小动物搭建合适的窝，我就心存感激。我们家成了小伙伴们聚集的大本营。母亲一直认为家庭影响是让她的两个儿子走上正途的最好方式。她过去常说，首先要让家里充满快乐的气氛，只要我们和邻里伙伴觉得快乐，她和父亲没有什么不能做的。

我的第一次商业冒险是作为一名雇主让伙伴们为我服务一个季度，报酬是以他们的名字来给小兔子取名。在周六假日，他们通常要给小兔子找食物。回顾当时，想起我与小伙伴们所签订的苛刻的合同，如今我的良心都会受到谴责。整整一个季节，他们无怨无悔地采集了很多蒲公英、苜蓿给我，却只得到少得可怜的回报。唉，我真该给他们一些报酬的，可我却一分钱也没给。

我很珍惜这次活动所带来的经历，因为那是最初展现我组织能力的证明。我一生中在物质上的成功与这种能力的发展有着紧密的联系。成功，并不是由于我知道什么或者能做什么，而是对能力的认识以及知人善任。这是任何人都应该拥有的宝贵知识。我不懂蒸汽机的结构原理，但是我会试着去懂得比机械装置更复杂的部件——人。1898 年，我们的长途马车旅行停留在苏格兰高地的一间小旅馆里，一位绅士走过来向我们作自我介绍。他是麦金托什先生，苏格兰了不起的家具制造商。后来我发现，他是一个品行端正的人。他说，他冒昧地介绍自己，是因为他是那群给小动物找食物的男孩中的一个，他有时不愿"表达"，但却对小兔子格外宠爱，有一只小兔子还是以他的名字命名的。可以想象，遇见他我是多么高兴——在以后的人生中，我只遇见了这一位曾给兔子觅食的男孩。我希望和他一直保持友谊并且经常见面。（今天，1913年12月1日，当我读到这段手稿时，我收到了他的一封珍贵的短信，回忆我们童年在一起时的美好时光。他收到我的回信时，一定会像我收到他的信一样，感到非常温馨。）

随着蒸汽机的推广和进步，丹佛姆林小手工业者的生意越来越差。终于，我们给母亲在匹兹堡的两个姐妹写了封信，表达了经过认真考虑后想去那里投奔她们的意思。我记得曾听父母说起，这么做不是为了改善家境，而是为了两个年幼的儿子。她们回信给了一个满意的答复。然后，家里决定通过拍卖的方式卖掉织布机和家具。父亲经常高兴地亮开嗓门为我们唱歌：

> 向西，向西，奔向自由的大地，
> 那里，波澜壮阔的密苏里河奔流入海；
> 那里，辛劳的人们自己当家做主，
> 穷人也能从田野将劳动的果实采摘。

卖掉家当所得的收益令人非常失望。织布机几乎没卖什么钱，结果还需20英镑才能凑够全家去美国的路费。此时，母亲的一位终生好友亨得森夫人伸出了友谊的援手。母亲总是有很多忠诚的朋友，因为她自己是如此真诚忠厚。亨得森夫人是埃拉·费格森的女儿，在我们家里，大家都知道这个名字。她冒险预付给我们急需的20英镑，兰德姨父和莫里森舅舅作担保。兰德姨父也给了些帮助和建议，为我们安排好了一切。1848年5月17日，我们离开了丹佛姆林。那年，父亲43岁，母亲33岁，我13岁，汤姆5岁——一个长着漂亮的白发和明亮的黑眼睛的男孩，他无论走到哪里总能吸引人们的目光。

从此以后，我永远离开了学校，除了有一个冬天在美国上夜校。后来，有位法国家庭教师教了我一阵子。说来很巧，他是一位演说家，从他那里我学会了如何演讲。我会读、写、译，并且开始学习代数和拉丁语。在一次旅行中，我给兰德姨父写过一封信，但那封信被退回来了，从信中可以看出我那时的书法比现在要好得多。我在英语语法方面学得很吃力，刚刚达到同龄孩子通常应有的水平。我所阅读的书籍不多，除了一些关于华莱士、布鲁斯和彭斯的书，不过，诗歌中许多经典片段我却能够铭记在心。孩提时代，我还读过童话，尤其是《天方夜谭》。在这本书里，我被带进了一个新的世界。我如饥似渴地阅读这些故事，犹如身临梦境。

一天早上，我们从热爱的故乡丹佛姆林出发，坐在公车上，沿着去查尔斯顿的运煤铁路奔驰。记得当时我含泪望着窗外，直到丹佛姆林从我的视线中渐行渐远，最后远去的还有那座庄严而古老的大教堂。在我第一次离开丹佛姆林的14年间，我几乎每天都会像那天早上那样想："我何时能再次见到你？"只有在少数的日子里，我的脑海中没有浮现大教堂塔上神奇的文字——"罗伯特·布鲁斯国王"。我童年所有的记忆，我熟悉的乐土，都与古老的教堂和那里的钟声有关。每晚八点整，钟声就会敲响，它意味着一天已经结束，我该上床睡觉了。我在《美国的四驾马车在英国》一书中，也曾提到过那口钟。现在，我也要从中引用几段：

> 马车驶下廊桥，我和沃尔斯教长站在马车前排的位置。当时，我听到大教堂传来的第一遍钟声，钟声是为我和我尊敬的母亲而鸣响的。我双膝跪下，眼泪不知不觉地奔涌而出，我转身告诉教长我无法控制自己。片刻，我感觉自己好像要晕倒了。幸亏前面不远处没什么人，我有时间调整情绪。我咬紧双唇直到流出血来，我轻声对自己说："没关系，保持冷静，你必须坚持住。"这个世界上从来没有这样的声音进入我的耳朵，深入我的灵魂过，这个声音萦绕在我耳边，那悦耳、亲切、温柔的力量征服了我。

> 伴着晚钟，我被抱到小床上，进入童年天真无邪的梦乡。每晚，父亲或是母亲会在床边俯下身子亲切地告诉我钟声都说了些什么。通过他们的翻译，我知道钟声对我说了很多美好动听的话语。那是来自天堂和神父的声音，在我入睡之前会和蔼地告诉我，一天中我有没有做错事情，他们的话语清晰平和，我知道敲钟的神灵看到了一切，但没有生气，从来没有生气，从未，但是非常非常遗憾。今天，当我听到这个声音，对我来说这不是一声简单的钟响，而是仍然有它独特的含义，这个声音仿佛是在欢迎漂泊在外的母亲和她的儿子再次回到它充满关爱的怀抱。

> 上天不会给我们安排什么，也不会赠予我们什么。钟声为我们而鸣，

这是大教堂的钟声给予我们的奖赏。弟弟汤姆也曾在那里，这样的想法当时就有了。在我们去新的地方之前，汤姆也开始领略到钟声的奇妙。

卢梭希望在美妙的音乐中死去。如果我能选择，我希望在临终前有大教堂的钟声在耳边敲响，告诉我人生已经跑到了终点，并且召唤我，就像它曾经召唤那个长着白色头发的小男孩一样，最后一次唤我"入睡"。

我收到许多读者的来信，提到我书中的这段描述。他们之中甚至有些人说，读的时候泪流满面。这些文字来自我的内心，也许这就是感动读者心灵的原因。

我们乘坐一艘小船，在福思湾换登爱丁堡号轮船。当我将要被抱到轮船上时，我奔向兰德姨父，紧紧搂住他的脖子，哭喊道："我不能离开你！我不能离开你！"一个好心的水手把我和姨父分开，把我抱到轮船的甲板上。当我回访丹佛姆林，这位亲爱的老朋友过来看我时，对我说那是他曾见过的最感伤的别离。

我们乘坐800吨的威斯卡斯特号帆船，从格拉斯哥的布鲁米洛起航。在长达7周的航行期间，我对水手有了更多的了解，知道了各种缆绳的名称，并且能够引导乘客去听从船长指挥，由于船上人手不够，急需乘客们的协助。结果，每逢周日，水手就邀请我参加他们的聚餐，与我分享他们伙食中的美味——葡萄干布丁。我下船时还有点依依不舍。

到了纽约，让人眼花缭乱。我曾在爱丁堡被人带领去拜见过女王，但那是在我出国前的一次旅行中。在我们起航前，也没有时间去格拉斯哥观光。纽约是第一大繁华之都，我的生活圈在人声鼎沸的工业区，它的热闹和刺激让我不知所措。我们在纽约停留时，发生的一件小事给我留下了印象，当我们穿过城堡花园的保龄球场时，威斯卡斯特号帆船上的一位水手罗伯特·巴里曼抓住我的胳膊，认出了我。他在甲板上穿着制服，上岸后穿着时尚，蓝夹克配上白裤子。我认为他是我见过的最英俊的男人。

他带我去了一家饮料铺，要了一杯菠萝汽水给我。我喝着饮料，仿佛品尝到了上帝所赐予的甘露。直到今天，在我的脑海中还留有那份华丽的色彩，雕刻着精致花纹的黄铜水杯中流出充满泡沫的甘露，在我的想象中没有任何事情能与我曾见过的那个场景相比。我常常经过那个地方，看到老妇人的饮料铺还在那里，不禁会想起那位亲爱的老水手。我曾试着联系他，若能找到他的话，希望看看他是否正安享晚年，或者可以尽我的力量使他的暮年生活多些快乐，但一切都是徒劳。他是我理想中的汤姆·保林，当那首动听的老歌响起时，我仿佛看见了"充满男性魅力"的我亲爱的老朋友巴里曼。唉！此前他也去了天堂。然而，他在航行中给予一个男孩的友善的帮助，使得这个男孩成为他的挚友和景仰者。

在纽约，我们只认识斯隆夫妇——著名的约翰、威廉和亨利的父母。斯隆夫人（尤菲米娅·道格拉斯）是我母亲童年时在丹佛姆林的伙伴。斯隆先生和我父亲曾经同是纺织工。我们去拜访他们，受到了热情的欢迎。威廉在1900年从我这里买了在纽约我家对面的一块地，给他两个已出嫁的女儿，这样我们的第三代孩子也成了好朋友，就像我们的母亲在苏格兰那时候一样，这真是件高兴的事。

纽约的移民代理商建议我的父亲，通过伊利河，经布法罗和伊利湖到克里夫兰，再由运河到比弗——这段旅程在当时需要3周时间，而今乘火车只要10小时。那时还没有铁路通匹兹堡，也不通西部任何一个城镇。伊利铁路正在修建中。旅途中，我们看见一群群人在那儿工作。对年轻人来说，没什么是错的。作为一名运河小船上的旅客，在那3周时间里有着无忧无虑的快乐。在我的经历中，所有的不愉快都从记忆中渐渐远去了，除了在夜晚的时候，我们被迫留在比弗湾码头等轮船把我们从俄亥俄州带到匹兹堡。这是我们第一次领教蚊子的凶猛，我的母亲被蚊子咬得比较厉害，甚至早上难以睁眼。我们的状况也很惨，但我不记得了，即使那晚被蚊子叮咬得刺痛，我仍然睡得很沉。我的睡眠一直不错，从来不知道"可怕的夜晚，地狱里的孩子"。

我们在匹兹堡的朋友焦急地等待我们的消息，他们温暖贴心的问候让我们忘却了烦恼。我们和他们一起在阿勒格尼市找到了住处。霍根姨父的一位兄弟在丽贝卡街的街尾开了一家小的纺织店。这家店有两层楼，楼上有两个房间，我们在那里落了脚（房租是免费的，因为我的艾肯特姨妈是那儿的房东）。不久以后，我的姨父放弃了纺织生意，我的父亲就接替他开始从事桌布生产，他不仅会纺织，而且后来还自己经商，去叫卖产品。因为找不到商人大批量订货，他不得已只好自己去开拓市场，挨家挨户地推销产品，收益极其微薄。

像往常一样，母亲出来拯救一切。没有什么能阻挡她的。她年轻时，曾在她父亲的商行里学过给鞋子镶边以挣取一些零用钱，如今这一技之长可以为家庭增加收入了。菲普斯先生，是我的朋友和合伙者亨利·菲普斯的父亲，他和我的外祖父一样，也是鞋店老板。他是我们在阿勒格尼的邻居。母亲从他那里接活，此外她还要做家务——当然，因为我们家没有请用人——母亲是一位伟大的女人。为鞋子镶边每周能挣 4 美元，深夜，她还经常在工作。白天和傍晚的空闲时间，当家务活做完了，我的小弟弟就坐在她的膝盖上帮她穿针线，并给线打上蜡。如同她曾经对我一样，她会给弟弟讲述一些苏格兰的经典民谣，她似乎已把这些熟记在心，有时也会讲一些寓意深刻的故事。

这是诚实正直的穷孩子比富家子弟更具优势之处。母亲身上汇集了护士、厨师、管家、教师、圣徒所有这些身份的一切特点，父亲则是榜样、向导、顾问和朋友！我和弟弟就是在这样的环境下被培养起来的。与这样的传统相比，富翁和贵族的孩子所拥有的又算什么呢？母亲是位勤劳的妇女，但是再忙的工作也不会妨碍她在邻居遇到麻烦时及时地给予建议和帮助，她被邻居们公认为是一位知性而友善的女人。很多人告诉我，母亲为他们做过很多事情。因此，后来不论我们住在哪里，富人和穷人都带着难题来找她出谋划策。无论她走到哪里，她总是出类拔萃的。

第三章　匹兹堡和我的工作

现在重要的问题是，我能找到什么工作。我已满13周岁，非常渴望得到一份工作来帮助家里在新的地方开始新生活。前景对我来说还相当渺茫。这一时期，我暗下决心，我们要努力工作，一年存300美元——每月存25美元，只有这样，才能维持我们的生活，才不用依靠别人。在那时，日常生活用品非常便宜。

霍根姨父的兄弟经常来问我的父母想让我做什么。有一天，发生了我所见过的场景中最悲惨的一幕，我永远不会忘记。他满怀好意地对我母亲说，我是个可爱聪明的男孩，他相信假如给我配一个篮子，让我提着一篮子小玩意儿去沿街叫卖，一定能赚不少钱。在那以前，我从来不知道，一个被激怒的母亲会是什么样子。那会儿，母亲正好坐着在做针线活儿，她突然从椅子上跳了起来，气得张开双手，在那个人面前挥舞着。

"什么？你要让我儿子去做小商贩，与那帮粗鲁的人混在码头上？我宁可把他扔到阿勒格尼河里去。走开！"她指着门大声喊道。然后，霍根先生就走了。

她站在那里，像一位悲剧中的女王。顷刻，她瘫了下来，禁不住开始哭泣。她把我们兄弟俩搂进怀里，叫我们不要介意她的失态，对我们说：这个世界上我们有许多事情可以去做，我们是有用的人，假如我们走正道，就会受人尊敬和赞赏。海伦·玛基高在回答奥巴迪斯通时有一段台词，她威胁她的战俘"如花格图案一样碎尸万段"。但是，女人被激怒的原因各不相同。母亲发怒并不是因为小贩这个工作是简单的劳动，而是因为小贩这个工作有点像无业游民，她教育我们游手好闲是不光彩的，在她看来这不是一份正派体面的工作。是的，母亲宁愿一手抱着一个儿子，同他们一起死，也不愿意他们年纪轻轻的就和低俗的人们混在一起，毁了一生。

回顾早年的奋斗历程，可以说：在这个国家，没有人比我更为自己的家庭感到自豪。家中的每一个人都具有强烈的荣誉感和独立自尊的精神。瓦尔特·司各特评价彭斯是最有远见的人。我要说我的母亲也同样如此。如彭斯所言：

> 她的眼睛即使看着一片空白，
> 也依然透着对荣誉的坚定渴望。

一切低俗、自私、欺骗、诡诈、粗鲁、阴险或多嘴多舌都与高尚的心灵毫不相干。父亲也是一个高尚的人，为所有的圣徒所爱戴。有这样的父母，我和汤姆也养成了正直高尚的品性。

此后不久，父亲发现有必要放弃手动纺织机的生意，到布莱克斯道先生的棉纺厂工作。布莱克斯道先生是我们曾经居住过的阿勒格尼市的一位苏格兰老人。父亲为我在厂里谋到了一个绕线工的岗位。在那儿我有了第一份工作，每周可以得到 1 美元 20 美分的薪水。那是一段艰苦的岁月。冬天，我和父亲不得不摸黑早起，匆匆吃完早餐，赶在天亮之前到达厂里，午餐只有一会儿的休息时间，一直要工作到天黑以后。这样的工作时间让我很苦恼，工作本身没有任何乐趣可言。但是，乌云也会有一线闪光的内层，这份工作让我感觉到我能够为我的世界、为我的家庭做点事了。我曾赚过数百万美元，但这数百万美元给我带来的快乐远不及我第一次拿到工资时的快乐。我现在是家庭的得力帮手了，是一个可以养家糊口的人了，不再完全要父母负担了。我又能经常听到父亲那悦耳的歌声《小船划呀划》，我还非常向往最后一段歌词中的情境：

> 埃里克、吉内蒂和乔凯，
> 清晨就从被窝里钻了出来，
> 划着小船去捕雀鳝，
> 为我们大家排忧解难。

我将要告别这份小手工活了。在此需要说明的是埃里克、吉内蒂和乔凯首先是要接受教育的。苏格兰是最早要求所有的父母对他们的孩子进行教育的国家，无论出身贵贱，苏格兰也是最早建立教区公立学校的国家。

此后不久，约翰·海先生——阿勒格尼市的一位苏格兰线轴制造商——需要一个男孩，问我是否愿意去他那儿工作。我去了，每周能挣 2 美元。但是，起初这份工作比原来那个工厂的工作更让人厌烦。我要在线轴厂的地下室里操作一台蒸汽机，还要烧锅炉，这太为难我了。一个又一个夜晚，我坐在床边测量气压，有时担心气压太低，上面的工人会抱怨动力不足；有时又担心气压太高，可能引起锅炉爆炸。

但是，所有这些事，我出于自尊向父母隐瞒了。他们有自己的烦心事，我不能再给他们添麻烦了。我必须像个真正的男人一样自己承受。我的期望很高，每天都盼着有变化发生。我不知道会是什么变化，但我肯定，只要我坚持住就一定有希望。此外，在那段日子里，我仍会问自己，华莱士将会怎么做，一个苏格兰男人应该怎么做。有一点我坚信不疑：他永远不会放弃。

有一天，机会来了。海先生需要起草一些报表。他没有文员，自己又不擅长书写。他问我能写哪种字体，然后交给我一些文字工作让我去做。结果令他很满意，他发现这项工作非常适合我，从那以后，就让我替他起草报表。我的算术也很好，他很快发现，我做这些事更符合他的利益。而且，我相信，这位亲爱的老人对我这个有着白色头发的男孩也有好感，因为他是一位心地善良的苏格兰人，希望把我从蒸汽车间解脱出来，所以安排我做些其他的事。这些工作没有那么令人讨厌了，除了一件事。

现在，我的工作是把新加工好的线轴浸在油桶里。幸运的是那儿有一间专用的工作间，我独自使用。不管我下多大的决心，对自己的弱点感到多么气愤，都不能阻止我的胃对油味的强烈反应。我从来没有成功战胜过油味带来的恶心。这再次证实了华莱士和布鲁斯在这里的重要性。但如果我不吃早餐和午餐，那么晚餐的胃口会更好些，并且能完成所分配的工作。一个真正的华莱士和布鲁斯的信徒是不会轻言放弃的，否则他宁愿去死。

和在棉纺厂相比，我在海先生这里工作明显有进步，我还结识了一位对我很好的雇主。海先生记账采用单式记账的方法，我能帮他做这些事。但据说所有的大公司都采用复式记账法，而后，我和同事约翰·菲普斯、托马斯·N. 米勒、威廉·考利一起去学习这种复式记账法，我们决定冬天去上夜校，学习这个大的记账系统。我们四个人去了匹兹堡的一家威廉姆斯学校，学会了复式记账。

1850 年年初的一天晚上，我下班回家时，得知电报公司的经理大卫·布鲁克斯先生向霍根姨父打听哪里可以找一个优秀的男孩做信差。布鲁克斯先生和我的姨父都是跳棋爱好者，他们在下棋时提出的这个问题对我来说具有重要的意义。这样的小事往往会产生意义重大的结果。一个单词、一个眼神、一个音调，也许不仅能影响个人的命运，而且可能还会影响国家的命运。布鲁克斯先生是一个敢想敢做的人，任何事在他看来都是小事。他就是他，有人劝他不要去理会那些小事，他总说，谁能告诉他什么样的事是小事？年轻人应该记住，上帝所给予的最好礼物通常都蕴含在小事中。

姨父向他提到我的名字，并说要看我是否愿意去。我清晰地记得，为此还召开了家庭会议。我当然是欣喜若狂。没有一只被困在笼中的小鸟比我更向往自由了。母亲同意我去，但父亲却不太赞同。他说，这工作对我来说太难了，我年纪太小，长得太瘦弱。很明显，每周 2.5 美元收入的工作是需要一个更强壮的男孩才能胜任的。我有可能在深夜被要求送一份电报去乡村，容易遭遇危险。总之，父亲的意思是我最好还是留在原地工作。随后，他又收回了他的反对意见，允许我去尝试一下，我相信他和海先生商量过这件事。海先生认为这对我的发展是有利的，他说，尽管我的离去会给他带来不便，但还是建议我去尝试一下。他非常友善地说，假如我失败了，我原来的岗位仍然是对我敞开的。

就这么定了，我被邀请到河对岸的匹兹堡拜访布鲁克斯先生。父亲希望和我一起去，这是不大可能改变的，他将陪同我一直到位于福思街和伍德街拐角处的电报公司门口为止。那是一个天气晴朗、阳光灿烂的早晨，无疑是个好兆头。父亲和我穿过阿勒格尼到匹兹堡，从我们家过去差不多 2 英里的距离。到了门口，我让父亲在外面等着，坚持要独自到二楼办公室去见这位大人物，直面自己的命运。我是有意这么做的，也许，那时我开始以美国人的行为处世来看自己了。起初，孩子们经常叫我："苏格兰佬！苏格兰佬！"我回答："是的，我是苏格兰人，我为此而自豪。"但在交谈和演讲时，我会改掉明显的苏格兰口音。我想，假如我独自面对布鲁克斯先生，会比我亲爱的苏格兰老父在场表现得更好，因为也许他看到我的样子会发笑。

　　我穿了一件我仅有的白色亚麻衬衣，这件衬衣我通常只在安息日那天穿，外面是一件蓝色紧身外套和我在星期天才穿的整套行头。那时，在我进入电报公司工作后的几周内，我都只有一件夏天的亚麻衬衣可穿。每周六晚上，不论我是否值夜班，也不论我到家是否已近午夜，母亲都会把衣服洗干净，熨烫好，好让我在安息日早晨穿上干净整洁的衣服。为了让我们在西方世界有一席之地立足，英雄母亲无所不做。父亲在工厂长时间工作已累得筋疲力尽，但他像英雄一样坚强，而且时时不忘鼓励我们。

　　面试很成功。我小心翼翼地解释我对匹兹堡不熟悉，可能会做得不好，不尽如人意，但我非常想接受这个考验。布鲁克斯先生问我何时能来上班，我说如果需要的话，我现在就可以留下。回想当时的情景，我想那样的回答可能值得年轻人深思。不去抓住机会是一个极大的错误。这个职位是我的，但也可能发生意外，其他男孩也许也会来应聘。既然得到了这个职位，我就要尽力留在那里。布鲁克斯先生非常和蔼地叫来另一个男孩——因为我是新增的一名信使——请他带我到处看看，让我跟着他学习业务。我很快找到机会下楼跑到街角处，告诉父亲一切顺利，让他回家告诉母亲我已经得到这份工作了。

　　就这样，在1850年，我的人生第一次真正开始起步。曾经为了每周2美元的报酬，我在黑暗的地下室操作蒸汽机，弄得满身煤污，生活看不到前景。现在，我一下子进入了天堂，是的，在我眼里，这就是天堂。这里有报纸、钢笔、铅笔，还有明媚的阳光照耀着我。我发现自己所知太少，还需要多多学习，在这里几乎每分钟我都能学到东西。我感觉自己正迈上一个新的台阶，我要不断攀登。

　　我唯一担心的是还不能很快记住各家商户的地址，以便把信件给他们送去。因此，我开始沿着街道的一侧记下这些商户的标记，再沿着街道的另一侧返回。到了晚上，我不断熟记各家公司的名称。不久以后，我闭上眼睛也能把整条街道两边所有的公司的名字按顺序一字不差地说出来。

　　下一步是要熟悉人员，这对信使来说是非常有用的，假如他认识公司的成员或雇员，往往能节省不少路程。他可能遇到一个人，原本要把信送到他的办公室。若在街上就能把信送到那人手上，在孩子们中间算是一种很大的成就。此外，孩子们还会收到额外的赞美，一个友善的人（大多数人对信使都非常友善）在街上收到信，总忘不了对送信的男孩夸奖一番。

1850 年的匹兹堡完全不是现在的样子。1845 年 4 月 10 日的一场大火差点毁了城中的整个商业区，一时难以恢复。那些房屋大多是木结构的，只有少数是用砖砌的，没有一座能防火。匹兹堡及其周边的人口不超过 4 万。第五大街没有商业区，非常宁静，只有一座著名的剧院在那儿。阿勒格尼的联邦大街上有些零乱的商业用房，还有一大片空地夹杂其间。我记得第五区的中心有片池塘，上面可以溜冰。我们的联合钢铁厂就曾在这个位置，许多年后，这里成了一个甘蓝菜园。

我曾给罗宾逊将军送过许多电报，他是第一个出生在俄亥俄州河西部的白种人。我见过第一条电报线路从俄亥俄州河东部通到城里。后来，我又见到了连通俄亥俄州和宾夕法尼亚州铁路的第一个火车头通过运河从宾夕法尼亚运来，从阿勒格尼市的一艘平底船上卸下。那里没有直通东部的铁路。旅客们经运河到阿勒格尼山脚下，从那里转火车到霍里德斯伯格，火车路程有 30 英里；从那里经运河再到哥伦比亚，然后乘火车走 81 英里到宾夕法尼亚——这段路程需要 3 天时间。

那时，在匹兹堡，一天中最重要的事情是来自辛辛那提运输邮包的轮船的到达和起航。由于匹兹堡是从江河到运河的一个很大的交通中转枢纽，促进东西部的商贸往来成为这座城市商业的重要部分。有座轧钢厂开始运转，但没有生产出一吨生炼金属，此后许多年也没有生产出一吨钢铁。生铁制造之所以一开始就遭遇彻底失败是由于缺少合格的燃料，虽然世界上最优质的焦炭就储存在不远的几英里处，但人们没有想到用焦炭提炼铁矿石，就好像千百年来藏在这座城市的地底下的天然气一直没有得到开采一样。

那时，镇上的四轮马车车夫总共只有五六个，然而没过几年，甚至有人尝试为马车夫介绍侍从了。一直到 1861 年，匹兹堡年鉴上记载的最值得关注的金融事件是，法恩史达克先生从商业中撤出 174000 美元的巨资，是由他的合伙人支付的利息。当时，这是一笔多么大的款项啊，然而，今天看来，又是多么微不足道！

信差工作使我很快熟悉了城里的几个重要人物。匹兹堡的律师业很著名。威尔金斯法官是这个行业的首脑，他和迈克坎得利斯法官、麦克卢尔法官、查尔斯·希利和他的搭档，以及后来成为陆军部长的埃德温·M. 斯坦顿（林肯的得力助手），都和我非常熟悉。尤其是埃德温·M. 斯坦顿，他注意到我的时候，我还是个孩子。那些在商界中仍活着的名人——托马斯·M. 豪、詹姆斯·帕克、C. G. 赫西、本杰明·F. 琼斯、威廉·斯瓦、约翰·查尔方特、海润上校——都是被信差男孩们视为榜样的杰出人物，正如他们的生活所证实的那样，他们都是优秀的榜样。（哎，我在1906年校对这段文字时，他们都已先后过世，仿佛是庄严的队列坚定地迁移了。）

无论在哪方面，作为电报信使的经历都是令人愉快的，正是这一职位，为我与他人亲密的友谊奠定了基础。资历较长的信使被提升了，需要来一位新人，前来接替这个职位的是大卫·麦卡戈，他就是后来著名的阿勒格尼河谷铁路公司的负责人。大卫·麦卡戈和我搭档负责寄送东线的信件，另外两个男孩负责西线。东部电报公司和西部电报公司是分开独立的，但两家公司在同一幢大楼。我和大卫立刻成了铁杆兄弟，其中一个重要纽带就是我们都是苏格兰人。虽然大卫在美国出生，但他父亲是地道的苏格兰人，甚至在口音上和我的父亲都非常相似。

大卫来了不久后，又需要第三个人。这次，公司问我能否找到合适人选。我毫不费力地找来了我的密友罗伯特·皮特克恩，他后来接替我成为宾夕法尼亚铁路在匹兹堡的主管和总代理。罗伯特与我很像，不仅是苏格兰人，而且还在苏格兰出生。于是，"大卫""鲍勃"和"安迪"成为在匹兹堡东部电信线上送信的三个苏格兰男孩，当时能拿每周2.5美元的高薪。每天早上打扫办公室是信使们的职责，我们轮流打扫，可见我们都是从底层做起的。奥利弗兄弟制造公司的首领洪·H. W. 奥利弗以及城市法律顾问W. C. 莫兰达，后来参军入伍，也是以和我们同样的方式起步的。在人生的赛场上，努力上进的年轻人不必畏惧富家子弟，要让他们注意到：打扫办公室的孩子也会成为一匹"黑马"。

那时，当信差有很多快乐。有时因为及时把信送到，水果批发店就会给你一整袋苹果，面包店和糖果店有时也会给一些糖果糕点。信差所遇到的是一些非常善良的人，人与人之间都相互尊重。他们说话幽默，对信差的机灵敏捷表示赞赏，也许还会让他带个回信。我不知道还有什么工作更能让一个男孩受到关注了，而这是一个真正聪明的孩子得以上进所必不可少的。英明的人们总是挑选聪颖的孩子。

这一时期有件非常令人兴奋的事，如果信件传送超过了一定的距离，我们就可以多收 10 美分的外快。可想而知，这些"10 美分信件"为大家所重视，我们之间还因送信的权利问题引发了争吵。有时，有些孩子不按秩序抢着去送"10 美分信件"。我提议把这些信件汇集在一起，以每周末平摊分钱的方式来解决问题。我被推举管财务。后来，我们这里充满了和平欢乐的气氛。这种将额外收入集中起来再分配的方式是真正的合作。这是我第一次尝试财务管理。

男孩们认为他们绝对有权利来花销这些外快，隔壁糖果店给他们中的很多人开了账户。这些账户经常被大量透支。管财务的人不得不为此提醒糖果店的老板，他不会为那些又饿又馋的孩子埋单。罗伯特·皮特克恩是所有人中最馋嘴的一个，显然他不只有一颗糖牙，而是满口牙齿都是这样。有一天，当我斥责他的时候，他推心置腹地向我解释说，有东西在他胃里咬他的内脏，直到拿糖果来喂它们才肯罢休。

第四章　安德森上校和书籍

信差们快乐而努力地工作着。隔天，他们需要值夜班，直到公司关门。那时，我很少能在深夜 11 点前到家。在不用值班的晚上，我可以在 6 点下班。这样，没有时间自我提升，家里也不愿把钱花在买书上。然而，仿佛是福从天降，一扇文学宝库的大门向我敞开了。

詹姆斯·安德森上校（当写下这个名字的时候，我要祝福他）宣布，他将向孩子们开放他拥有 400 册藏书的个人图书馆，任何一个年轻人都可以在每周六下午去那儿借一本书，在下周六下午再来换一本。我的朋友托马斯·N. 米勒不久后提醒我，安德森上校的书首先是为"工作的孩子"开放借阅的，这就引发了一个问题，像信差、店员还有其他并非靠双手劳动的人，是否也有资格去借书。我第一次给《匹兹堡快报》写了一封信，强烈要求我们不应该被排除在外。虽然，我们现在的工作不用靠双手，但我们也是真正的劳动者。亲爱的安德森上校很快扩大了借阅范围，我作为社会作者的第一次投稿成功了。

我亲爱的朋友米勒是核心集团的成员之一，他住在离安德森上校家很近的地方，他把我引荐给安德森上校，这为黑暗中的我开启了一扇窗户，知识之光从窗外透射进来。每天的辛苦奔波，甚至是长时间的值夜班，都因为有书的陪伴而变得轻松且充满希望。我把书带在身边，工作中一有空闲就抓紧时间阅读。每当想起周六又能拿到一本新书，明天就充满了光明。就这样，我熟读了麦考利的散文和历史著作，对班克罗夫特的《美国的历史》，我研读得比其他任何一本书都要仔细，兰姆的文章也是我特别喜欢的。但在那个时候，除了学校课本上的精选作品，我对大文豪莎士比亚知之甚少，对他的兴趣是稍后在匹兹堡古老的剧院里培养起来的。

约翰·菲普斯，詹姆斯·R. 威尔逊，托马斯·N. 米勒，威廉·考利——我们圈子里的成员——他们和我一起享有安德森上校图书馆的优先借阅权。那些在其他地方我不可能借到的书，由于安德森上校的明智慷慨，使我触手可及。多亏他，我的文学品位得以提高，即使别人用几百万元与我交换，我也不会愿意。没有书的日子是难以忍受的。由于上校的善举，我和我的同伴们远离了低级趣味和恶劣习惯。后来，当好运向我微笑时，我的首要任务之一就是为我的恩人建一座纪念碑。

纪念碑坐落在我为阿勒格尼捐建的位于钻石广场的礼堂和图书馆前，碑文如下：

献给詹姆斯·安德森上校，宾夕法尼亚西部免费图书馆的创建者。他将自己的图书馆向打工的孩子们开放，并在每周六下午亲自担任图书管理员。他不仅把他的书籍，而且还把他自己都奉献给了这一高尚的事业。这座纪念碑是"打工的孩子们"中的一员安德鲁·卡内基为感谢和纪念詹姆斯·安德森上校而建立的，他为我们打开了知识和想象力的宝库，使年轻人可以从中获益。

这是一份微不足道的贡献，只是聊表我们的感激之情。对于安德森上校为我和我的同伴们所做的一切，我们深怀感激。据我自己早年的经历，我很清楚，金钱应该用来帮助那些天资聪颖、胸怀抱负、有发展前途的孩子，而建立社区公共图书馆则事半功倍，将此作为市政机构加以支持更有必要。我相信，我好心建立的那些图书馆将来会证明这一观点的正确性。假如，每个图书馆有一个孩子从书中收获我从安德森上校那400本旧书中受益的一半，我就认为那些图书馆没有白建。

"就好像树枝沿着大树的长势而倾斜。"书中自有黄金屋，在一个正确的时间，这扇宝库之门向我敞开了。一座图书馆最基本的好处在于说明：一分耕耘，一分收成。年轻人必须靠自己获得知识，没有一个人能够例外。许多年后，我欣喜地发现，在丹佛姆林，包括我父亲在内的5位纺织工，收集了他们各自的一些书籍，在那个小镇上建起了首个流动图书馆。

那座图书馆的历史很有趣。在它的发展进程中，搬来搬去，换了不少于7个地方。第一次搬家时，创建者们用围裙和两个煤桶装着书，从手工织布店搬到休息室。我的父亲是家乡首座图书馆的创始人之一，而我又非常荣幸成为最近一个创办者，这确实是我生命中最有意义的事情之一。我经常在公共演讲中说，我是一个曾创办过图书馆的纺织工的后代，从未听说还有什么比这更好的出身值得我与之交换。不经意间，我追随父亲创办了图书馆——几乎可以说是天意——这也是我非常自豪的一个原因。

我曾说过，是剧院首先激发了我对莎士比亚的喜爱。我做信差时，匹兹堡的老剧院在福斯特先生的掌管下，处于鼎盛时期。他的电信业务是免费的，作为回报，电信工作者可以免费进剧院看戏。这份特殊待遇，在某种程度上信差也可以享有。有时候，下午收到给福斯特先生的电报，我们会留到晚上再送去。在剧院门口，我们羞怯地请求，是否可以让我们悄悄地溜到二楼去看一眼，这个要求一般都会得到允许。孩子们轮流送信，这样每个人都有进入剧院的机会。

通过这样的方式，我渐渐熟悉了绿色帷幕后面的那个世界。通常，上演的戏剧场面壮观，虽然没有太多文学价值，但也足以吸引一个15岁少年的眼球。我不仅看到了非常壮丽宏伟的场面，而且还看到了美好温馨的情境。在此之前，我从没去过剧院或音乐厅，也没见识过任何公共娱乐形式。大卫·麦卡戈、哈里·奥利弗、罗伯特·皮特克恩也和我一样。我们都对舞台着了迷，热切盼望着每一次进入剧院的机会。

我的鉴赏力的改变，缘于当时非常著名的一位悲剧演员"狂风"亚当在匹兹堡出演了莎士比亚作品中的一系列角色。从那以后，除了莎士比亚，我对什么都不感兴趣。我似乎不怎么费力就能记住他的台词，以前我从来没有认识到语言有这么大魔力。我一空下来就会想起那些韵律和音调，它们已经融入了我的身体，随时听候我的召唤。这是一种新的语言，我的鉴赏力的提高确实应该归功于戏剧舞台表演，因为直到看过《麦克白》的演出，才激发了我对莎士比亚的兴趣。我此前从来没有读过这些剧本。

在后来的日子，我通过《罗英格林》认识了瓦格纳。在纽约音乐学院，我听了《罗英格林》的序曲，有耳目一新的感觉，但对瓦格纳知道得很少。这确实是一位有别于前人的天才，对我来说，他像莎士比亚一样，是帮助我提高自身修养向上攀登的新阶梯、新朋友。

在这里，我还要说说这一时期的另外一件事情。阿勒格尼的一些人（大概总共不超过一百人）组织了一个斯韦登伯格社团，我们的美国亲戚在那里很活跃。父亲离开长老会后加入了这个社团，当然，我也被带到了那里。然而，母亲对斯韦登伯格从不感兴趣。虽然母亲一直以来尊重所有的宗教形式，反对宗教争端，但她对这个问题有自己的主张。她的态度用孔子的一句著名格言来解释是最恰当不过的了："君子务本，本立而道生。"

她鼓励自己的孩子们参加教会和主日学校，但不难看出，她并不信奉斯韦登伯格的教义以及《旧约》和《新约》中的许多条文，她认为这些不能作为生活方式的权威指南。我开始对斯韦登伯格的神秘学说充满了浓厚的兴趣。虔诚的艾肯特姨妈对我能详细阐释"灵感"的本领大加赞赏。那位亲爱的老太太天真地期盼我有朝一日能成为新耶路撒冷的一盏明灯，我知道，有时候正如她所想象的，我可能成了她所谓的"语言的传道者"。

当我对人为的神学越来越彷徨时，姨妈对我的期望也逐渐减弱了，但是姨妈对她第一个外甥——我的关心和疼爱从未减少，在苏格兰时，她还把我抱在膝盖上逗我玩。她曾希望我的表兄利安得·莫里森通过斯韦登伯格得到一些启示，然而表兄成了浸信会的一员并接受了洗礼，这令她极度失望。这对一个福音传道者来说太难以接受了，尽管她记得她的父亲过去也有过同样的经历，在爱丁堡经常为浸信会成员讲道。

利安得改变教派后的第一次拜访，没有得到热忱的接待。他意识到，他在通往新耶路撒冷的入口——斯韦登伯格前的退却，使最虔诚的一位信徒——他的姨妈认为他让家庭蒙羞了。他开始恳求道：

"姨妈，你为什么对我这么严厉呢？你看看安迪，他不是教会成员，你也没有责骂他。当然，浸信会也不见得比其他更好。"

姨妈快速回答说：

"安迪！噢！安迪，他什么也没穿，而你却穿得破破烂烂的。"

他从来没有在宗教立场上和亲爱的艾肯特姨妈完全保持一致。我可能也改变了，与任何教派都不相干。但是，利安得选择了一个教派，一个和新耶路撒冷无关的教派。

我第一次对音乐产生兴趣和斯韦登伯格社团有关。我们从宗教清唱剧中精选出一些片段作为社团赞美诗集的附录。我对这些音乐有着与生俱来的喜爱，虽然我的嗓音并不好，但是由于在演唱时投入了"感情"，还是成为了唱诗班的固定成员。我有理由相信，指挥科森先生经常会因我在唱诗班中表现出的热情而原谅我的不合拍。后来，我渐渐熟悉了完整的宗教清唱剧，当时，天真无知的我最喜爱的那些选段在音乐圈里被认为是汉德尔音乐作品中的精华，这是一个多么令人欣喜的发现。所以说，我的音乐教育是从匹兹堡的斯韦登伯格社团的小唱诗班里开始的。

然而，我不该忘记，父亲曾把本土非常卓越的吟游艺术作品当作歌曲来唱，那悦耳的歌声为我的音乐教育打下了一个非常好的基础。对于苏格兰老歌，我没有不熟悉的，无论是歌词还是曲调。要想达到贝多芬和瓦格纳的高度，民歌也许是最重要的基础。父亲是我所见过的音色最悦耳、最富有感染力的歌唱者，我也许继承了他对音乐和歌唱的那份热爱，尽管我没有他的好嗓音。孔子的感叹常在我耳边响起："不图为乐之至于斯也。"

这一时期，有一件事显示出父母在其他事情上的宽容开明。作为信差，我没有假日，但在夏季会例外给我两周的休假，我就去俄亥俄州东利物浦的姨父家，和表兄弟们一起在河里划船。我也非常喜欢溜冰，冬天，我家对面那条河里的水结冰了，很美。厚厚的冰为溜冰创造了极好的条件，周六晚上回到家后，我向父母提出一个问题，我是否可以在周日早上早点起床，在去教堂前先去溜会儿冰。对一般的苏格兰父母来说，这是一个非常严重的问题。母亲在此问题上态度明朗，我爱玩多久就玩多久。父亲说，他相信出去溜冰没错，但他希望我能及时回来和他一起去教堂。

我猜想，在今天的美国，99% 的家庭会作出这样的决定，或许大多数英国家庭也会这么做，但在苏格兰却不可能。今天，人们认为安息日最主要的意义是为自己去参观画展和博物馆，去享乐，而不是为多半都是想象出来的过错忏悔，他们的想法并不比 40 年前我的父母进步多少。我的父母超越了那个时代的传统观念，至少在苏格兰人中间，因为他们允许我们在安息日去愉快地散步或者读一些与宗教无关的书籍。

第五章　电报公司

我做信差大约有一年了，楼下办公室的经理约翰·P.格拉斯上校由于经常要与公众接触，有时他出去时，就找我帮他照看一下办公室。格拉斯先生是一个很受欢迎的人，很有政治抱负。他不在办公室的时间越来越长，次数也多了起来，以致我很快就熟悉了他的部分工作。我负责接收大众的来信，并监督从工作间出来的信件是否准确地分派给了信使们，以便及时投递。

对一个男孩来说，这是一个足以磨炼人的职位。那时候，我在其他男孩中间并不受欢迎，他们对我可以不用完成分内的工作很有意见，还指责我吝啬。我不会乱花 10 美分外快，但他们不知道这是有原因的，我要节省下每一分钱给家里用。我的父母都是明理的人，我不会对他们隐瞒任何事。我清楚家里 3 个挣工资的人——父亲、母亲和我每个人每周的收入，我也清楚家里所有的开销。我们会商量着用挣来的钱去买一些必备的家具和衣服，每得到一样新东西都让我们快乐无比。没有一个家庭比我们更团结了。

母亲每省下半美元，就小心翼翼地放到一只长袜子里，一天又一天，直到存下了 200 美元，然后我负责将 20 英镑寄还给曾慷慨地借钱给我们的亨德森夫人。那是值得我们庆祝的一天。卡内基家没有债务了！噢，这是多么快乐的一天啊！的确，债务是还清了，但是欠亨德森夫人的恩情却永远还不清。至今，年迈的亨德森夫人仍然健在。我去她家就好像是去一个神圣的地方，在回丹佛姆林时我曾去看望过她，无论发生什么，我都不会忘记她。（当我读到许多年前写的这一段时，我哽咽了："走好，和其他人一起走好！"祈愿母亲的这位亲爱的、善良的、高尚的朋友安息。）

在我的信差生涯中有一件事能立刻使我升到极乐世界。那是一个周六的晚上，格拉斯上校给信差们发放当月的工资。我们排队站在柜台前，格拉斯先生按顺序依次发钱。我站在队首，伸出手准备接受格拉斯先生拿出的第一份11.25 美元的薪水，令我吃惊的是，他绕过我，把钱发给了下一个男孩。我想这一定是弄错了，因为此前我都是第一个领薪水的，但是其他男孩按顺序每个人都领到了钱。我的心开始沉了下去，这似乎很丢脸。我做错什么了吗？也许我会被告知这里没有工作适合我了，我真是给家里丢脸了，那是所有事情中最痛苦的事。当领完钱的孩子们都走了，格拉斯先生带我到柜台后面对我说，我应该比其他孩子得到更多，他决定每个月付给我 13.5 美元薪水。

我的脑袋一阵发晕，怀疑是不是自己听错了。他把钱数好交给我，我不知道是否向他道谢过，我想我没有。我带着钱连蹦带跳地出了门，一路上几乎没有停步地回到了家。我清晰地记得，自己在阿勒格尼河的桥上从这头跑到那头，确切地说是跳到那头。这是周六的晚上，我把 11.25 美元交给母亲，她是家里的财政大臣，只字未提留在我口袋里的 2.25 美元——当时这笔钱的价值胜过我后来所挣的数百万美元。

汤姆当时是一个 9 岁的小男孩，和我一起睡在阁楼上，上床后我把这个秘密悄悄地告诉了亲爱的弟弟。尽管他当时还小，但他知道这意味着什么，我们一起谈论未来。那是我第一次向他描述我们如何一起去经商，"卡内基兄弟公司"将是一家很大的公司，父母也能有自己的马车乘坐。那时候，我们似乎将应有尽有，虽然也要为之努力奋斗。

有位苏格兰老妇人，她的女儿嫁给了伦敦的商人，她的女婿邀请她去伦敦，并住在他们附近，还许诺她将有自己的马车乘坐，她回答说："我坐在马车里面又不能被亲戚朋友们看见，有什么好的？"我的父母不仅可以乘坐马车在匹兹堡炫耀，而且回故乡丹佛姆林探访时也会很风光。

一个星期天的早上，我和父亲、母亲，还有汤姆一起吃早餐时，我拿出了那额外的 2.25 美元。这真是一个大大的惊喜，好长一会儿他们都没回过神来，但过了不久，他们就明白了。父亲眼里闪现出的因我而自豪的神情，母亲湿润的双眼，已经说明了他们的感受。这是他们儿子的第一次成功和进步的证明，他应得这份嘉奖。以后获得的各种成功和赞誉都没有像那次那么令我激动和兴奋。我甚至想象不出会有这样一件事，这就是人间天堂，我的整个世界都沉浸在快乐中，幸福的眼泪不知不觉地流了下来。

由于每天早晨要打扫工作间，信差们在操作员到来之前就有机会在电报机上练习使用。这是一个新的机会。我很快学会了操作按键，还和与我有同样目的的另一个站点的信差进行交流。当一个人刚学会做一件事，他总是迫不及待地找机会把学到的本领运用一下。

有一天早上，我听到呼叫匹兹堡的强烈信号，我猜想一定是有人非常渴望通信。我冒险作出回应，让纸带走起来。原来是费城想要立即发送一封"死讯"到匹兹堡。对方问我能否接收，我答复假如他们能发得慢一点的话，我可以试试。我成功接收了这条消息，并带着它跑了出去。我焦急地等布鲁克斯先生来，告诉他我为什么敢做这件事。幸运的是，他没有因我的鲁莽叱责我，而是感激地表扬了我，并嘱咐我要小心仔细，不要出错。没过多久，有时当操作员想要离开的时候，我就会被叫过去照看电报机，就这样，我学会了收发电报。

我应当感谢当时一位相当懒惰的操作员，只有他非常乐意让我替他工作。那时，我们需要练习的是在跑动的纸带上接收信息，由操作员读给抄写员。但是，据说西部有一个人学会了通过声音来读懂信息，用耳朵来获取信息。这也使我想去练习这种新方法。办公室的一位操作员迈克莱恩先生成了这方面的专家，他的成功给了我鼓励。我很快学会了这种新的语言，我自己都很惊讶原来这么容易。有一天，我很想趁操作员不在的时候接收一条信息，一位绅士模样的年长的抄写员对我的冒失很生气，拒绝给一个信差"抄写"。我关掉走带纸，拿了笔和纸准备用耳朵接收信息。我永远都忘不了他的惊讶。他命令我把笔和便签还给他，从那以后，亲爱的考特尼·休和我之间再也没有任何难事了。他成了我忠实的朋友和抄写员。

这件事情发生后不久，在距离匹兹堡 30 英里的格林斯堡，有一位操作员约瑟夫·泰勒想要请两周的假，问布鲁克斯先生是否能派个人去接替他的岗位。布鲁克斯先生把我叫去，问我能否胜任这份工作，我当即给了肯定的回答。

"好，"他说，"我们将派你去那儿试一试。"

我是搭乘邮政专车去的，这是一趟非常令人愉快的旅程。祖籍苏格兰的一位著名律师大卫·布鲁斯先生和他的妹妹碰巧和我同行。这是我的第一次短途旅行，第一次到这个国家看看。在格林斯堡旅馆，我第一次在公共场合用餐，我觉得那里的东西好吃极了。

1852 年，格林斯堡附近正在挖沟筑堤，为建造宾夕法尼亚铁路做准备。我在清晨出去散步时经常看见工程的进展，没有想到不久后我也进入那家大公司工作。这是我在电报公司第一次胜任重要职位，我很小心谨慎地处理手边的事，不敢怠慢。有一天深夜，外面狂风暴雨，我坐在办公室里，也没有想要切断通信。由于我的冒失，坐得离按键太近，一道闪电把我从凳子上打了下来，差点结束了我的职业生涯。从那以后，在电闪雷鸣的时候，我在办公室里就格外小心。我圆满地完成了在格林斯堡的任务，我的上司非常满意，在其他孩子看来，我是带着光环回到匹兹堡的。不久，我得到了晋升。布鲁克斯先生发电报给詹姆斯·D. 里德说需要一个新的操作员，里德是这条线上的总裁，他是苏格兰男人的又一优秀典范，后来我们成了朋友。布鲁克斯先生主动推荐我担任助理操作员一职。来自路易斯维尔的电报回复说，如果布鲁克斯先生认为我能胜任，里德先生非常赞成提升"安迪"。终于，我成了一名电报操作员，每月有 25 美元的高薪，这对我来说是一笔巨大的财富。这要感谢布鲁克斯先生和里德先生把我从信差局提拔到电报操作室。我在 17 岁那年度过了学徒期。我现在是一个男子汉了，不再是一个每个工作日只挣 1 美元的孩子。

电报公司的操作室对一个年轻人来说是一所极好的学校。他在那儿不得不用笔和纸来创作发明。在那里，我那一点点关于英国和欧洲的知识给了我很大帮助。毫无疑问，知识无论在哪里都是有用的。当时，要通过电报线从莱斯角接收国外新闻，连续不断地接收"轮船新闻"是我们最重要的一项任务。我喜欢这项工作胜于其他工作，不久，这项工作自然就分配给了我。

那时候，电报线上的工作条件很艰苦，遇到暴风雨的时候，很多信息不得不靠猜测。大家都说我的猜测能力很强，我最喜欢做的事是自己花点时间把传输过程中缺漏的一两个单词填上，而不用打断发报人。对于国外新闻，这么做并没有什么风险，因为即使操作员大胆地作了任何不当的改动，那也没什么，不会给他们带来严重的麻烦。我的国际事务知识面有了拓宽，尤其是关于英国的，只要看到开头的一两个字母，我的猜测就很有把握。

通常，匹兹堡的每家报社都会派一名记者到电报公司来转录新闻快讯。后来，所有的报纸共同指派一个专人负责这件事，这人建议接收到的新闻最好能多做几个版本，我俩计划，我把所有的新闻快讯额外多复制 5 份给他，他每周付给我 1 美元。这是我第一次为报社工作，当然只有不多的报酬，这样我每月的薪水达到了 30 美元，那时每一美元都很值钱。家里逐渐宽裕起来，似乎将来会成为百万富翁。

另一个对我有决定性的影响是，我和我的 5 位密友一起加入了"韦伯斯特文学社"。我们组成了一个圈子，相互联系密切，这对我们所有人都是有益的。我们在此之前还成立过一个小型的辩论俱乐部，聚会地点在菲普斯先生父亲的屋子里，那儿白天还有几个熟练的鞋匠在干活。托马斯·米勒近来声称，我曾经有一次在"司法官是否应该由人民来选举"这个问题上讲了近一个半小时。但是，我们还是宽容地假设他的记忆出了点问题。当时，"韦伯斯特"是这座城里最重要的一个社团，我们为成为其中的成员感到骄傲。在鞋匠屋子里的辩论仅仅是我们为自己作的准备。

我确信在当时没有比参加这样的社团对一个年轻人更有益了。从书中获取的许多知识对日后的辩论大有裨益，而且使我的思路更加清晰、稳定。我后来在观众面前能够非常镇定自若要归功于"韦伯斯特文学社"的那段经历。那时（包括现在），我在演讲中有两条准则：使自己在观众面前和在家里一样放松自如，要和观众有交流，而不是只顾自己讲话。不要把自己当作另外一个人，你就是你，要按自己的方式讲话，千万不要在演讲中拿腔捏调，除非你不能自控。

我终于成为了一名通过声音来接收信息的电报操作员，可以完全不用按键。这项技能在当时非常稀罕，以至于人们前来公司观赏，对这项特殊的技艺赞不绝口，这也使我备受关注。当一场特大的洪水毁坏了斯托伊本维尔和惠灵之间所有的电报通信联络——那段距离有 25 英里——我就被派到斯托伊本维尔去接手整个电报业务，然后往返于东西部之间，每隔一两个小时，在过河去惠灵的小船上发送急件。通过这种方式，一个多星期，经匹兹堡，东西部之间所有的电报通信联络保持了畅通。

在斯托伊本维尔时，我得知父亲将去惠灵和辛辛那提销售他自己织的桌布。我去码头等他，小船很晚才到。我下去接他，发现父亲为了省钱，没有待在船舱里，而是待在甲板上，我有种说不出的伤感。一个这么好的人却还要遭受旅途之苦，这让我愤愤不平。但是，我仍宽慰地说：

"好了，爸爸，不用多久，你和妈妈就能坐上自己的马车了。"

父亲一直都很腼腆、保守，还有点敏感，很少赞扬人（苏格兰人的特性），唯恐他的儿子得意忘形。但是，当他被感动的时候也会不能自已。这次就是。他紧紧抓住我的手，那个眼神经常在我眼前浮现，永远不会忘记。他缓慢地嘀咕着：

"安德鲁，我为你自豪。"

他的声音有些颤抖，似乎为刚才所说的话觉得不好意思。他跟我道了晚安，并叫我赶快回办公室。这时我注意到，他的眼里饱含着泪水。年复一年，这些话一直萦绕在我耳边，温暖着我的心。我们彼此了解，话虽不多，却情深意长，这就是苏格兰人的性格。是的，在他心灵深处有一块圣洁的地方不容亵渎。沉默胜过一切语言。父亲是最有爱心的一个人，爱朋友，爱宗教，虽然他不属于任何宗教派别，也不信奉神学，不是一个深谙世故的人，但是他完全有资格上天堂。他虽然沉默寡言，却亲切友善。哎！他从西部回来后不久就过世了，就在我们有能力让他过上安逸舒适的生活的时候。

在我回到匹兹堡之后，没过多久，我认识了一个非同寻常的人，托马斯·亚·司各特，在他所在的领域，他可以被称为"天才"。他来匹兹堡担任宾夕法尼亚铁路公司的区域主管。他和他的上司（在阿尔图纳的总裁罗姆贝特先生）之间经常需要电报联系，这使得他常在夜间去电报公司，有几次碰巧是我操作。有一天，我惊讶地听到我所认识的他的一位助理告诉我，司各特先生问他，是否认为我能去担任他的办事员和电报操作员，这位年轻人告诉我他是这么回答的：

"这不太可能。他现在已经是一位电报操作员了。"

但是，当我听到这里，我立即说：

"别这么快回绝。我可以去他那儿，我想要离开纯粹的办公室生活。请告诉他这些。"

1853 年 2 月 1 日，我成为了司各特先生的办事员和电报操作员，每月 35 美元的薪水。工资从每月 25 美元涨到 35 美元是我所知道的最大涨幅了。公用电报线路临时接进了司各特先生在火车站的办公室，宾夕法尼亚铁路公司可以在不妨碍普通公共电报业务的情况下使用这条线路，直到他们自己的在建线路完工。

第六章　铁路公司

我的新生活是从离开电报公司的操作室开始的，当然，一开始并不顺利。在我所了解的人们中，一个人到了18岁的年纪，就不会再生活在纯洁美好的世界里了，我也不例外。但是令人难以置信的是，我都18岁了，还没有说过一句脏话，甚至都没有听别人说过脏话。对我而言，卑鄙下流是陌生的，这源于我接触的人们都是善良正派的。

但现在不同了，我要与一些不那么善良、正派的人在一个世界里了，因为我们的办公室是临时设立的，在一个与货运列车长、扳道工和消防员一起的角落里。我和司各特先生与他们共用一个办公室。我非常不愿意跟他们在一起。但现在我必须服从，要想知道哪个是好果子，哪个是坏果子，就得先去尝一尝。虽然如此，但是办公室里还是不乏甜蜜与温馨，粗鲁、邪恶的事情从未发生过，这里都是一些有教养的青年，他们都在努力地奋斗，以此来提高自己，他们希望自己能够成为受人尊重的公民，这里是我和我的伙伴们共同的世界。在此期间，我非常不愿意接受跟我的性格不相匹配的人和事，他们与我早年间受到的教育根本就不是一码事。斯科塔斯哲学中有这样的观点：对嚼口香糖、抽烟、咒骂、说脏话要反感。我有幸与他们打交道，也许这样的人生经历对我来说是有益的。所以说，我算是幸运的。

我说这些话的目的，并不是要指责前面提到的人，他们并非生活堕落、品行恶劣之人。虽然那时嚼口香糖、抽烟、咒骂、说脏话比现在更盛行。对于当时的人们来说，铁路建设是一件新鲜事儿，一些之前从事水上交通的人们被吸引了过来。虽然他们并不都是良善之辈，但其中有很多优秀的青年，他们有体面的生活，职位很高。我不得不说，他们对我确实很好，很和善。我会偶尔得到他们依然健在的消息，这种消息是让人愉悦的。后来，我们这个大家庭便发生了变化，因为司各特先生可以拥有自己的办公室了，我很荣幸地能跟司各特先生共用办公室。

没过多长时间，我被司各特先生派到阿尔图纳去取每月的工资清单和支票。这个差使得翻山越岭才能完成，因为当时的铁路线还没有穿越阿勒格尼山脉，这段行程非比寻常。当时，阿尔图纳除了公司建造的几幢房子之外，什么都没有，现在大城市所拥有的东西，那儿统统没有，商店也是后来才建好的。但是，我在那里遇到了一个铁路系统的大人物——罗姆贝特先生。他是铁路公司的总裁。罗伯特·皮特克恩是我的朋友，他为罗姆贝特先生做秘书工作，这是我帮他找的工作，如此一来，"大卫""鲍勃"和"安迪"还在同一家公司工作，我们是同时离开电报公司的，我们又都来到了宾夕法尼亚铁路公司。

跟司各特先生的随和、平易近人相比，罗姆贝特先生简直是严肃、固执、不可理喻。罗姆贝特先生先是和我交谈了几句后，又说："你愿意今晚和我们一起喝茶吗？"他的问话让罗伯特和我倍感意外。我诚惶诚恐地表示同意，从那一刻起，我就一直盼着时间能过得快一点儿，马上能与罗姆贝特先生见面。我始终认为，被罗姆贝特先生邀请是我今生最大的荣幸。罗姆贝特太太和蔼可亲，罗姆贝特先生是这样向她介绍我的："这是司各特先生的'安迪'。"我能为自己是司各特先生的下属而感到自豪。

这次行程如果没有那次事故就完美了，但我不得不提到它，因为我的前途差点儿被它毁了。当我在第二天把工资清单和支票准备带回匹兹堡时，它却把我难住了：这些东西根本就塞不进我的口袋，它太大了，怎么办？我觉得，放进我的马甲里是比较安全的，于是我就自作聪明地放进去了。当时的我还是一个充满热情的铁路员工，坐火车旅行是我非常喜欢的事情。我坐上了开往全州过山铁路的交会点——霍里斯德斯伯格的火车。一路上山路崎岖，颠个不停。当我到了某个地方时，我感觉到装工资的那个包裹有点不对劲儿，我惊恐地发现那个装工资清单和支票的包裹不见了。包裹被我给弄丢了！

我知道，犯下这样的错误是不可饶恕的，但我也知道我根本就掩盖不住这样的事实。本来，司各特先生是派我来取工资清单和支票的，这是一件很光荣的事情，但我却把东西给弄丢了，光荣变成了噩梦，这让我如何是好？我把这件事情跟火车司机说了，我说我的包裹一定是在旅途中被震掉了，应该不会太远，请求他帮忙，能不能调头回去看看，谢天谢地，他是个好人，他答应我回去看看。皇天不负有心人，当我沿着铁路线仔细查看，走到一条大河的岸边，离水面还有几英尺的地方时，我看到了我的包裹就在那儿。当时我惊呆了，我几乎不敢相信自己的眼睛，赶紧跑过去一把抓住我的包裹。谢天谢地，包裹还在，我终于找到它了。这一次，我把它紧紧地抓在手里，再也不松手，直到匹兹堡才把它松开。知道这个事情的人只有火车司机和消防员，他们向我保证，这件事不会告诉别人。

我把这件事说出来，是很久之后的事情了。幸好包裹掉落的地方离水比较远，如果再近点，恐怕就会被水流冲走了，要真是那样的话，不知道要为公司兢兢业业地工作多少年，才能弥补由此带来的损失。对于成功来说，自信非常重要，但运气也是不可或缺的，如果我的运气不够好的话，我就不会被我的领导再次重用了。我认为，我们不能对年轻人太严厉，即使他犯了一两个可怕的错误。我总是在想，我的前途会取决于那天我在离霍里斯德斯伯格几英里的水流是否能够找到那个丢失的包裹，如果找不到，我的将来会怎样，还会不会有今天这样的生活。直到今天，我都忘不了那个地方，我甚至能马上找到那个地方。后来我经过那条铁路时，仿佛看见那个浅棕色的包裹一直躺在河岸边。它似乎在说：

"孩子！你可以犯错，上帝会帮助你，但机会只有一次！"

早在我还没有成年时，我就成了一个坚定的反对奴隶制度的支持者，虽然我那时还没有投票的权利，但是我还是为 1856 年 2 月 22 日在匹兹堡召开的首次共和党国民议会而欢呼。我对参议员威尔逊、海尔等人充满了仰慕之情，当他们走在大街上时，我注视着他们。后来，我为《纽约论坛周刊》组织了由一百个人组织的铁路员工俱乐部，偶尔会大胆地发表一些短评给大编辑贺瑞斯·格里利。他为唤起人们关注这一至关重要的问题，做了很多事。

我所写的文字被第一次印成铅字，印在《纽约论坛周刊》上，那是我职业生涯的一个里程碑。我把那份印有刊登我的文章的《纽约论坛周刊》保存了多年。今天回头去看，任何人都会觉得为了解放而发动内战太遗憾。然而，需要废除的不仅是奴隶制度，松垮的联邦体系和过高的州政府的权力，也在被废除之列，因为它们会成为建立一个稳固强大的中央政府的绊脚石。南方的观点有离心倾向。现在，最高法院统治着一切，律师和政治家分别掌握着一半的话语权，他们能够共同作出决议是非常好的。要想使基石更加牢固，就必须使得各方在更多的领域内有统一的意见。婚姻家庭、企业经营、铁路监管、交通运输以及其他部门的运作，每个部门的运行都需要有人去统筹（现在是1907年7月，我再次读到多年前写的这段有预见性的话，这里面反映的内容都成为当今的热点）。

随后不久，铁路公司修建了自己的电报线路。这样一来，便需要更多的电报操作员，大多数人都是在匹兹堡的办公室接受培训的。电报业务持续增加，速度惊人。我们的设备供不应求，增设新的电报部门迫不及待。1859年3月11日，我指定前同事大卫·麦卡戈担任电报部门主管。人们说，大卫和我开创了在美国铁路系统雇用年轻女性担任电报操作员的先河，或许在其他部门里，我们也同样做出了创举。我们在各个办公室安排女孩工作。对她们进行培训后，便安排她们分管不同的办公室里，并由她们做师傅，负责培训新手。在第一批女孩中有我的表妹玛丽亚·霍根小姐。她是匹兹堡货运站的电报操作员。我们不断地往她的办公室里安排了好多学生，这使得她那里简直成了一所学校。我们得出经验，操作员这项工作，女孩子们干得要比小伙子们可靠许多。在女性从事的这些新生职业中，我没发现还有比电报操作员更适合她们的工作了。

司各特先生作为上司，是一个不可多得的好人，他是最为使人愉快的人之一，他的手下有很多人愿意追随。对于年轻时的我来说，他是一个英雄式的人物。不久，我就预感他会成为宾夕法尼亚铁路公司的总裁——事情就像我所预想的一样，他坐上了公司总裁的位子。在他的领导下，我逐渐学着处理一些本不属于我的职权范围内的工作。让我记忆深刻的是，有一次，我成功处理了一个意外事件，因而得到了提升。

那时候的铁路还是单线，尽管电报指令发车还不是惯例，但还经常要用到这个手段。我认为，那时候，只有主管有权对宾夕法尼亚铁路系统的任一路段，或者对其他系统发布指令。人们还没有接受铁路管理方面的专门培训，整个铁路系统的管理仍然处于初始阶段。一旦铁路上发生意外，司各特先生必须连夜去事故现场指挥，疏通铁路线路。因此，他常常在早晨无法赶到办公室。

有一天的早晨，我来到办公室就发现了一起严重的事故，这起事故发生在东部地区，因为它延误了往西方向开的特快客运列车，往东方向来的客运列车在信号员的指挥下一点一点往前开。两个方向的货运列车都僵持在侧轨上。司各特先生并没有在现场。这件事情要处理，我终于忍不住要去管这件事，发出了"行车指令"，我当时并没有想到如果有麻烦会怎么样。"毁灭威斯敏斯特教堂"在我脑海中闪过。我知道，如果这次出问题，不光是我的工作保不住了，而且我还要负刑事责任。另一方面，我也能给列车上整夜未眠的疲倦的乘客提提神。我认为我可以把这一切都做好。司各特先生的很多指令都是我帮他写的。我知道怎么做，于是我就开始工作了。我以司各特先生的名义给出指令，签发每一列火车行进的指令，我坐在机器前关注每一个信号，小心翼翼地将列车调往各个车站。当司各特先生终于回到办公室的时候，一切运行平稳。他得知列车延误时，第一反应是："噢！事情怎么样？"

他快速走到我的边上，拿起笔开始写他的指令。我提心吊胆地说："司各特先生，事情来得太突然了，我找了很多地方也没找到您，于是今天早晨我就以您的名义发出了这些指令。"

"那它们都在正常运行吗？东部快车现在在哪里？"

我把刚才以他的名义发出去的指令拿给他看，告诉他每一列在铁路线上运行的火车所在的位置，货运列车、道碴列车，所有的列车，并告诉他列车长的答复，还向他报告了不同的列车经过的站点。所有列车都有条不紊的行进着。他看了我一会儿，我不知道接下来将要发生什么事情，我不敢看他。他一个字也没说，但是他把所发生的事情又细致地看了一遍。他仍然什么也没说。过了一会儿，他离开了我的桌子回到自己的位置上，事情就这么过去了。他对我所做的一切，既没有说好，也没有说不好。如果出了什么问题，那我就得承担所有的责任。但我注意到，自那以后的好多天早晨，他都来得很准时。

当然，这件事情我从未对任何人说过。除了司各特先生，铁路系统没有一个人知道那些指令是我以司各特先生的名义发出去的。我几乎已经下定决心，如果我没有得到司各特先生的亲自授权，我不会再那么鲁莽地行事了。

我为我的作为感到痛苦，直到当时匹兹堡货运部的负责人弗朗西斯科先生告诉我，就在那天晚上，司各特问他："你知道那个白头发苏格兰小鬼都干了些什么吗？"

"不知道。"

"他在丝毫未被授权的情况下，以我的名义把所有的列车都发了出去，如果不是这样，我就要受责备了。"

"那么，他做对了？"弗朗西斯科问道。

"哦，当然，非常好。"

这样一来，我才放心了。当然，这也暗示我下次还可以只管放手去这么做。从那以后，司各特先生很少自己发出行车指令了。

这个时期我所见过的最伟大的人物是约翰·埃德加·汤姆森，他是宾夕法尼亚铁路公司的总裁。我们后来的钢轨锻造厂就是用他的名字来命名的。他是一个不苟言笑、沉默寡言的人，仅次于格兰特将军。据我所知，格兰特将军并不是一直都不苟言笑的，他在家里和朋友在一起时还是比较健谈的。他定期到匹兹堡来视察，走在路上几乎看不到任何人的存在。我后来才知道，他是出于羞怯才表现出的拘谨。令我惊讶的是，在司各特先生的办公室，他走到电报机旁和我打招呼，称我为"司各特的安迪"。这样称呼我，让我非常吃惊。不过，后来我得知他已经听说了我那次指挥列车的冒险事迹。如果一个年轻人与高层领导有了接触，那么他的事业之战就已经赢了一半。每个人都要有一个伟大的目标，做一些超出自己职权范围之内的事情———一些能引起上司注意的事情。

自从那次事故之后，司各特先生如果有事情需要出差一两周的时候，就建议罗姆贝特先生，如果他不在家，希望授权我负责这个部门的日常运营工作。他这么做有很大风险，因为我那时才十几岁。但是罗姆贝特答应了司各特先生的要求。对于我来说，这是我做梦都想不到的事情。在他不在的那些天里，除了因为道碴列车全体工作人员的疏忽造成的事故之外，一切运转良好。这起事故令我非常心烦和苦恼。我决定要执行铁路站台的所有规定，对有关人员作了调查，对事故的主要责任人进行了开除处理，对事故负有次要责任的人作了停职的处分。司各特先生回来后对此事也进行了认真考虑，有人向他提议调查和处理这件事。我觉得这件事情做得有些超过我本人的职权了，但已经这样了，我只得向他汇报说所有的一切都已处理妥当。我对事故进行了调查，并处罚了肇事者。有人提出来请司各特先生重新处理这件事，我对这样的要求表示坚决不同意，这件事就这样被搁置了。在这微妙的关节点上，司各特先生不是通过我的言辞，而是通过我的眼神明白了我的态度，他默许了。

我当时的做法可能让司各特先生觉得太过严厉了，也许他是对的。很多年以后，当我成为这个部门的主管时，我的内心一直对被我停职过一段时间的那两个人抱有歉意。我在处理这件事时，因为是第一次执法，所以我感到良心不安。但是经验会告诉我们，温和是一种很强大的力量。没有必要什么时候都要严刑峻法，有时轻微的处罚反而是最有效的。至少对于第一次犯错的人，不必进行重罚，明智的宽恕他们通常是最好的办法。

我的至交一共有六个人，随着我们知识面的扩大，我们不可避免地要面对一些关于生命和死亡、今生和来世的秘密，我必须与之斗争。我们都是由善良忠厚的父母养育的，他们是这一派或那一派的宗教信徒。在匹兹堡长老会教区长的妻子——麦克米伦夫人的影响下，我们被引进她丈夫教会的社交圈（1912年7月16日，当我在荒野的别墅中读起这段文字的时候，我手头有麦克米伦夫人在她八十岁那年从伦敦写来的信。她的两个女儿上周在伦敦结婚了，女婿是大学教授，一个留在英国，另一个接受了波士顿大学的聘任，他的两位贤婿都很优秀。这便将我们两个说英语国家的种族结合在一起）。麦克米伦先生是一位相当严谨保守的加尔文教徒，他活泼的妻子天生就是年轻人的领袖。没有什么地方比在她家里更让我们觉得快乐了。这也使得我们有些人偶尔会去她的教堂。

我们之所以对神学话题进行关注，是因为米勒听到了一个预言神力的布道。米勒先生的家人都是坚定的卫理公会教徒，但汤姆对教条知道的却并不多，他害怕这个预言学说，包括婴儿被罚入地狱——有些生来是荣耀的，有些则相反。我听说汤姆在布道结束后去找麦克米伦先生讨论这个问题，这让我感到非常惊讶，汤姆最后脱口而出："麦克米伦先生，你的想法肯定是有问题的，除非你的上帝是一个完完全全的魔鬼。"这话把牧师吓了一跳。

汤姆的话成了我们星期天下午聚会讨论的话题。话题不论对或错，也不论汤姆当时宣布的是怎样的结果，我们还会受到麦克米伦夫人的欢迎吗？或许，牧师应该得到我们的宽恕。但是，麦克米伦夫人并没有表示不欢迎我们，我们之中没有一个人被驱逐出去。这一点是毫无疑问的。卡莱尔与这些问题的斗争给我们留下了深刻的印象，我们听从他的决定："如果这些都不能相信的话，那么上帝就没有什么信誉可讲。"我们认为，能带给我们自由的，只有真理，我们会为此而追求。

当然，话题一经说出来，我们就把握了主动权，教条被当作文明尚未开化时期人们的错误思想而被一条条否决。我不记得是谁最先提出第二条公理。我们常常对这条仔细研究："宽容仁慈的上帝是人类最高贵的工作。"我记不起是谁最先提出那条公理的了，我们曾对它详加研究："一个慈悲宽大的神是人们最为高贵的作品。"我们的一般看法是，上帝是不同的时期，不同的文明创造出来的，随着人类的进步和发展，即使一些无知的观念也会得到改进。此后，我们都很少接触神学，但我更信奉真正的宗教。危机过去了。很幸运，我们依然留在麦克米伦夫人的社团里。不管怎样，这是重要的一天，我们决定要支持米勒的声明，即使它涉及流放和更糟的内容。我们这些年轻人都对神学桀骜不驯，然而对信仰却非常虔诚。

约翰·菲普斯是我们的小圈子成员中的第一个遭遇重大损失的，菲普斯是从马背上摔下来死的。他的死对我们的打击很大，我还记得那时我对自己说："约翰并没有死，他只是回到了他的出生地。我们不久将随他而去，我们永远在一起。"对此，我深信不疑。因为在我心里，这是早晚要发生的事情，这并不是我的期望。对正在遭受痛苦的人来说，快乐就是避难所。我们应听从柏拉图的忠告，永不放弃希望。"永远让自己置身于快乐之巅，因为希望是美好的，回报也将是丰厚的。"这句话非常正确。将我们带入另外一个世界，与我们最亲爱的人永远在一起，将是一个奇迹；而把我们带到这个世界，与亲人们共度一生，这更是一个奇迹。对于有限的存在来说，这两者都同样地无法理解。因此，让我们用永恒的信念来安慰自己，如柏拉图所说，"好像陷入迷狂一样"，然而，永远不要忘记，我们都有各自的责任，天堂就在我们中间。有人说今后没有傻瓜，也有人说今后有傻瓜，这两个说法都会被我们视为公理，因为这两个说法都是不可知的，所以这两个说法都有可能发生，都应该有希望。同时，我们的格言是："家是我们的天堂"，而不是："天堂是我们的家"。

我家里的财产在这几年一直呈稳步增长趋势。我的工资涨了5美元，由原来每月的35美元涨到了每月的40美元，我并没有提出加薪，是司各特先生主动给我加的。每月给员工发工资是我职权的一部分。我们支付工资的方法是给工人们支付支票，但我不太喜欢收支票，而是把它们换成金币，两个20美元的金币。在我看来，它们简直是世界上最可爱的工艺品。我们通过家庭会议作出决定，我们可以大胆地买下一块地，还有上面的两套小房子，一套我们自己住，另一套有4个房间，一直是霍根姨父和姨妈住的，后来他们搬走了。如果没有艾肯特姨妈的帮助，我们几乎不能在纺织店楼上的小房子里安家。现在，我们应该把原本属于她自己的房子还给她了。在我们拥有那套有着4个房间的住宅后，霍根姨父去世了，我们去阿尔图纳时，就把霍根姨妈接回她的老房子里。这些房产是我们花 100 美元买下的，我记得总价好像是 700 美元。我们那时候的奋斗目标就是每半年支付一次利息，相当于我们的全部积蓄。我们成了有产者，因为没过多久，我们的债务都还清了。但父亲却没有看到这一切，因为在这一切实现之前，父亲过世了，那是 1855 年 10 月 2 日，我们家第一次遭遇生离死别。然而，家中的其他三位成员还要肩负起生活的重担。我们必须化悲痛为力量。我们还得继续偿还父亲生病时的医疗费，这一时期的我们没有太多的积蓄。

这时候我在美国早期生活中的一件很甜美的令人愉快事情发生了。大卫·麦克坎莱思是我们小斯维登伯格教派的首要成员，他早就留意到了我的父亲和母亲，但是除了安息日在教堂中的几句寒暄，我没见到他们还有什么更加密切的联系。他和艾肯特姨妈的关系很好，麦克坎莱思先生把艾肯特姨妈叫来，并对她说，他非常愿意在我的母亲的困难时期，对她进行资金上的帮助。他曾听到过许多关于我母亲的好评。

虽然一个人不需要帮助，但是却得到了很多友善的人热情的帮助，这种纯洁无私的帮助是非常令人欣喜的。作为一名苏格兰妇女，母亲刚失去了丈夫，长子刚刚长大成人，第二个儿子还只有十几岁，她的不幸遭遇感动了这个男人，他试图寻找能为他们减轻痛苦和负担的最佳方法。尽管，母亲婉拒了别人提供的帮助，但麦克坎莱思先生在我们心中仍占有神圣的一席之地。我坚信这样一个信条：如果一个人在生命的困难时期应该得到必要的帮助，那么他通常都会得到。这个世界上有许多好人——男人和女人们，他们不仅愿意，而且迫切地想要向那些他们认为值得帮助的人伸出援助之手。这是一个规律，那些愿意帮助自己的人不用担心从别人那里得不到帮助。

父亲的离世，使我很快地懂得了更多的事情。我们依然各行其是，母亲继续做给鞋子镶边的活儿，汤姆天天去公立学校念书；我仍旧跟随司各特先生在铁路公司工作。就在我的生命中一片灰暗之时，幸运之神却叩响了我的大门。司各特先生问我有没有 500 美元，如果有的话，他可以替我作一次投资。我的总资产是 500 美分，即使让我拿 50 美元来投资，我也没有那么多积蓄。但是我不愿意失去这次与我的上司和偶像产生经济联系的机会。因此，我大胆地说，我会想办法筹到这笔款。他接着告诉我，他可以从威尔金斯车站的代理商雷诺兹先生那里买到 10 股亚当斯快车股票。那天晚上，我把整个事情的来龙去脉都告诉了母亲，她没有多想就知道怎么做了。她没有失败过。那时，我们已经在房子上付了 500 美元，因此她想这也许可以作为抵押，想法借笔钱。

第二天一早，母亲就乘蒸汽船去了东利物浦，晚上才到达，她从她的一个兄弟那里借到了这笔钱。他是一个治安法官，在当地的小镇很有名望，他手上有大笔农民要投资的钱。母亲把我们的房子抵押了，拿回了 500 美元，然后，我便把这 500 美元交给了司各特先生，他很快就把我所期盼的那 10 股股票给了我。然而，让我没想到的是，还要额外交 100 美元作为保证金，但司各特先生大方地说，我可以在方便的时候给他，这样事情就好办多了。

这是我的第一笔投资。在那些美好的老日子里，那时候的股息和红利比现在要丰厚得多，而且亚当斯快车是每月分红。一天早上，一只白色的信封放在我的桌上，上面有手写的"安德鲁·卡内基先生"收。我还是第一次被称呼为"先生"，这让我有点儿受宠若惊。在信封的一角，我看到了一枚亚当斯快车公司的圆形印章。我打开信封，里面是一张纽约黄金交易银行的 10 美元的支票。那张支票让我永生难忘，以及"出纳员 J. C. 巴布科克"的亲笔签名。那是我第一次投资的回报——不用辛苦工作得来的收入。"我找到了，"我喊道，"这是一只下金蛋的母鸡。"

星期天在森林里聚会是我们几个的惯例。我们在伍滋润附近找了个小树林，这是我们最喜欢去的地方。我带着第一张红利支票去了我们最喜爱的小树林，大家坐在树下，我拿出支票给他们看。大家都非常吃惊。他们没有一个人会想到竟然会有这么丰厚的投资回报。我们决定把钱攒起来寻找下一个投资机会，所有的人一起参股，然后在很多年后，我们作为合伙人平分投资收益。到这时候，我的熟人圈子还没有扩得很大。

福兰克瑟斯太太，我们货运代理商的妻子，她是一个好人，她为人和蔼可亲，有时在匹兹堡，她邀请我去她家做客。我第一次去她家按门铃的情景时常被她提起，我当时是为司各特先生去送一封短信。她家位于第三大道，她请我进去，但被我羞怯地谢绝了，我只有哄骗她才能掩饰自己的害羞。这么多年来，她多次邀请我在她家吃饭，但我从未答应过。我很不习惯在别人家里吃饭，直到年长时才稍微放松一点。然而，对我来说，司各特先生偶尔会坚持要我去他的旅馆和他一起用餐却是个好机会。直到我回想起来，除了在阿尔图纳的罗姆贝特先生家我从来没有进去过，我见过的最大的屋子就是福兰克瑟斯先生家了。在我看来，坐落在主要街道的每一户住宅都有一个门厅入口，这是很时尚的。

宾夕法尼亚铁路公司的首席大律师，格林斯堡的斯托科思先生又一次邀请我去他在乡间的漂亮的房子里度周末。而在此之前，我从来没有在一个陌生人家里住过一个晚上。像他这样一个有学识、受过高等教育的人怎么会对我产生兴趣，他的这一行动有些奇怪。能得到这份殊荣是因为我曾给《匹兹堡日报》写过通讯。在我十几岁的时候，我就是报社的一个小作者了，虽然当时还没什么名气。我的理想是成为一名编辑。贺瑞斯·格里利和《论坛周刊》是我成功的标杆。奇怪的是，当有一天我可以买下《论坛周刊》的时候，珍珠已经丧失了它的光泽。美丽的空中楼阁常常要等到我们生命的晚期才有机会抓取，而那时候，它往往已经失去了早日的魅力。

我以市民对宾夕法尼亚铁路公司的看法为主题发表了一篇文章。文章是匿名发表的，我惊讶地发现，文章刊登在《匹兹堡日报》专刊的显著位置，罗伯特·M.瑞笛是责任编辑。我在接收电报时，收到一份给司各特先生的电报，署名斯托科思先生，要求他向里德先生查证一下那篇文章的作者。我知道瑞笛先生并不认识我，所以他根本不知道这篇文章的作者是谁。可是我又怕司各特先生看原稿，因为他一看原稿就能认出我的笔迹。因此，我坦诚地告诉司各特先生，我就是这篇文章的作者。他好像不太相信是我写的那篇文章。他说，他早晨读过这篇文章，不知道谁会写出这样的文章。我注意到了他的疑虑。笔是我的武器。此后不久，斯托克斯先生邀请我去他那儿度周末，那是我有生以来见过的最豪华的房子之一。从此以后，我们成了朋友。

给我留下深刻印象的是司各特先生富丽堂皇的家，虽然他的家跟那些大人物的家一样时尚，但有一个特别之处，在他的藏书室有一个大理石的壁炉架，使其他一切都黯然失色了。壁炉拱门的中间用大理石雕刻着一本打开的书，上面写着：

"不能思考的人是愚蠢的，
不愿意思考的人是固执的，
不敢思考的人是奴性的。"

这些高尚的语句让我震颤，我对自己说，"有一天，必定有一天，我一定会有一间书房"（这是一个前瞻），"这些警句将像在这里一样使壁炉架变得雅致起来。"如今，在纽约和斯基伯，这已经成为了现实。

时隔多年以后的又一个星期天，当我在他家里再次看到这句话时，依然是那么的醒目。那时的我已经是宾夕法尼亚铁路公司匹兹堡分部的负责人了。我为南方城市的分崩离析而热血沸腾。司各特先生成为了民主人士的领袖，他认为北方使用武力来维持统一是非常错误的。他给出的一个观点使我几乎失控，我大声说：

"司各特先生，像你这样的人只能有6周的时间可活了，因为我们会把你们绞死。"

写到这儿，我仿佛听到了他的笑声，他对隔壁房间的妻子大声喊道：

"南茜，南茜，听到这个苏格兰小鬼说的话了吗？他说他们将在6周之内把像我这样的人全都绞死。"

在那些天里发生了一些离奇的事情，斯托克斯先生在华盛顿请求我帮他在支援部队里成为一名现役少校。那时我是战争办公室的秘书，帮助政府管理军用铁路和电报。他得到了这项任命，从此成了司各特上校。他得到了任命，自此，他就成了斯托克斯上校，以致这位怀疑北方用武力搞统一的人为了高尚的目的拔剑高扬。人们在宪法权利方面首先发生争论并创建了理论。旗帜燃烧起来的时候，世界产生了很大的不同。顷刻间，每一件事都点燃了——包括成文的宪法。统一和古老的光荣，那都是人们所关注的，但那已经足够。宪法要保证只有一面旗帜，正像英格索尔上校宣称的："美洲大陆的上空不容两面旗帜飘扬。"

第七章　宾夕法尼亚铁路公司经理

　　1856年，罗姆贝特先生的职位被司各特先生所取代，他被提升为宾夕法尼亚铁路公司的总裁。他在去阿尔图纳工作时，把我也带上了。对于21岁的我来说，离开匹兹堡是个严峻的考验，但对于这样的职业生涯发展，我是无所畏惧的。我和母亲一样，有着执着的性格，对此，她为我感到高兴。我之所以选择跟随司各特一起去阿尔图纳工作，就是因为司各特先生是一位真诚的朋友。

　　自然会有人对司各特先生的升职产生嫉妒，并且，他刚上任就要处理一个棘手的问题——罢工。不久前，他的妻子在匹兹堡去世了，他非常孤独。对于他来说，阿尔图纳是他的新指挥部，他只不过是个新上任的人，他的身边除了我，几乎没有什么可以陪伴他的人。当他还没有把孩子从匹兹堡接来，还没有在这里把家安顿下来的时候，我们一起在铁路宾馆住了好几个星期。我和他共用一间大卧室，这是遵照他的意愿办理的。他似乎希望我能一直留在他的身边。

　　罢工事件愈演愈烈。我记得，我在夜里被人叫醒，说是铁路线封锁了，整个交通中断了。原来，是货运列车的工人一怒之下离开了位于密甫林的列车，所以才导致了这件事情的发生。司各特先生当时正在休息，他的工作太繁重了，压力太大了，我不想因为这件事让他更忧心，就没叫醒他。等他醒了，我向他建议将这件事情交给我处理时，他看起来还没有完全醒过来，但也嚷嚷着同意了。于是我跑去了办公室，以他的名义跟工人们谈判。我许诺他们可以在第二天提意见，公司一定会认真听取。我成功地让他们重返工作岗位，恢复了交通。

　　有反叛情绪的不仅是铁路工人，商店的员工也迅速组织起来联合表示不满。这个消息是我通过一个特殊的途径得到的。一天晚上，当我走在黑漆漆的回家的路上时，我感觉有人跟着我。他快步走近我，跟我说：

"你曾经帮过我，是个对我有恩的人，就在你帮我的那一刻起，我就决定，如果我有机会，一定要报答你，但是不能让人看见我和你在一起。当你在匹兹堡工作时，我曾经找到你申请一份铁匠的工作。当时你告诉我说匹兹堡没有，如果我能耐心等几分钟的话，你可以帮我发个电报问问阿尔图纳，也许那里会有这样的工作机会。你非常耐心地帮助我，仔细地审读了我的推荐信，并帮我发了电报，就这样，我在这里得到了这份工作。我现在的工作很好，并且我全家都在这儿生活，我感觉我现在的生活比以往任何时候都好，这多亏你的热心帮忙。现在，为了报答你，我决定告诉一件对你有利的事情。"

我静静地听着。于是，他就告诉了我一件他所知道的事情：他们决定在下周一举行罢工，现在正在紧张地进行签名活动。时间不多了，一早，我就把这件事情跟司各特先生说了，他采取了一个强有力的措施，宣称所有签名打算罢工的人到办公室结算工资，他们被解雇了。同时，签名要罢工的人的名单已经被我们掌握了，我们把这事及时通报给了大家。随后，店员惊慌失措，眼看就要开始的罢工就这样被平息了。

我的一生中有很多意外的事件发生，但总是能有像这位铁匠带来的消息帮我渡过难关。我常常想，好心总会得到好报的，帮助别人总是能够给自己带来意想不到的回报。甚至在今天，我还会不时地碰上一些我已记不起来的人，他们在我面前回忆起一些我曾给过他们的细微的关心。尤其是内战时期，我在华盛顿负责政府的铁路和电报时，曾帮助某位父亲去前线看望他受伤或是病倒的儿子，或是帮忙将尸体运回家，或是类似的一些事情。我感谢这些小事，因为它们是我一生所作善行中最为令人愉悦的一部分。我要感谢这些小事，能给别人带去帮助也是我人生中最快乐的事。对于这样的行为，有句话是这么说的："予人玫瑰，手有余香。"对弱势群体来说，也许你的很小的帮助，却会帮他们的大忙，他们会非常的感激你。许多时候，帮助一位普通百姓也许比帮助一位上层人物带给你的回报更有价值。华兹华斯的诗句写得如此真诚：

华兹华斯的诗行多么富有哲理：

　　　"好人一生中最为值得称道的，

　　是那些细小的、不留名的、让人难以记起的行为，

　　充满着爱和善意。"

　　我跟司各特先生在阿尔图纳一起工作了两年，在这两年里发生了一件针对我们公司的重要诉讼案，斯托克斯上校负责这个案子在格林堡的审理工作，我是此案中的一名重要证人。斯托克斯上校希望这个案件延期审理，因为他担心我被原告传唤出庭，司各特先生派我尽快离开此地。对我来说这是求之不得的好事，这样我就有时间去看望我的两位铁杆兄弟米勒和威尔逊了，当时他们在俄亥俄州的克里斯兰铁路部门工作。路上，我坐在最后一节车厢的最后一个座位上，看着驶过的那一行铁路。一个农民模样的人向我走了过来，手上提着一个绿色的小包。他说，火车上的刹车手告诉他我和宾夕法尼亚铁路公司有关系。他希望能向我展示一下他专为夜间旅行发明的车厢模型。他从包里拿出一个小模型来，看上去是卧铺车厢的一部分。

　　令人意想不到的事是，这个人就是著名的 T. T. 伍德鲁夫先生，他发明了现代文明必不可少的产品——卧铺车厢。电光石火之间，我意识到这一发明的重要性。我问他，他是否愿意接受邀请去阿尔图纳，我向他保证一回去就将此事汇报给司各特先生。卧铺车厢的主意在我脑海中挥之不去，我迫切地想回到阿尔图纳，将我的想法告诉司各特先生。我也这么做了。司各特先生认为我抓住了一个千载难逢的机会，这一发明完全可行，并让我立即给专利所有者发电报。后来我们签订了合同。公司很快生产出两节车厢并投入运营。此后，让我意想不到的是，伍德鲁夫先生问我，是否愿意加入他的这项新事业中，并提出给我 8% 的股份。

　　我当即接受了他的提议，我坚信定有回报。这两节卧铺车厢分批交货，按月分期付款。首次付款时，我应该付的那一部分是 217.5 美元。为此，我大胆决定向当地银行家劳埃德先生申请这个数目的贷款。我向他说明了此事的来龙去脉，他张开长臂（他有 1.8~2 米那么高）紧紧地抱住我说："为什么不呢？我当然会借给你，你是对的，安迪。"

　　就这样，我收到了生平第一张贷款单，而且还是一位银行家出具的。对一个年轻人的事业来说，这是一个荣耀的时刻；在一个年轻人的职业生涯中，这是一个自豪的时刻！卧铺车厢运营得非常成功，每月的收益可以用来偿还每月

的分期贷款。我的第一桶金就是来自这里（今天，1909 年 7 月 19 日，在我重新读到这些事情的时候，依然非常高兴）。

在阿尔图纳，母亲和弟弟都搬过来跟我一起生活了，这个时候，我们的生活条件跟原来比，已经有了很大的改善，我觉得家里的经济状况可以允许我们请一个佣人。对于让一个陌生人进入我们的家庭，与我们一起生活，母亲一开始是很不情愿的。她觉得自己可以为她的两个孩子做任何事情。这是她的生活，她不需要一个陌生女人介入进来。她能为孩子们洗衣做饭、缝补衣物、整理床铺、打扫房间。这是她作为母亲的权利！但是尽管如此，我们还是需要雇一个女佣。先是一个，随后又雇了几个。她们来了以后，我们的家庭生活并没有因此而获得多少快乐，因为别人的服务很难替代母亲爱的付出。我们花钱请来的厨师为我们准备的丰盛佳肴，没有了带有母爱的亲切的味道，因为这是厨师作为任务的有偿服务，不具有任何的感情付出。

在众多祝福中，我为幼年的生活中既没有保姆也没有家庭女教师为伴感到庆幸。不必惊讶，跟那些富家子弟相比，穷人家的孩子更加具有爱心、热爱家庭、孝顺长辈。对他们的童年时期和青少年时期影响至深的，是父母的关爱。父亲意味着是他们的老师、朋友和顾问，母亲则是护士、女裁缝师、女家庭教师、朋友、女英雄，是无所不能的圣人。而那些对孩子来说意义只在于继承财产的父母，他们和孩子之间就像陌生人一样遥远。

但是，母亲忽略了一个问题，她的儿子已经长大成人了，终有一天，他会搂住他心中的女神——母亲，温柔地亲吻她，并试着向她解释，让他为她做些什么也许会更好。他能够像男子汉一样顶天立地，像他的父亲一样独立地处理事务，他有时希望能够改变什么。对年轻人来说，生活中的事情发生一些改变是他们喜欢的生活方式，这样的改变会让他们的朋友到家里来做客时更加舒适。尤其应该让奴隶般苦干的母亲从此以后过上一种比较清闲的生活：读读书，去串串门，探访一下自己亲爱的朋友们——简而言之，将她的地位提升，如贵妇人一般，这是合适的，也是她应得的。

但是，在短时间内，对于这样的变化，母亲还是很难接受的。或许是她意识到了自己的大儿子已经出人头地了，母亲最终认为，她应该接受孩子们的建议，自己要有所改变。"亲爱的妈妈，"我搂着她请求道，"我和汤姆让您操劳了一辈子，现在我已经有能力很好地照顾您了，让我为您做些事情吧。现在是你作为贵妇人享清福的时候了，您可以坐上自己的四轮马车，同时让您喜欢的女孩来为您服务。汤姆和我都希望这样。"

母亲被我说服了，她已经愿意跟我们一起去拜访邻居了。对于母亲来说，上层社会的礼仪是不用去学的，因为这些她天生就具备了；至于教育、学识、敏锐性和宽厚待人方面，很少有人比得上她（我起初写的是"从未"，而不是"很少"，当时改了一下。尽管如此，我还是保留个人意见）。

在阿尔图纳，我的生活因为出现了一个女孩而变得更加愉快，她就是司各特先生的侄女丽贝卡·斯图尔特小姐，她在这里帮司各特先生管理家务。当司各特先生到费城或是其他地方出差时，她很完美地扮演了我姐姐的角色。我们常常在一起，骑车穿越树林，我们的这种亲密关系一直持续了很多年。我在1906年重读她写来的信的时候，竟前所未有地意识到我对她的感激。她其实并不比我大多少，但总是显得比我大许多的样子。当然，她比我更成熟，完全有资格扮演大姐姐的角色。在那些日子里，我觉得她是一个完美的女性。后来的事情非常遗憾，我们因为各自的生活分开了。她的女儿嫁给了苏赛克斯的伯爵，后来她们家就出国定居了（1909年7月19日，我和我的妻子在1908年4月见到了我这位大姐姐，她的丈夫现在已经过世了，她住在巴黎，她妹妹和女儿都很好，生活很快乐，这确实是件令人愉快的事情。她是我年轻时不可多得的好朋友）。

司各特先生在阿尔图纳工作了3年后又升迁了。1859年，他的办公地点挪到了费城，他被提拔成为公司的副总裁。司各特先生走后，我的去留成了一个问题，他是带我一起去费城，我们一起工作，还是不带我走，让我跟新的上司，在这儿继续工作？我不想去考虑这些问题，因为不知道该如何面对。本来我就不愿意和司各特先生分开，还要为一个我根本不认识的上司服务，我一时无法接受。对我而言，是否带我走都是他说了算。我的升迁与否，都全赖于他的提携。

他去费城与总裁会面回来后，把我叫进了他家里的私人办公室。他告诉我说，他去费城工作已经成了无法改变的事实，他的继任者是部门经理伊诺克·刘易斯先生。我饶有兴致地听他渐渐地也不可避免地把话题引向对我的安排，最后，他终于说：

"我们来聊聊你的一些事情，你觉得你可以管理好匹兹堡分部吗？"

当时的我正处于不知道天高地厚、目空一切的年龄。我感觉任何事情我都能做好，也许别人并不像我一样对自己有如此的信心，更不用说司各特先生了。24 岁的我，那时的偶像是约翰·拉塞尔勋爵，就是曾经说将来要成为海上舰队的指挥的那个人。华莱士和布鲁斯也是如此。我想我可以做好那里的工作，我这样对司各特先生说。

"太好了！"他说，"费城运输部需要波兹先生（当时匹兹堡分部的主管）去管理，他的职位就空出来了，我把你推荐给他，让你去接替他的职位。他同意让你试试。你期待的工资是多少？"

"工资？"我感觉司各特先生小看了我，"我怎么会在乎工资呢？我不在乎公司会给我多少钱，我在乎的是这个工作机会。对我来说，能回到匹兹堡分部——你以前的位置任职，这是我的荣耀。至于给多少工资由你决定，用不着比现在的多。"

那时，我的月薪是 65 美元。

"你知道，"他说，"我在那里每年的工资是 1500 美元，而波兹先生是 1800 美元，我想，如果你去那里工作，一开始的时候，给你每年 1500 美元会比较合适一些，如果你干得好，不久之后，你可以拿 1800 美元，这样的安排你感到满意吗？"

"噢，请……"我说，"不要和我提钱！"

那不仅是雇佣和薪金的问题，在那儿，在那时，我的升迁还未公开。我将有我自己的一个部门。我不用再在来往于匹兹堡和阿尔图纳的指令上签下"T.A.S"，我现在可以写上"A.C."这对我来说，已经是足够大的荣耀了。

1859 年 12 月 1 日，任命我为匹兹堡分部主管的委任书发布了。随之而来的，是我马上就要准备搬家了。这样的变化是令人欣喜的，尽管我们在阿尔图纳住得非常好，尤其是我们在郊外一处风景宜人的地方有一幢带庭院的大房子，可以尽情享受乡村生活，但是这一切跟回到老朋友中间，回到又脏又乱、烟雾弥漫的匹兹堡相比，就显得轻如鸿毛了。在阿尔图纳居住期间，弟弟汤姆已经学会了电报技术，他和我一起去了匹兹堡，成了我的秘书。

对我来说，我上任后的那个冬天令我非常难忘。建设拙劣的铁路线，效率低下的设备，使我完全不能应对繁忙的业务。建在大块的石头上的铁轨需要用铸铁墩子固定住。据我所知，曾经有一个晚上 47 个铸铁墩子发生断裂的事情，这种情况下，不出事故倒不正常了。那些日子里，我作为部门主管，什么事情都要考虑到：应当在晚上通过电报调度列车，所有的障碍都要亲自去清除。有一次，我连续8天没有回家，夜以继日地工作，事故一件件得到了处理，障碍一个个被清除。我可能是所有担任这项管理工作中最不体恤下属的人了，凭着强烈的责任感，我不知疲倦地工作，我认为我的下属也能跟我一样，可以超负荷工作，我没有仔细为他们考虑过，他们根本无法忍受那样的极限。对于疲惫至极的我来说，任何时间、任何地点都可以让我很快地睡着。晚上，假如我能在肮脏的货运车厢里待上半个小时，那么这半个小时对我来说就是一次很好的睡眠时间。

内战加大了宾夕法尼亚铁路线的需求量，我必须组建一支夜班力量才能应付越来越多的业务量，但是要征得上级同意将夜间铁路线的管理委托给列车调度员不是件容易的事情。事实上，他们还没有给我明确的授权时，我已经这么做了。我在没有得到上级正式授权的情况下，指定了宾夕法尼亚铁路系统的第一个夜间列车调度员，也许是美国第一个，真有可能。

1860年，我们回到匹兹堡后，在汉考克街（就是现在的第八大街了）租了一套房子，在那里住了一年多的时间。对当时匹兹堡的环境做任何的精确描述，都会被视为泛泛而谈的夸大之词。假如你把手放在楼梯的栏杆上，马上就变黑了；刚洗的脸和手不到一小时也和没洗时一样脏；头发和皮肤上都沾满了烟尘。我们刚从阿尔图纳的山地回来的那段时间里，生活或多或少地有些痛苦。我们很快就开始考虑要怎么才能住到乡下去，幸运的是，当时公司的货运代理人D. A. 斯图尔特先生，在荷姆武德给我们介绍了一所房子，与他的住所相邻。我们立刻搬到了那里，电报也带了过去，这样我就可以在家指挥分部的事务了。

在这里，我们开始了新的生活。这里阡陌纵横，繁花似锦，居民大多拥有5~20英亩不等的土地。整个荷姆武德占地好几百英亩，这里有美丽的峡谷和森林，还有小溪潺潺。有一个花园在我们的房子周围。这几年的乡村生活成为母亲一生中最快乐的日子，种种花草、养养小鸡，享受田园风光。母亲非常喜欢花草，但从来不去采摘一朵花。我还记得，她曾经因我拔了一根草而对我进行责备："这是绿色的、有生命的东西。"母亲的这种性格影响了我，每当我从家里走到大门口时，总想摘一朵花别在纽扣锁眼上再出发去城里，但我知道，它们都是有生命的，任何的花草都不能随意糟蹋，因此我放弃了原来的想法。

我们搬到乡间后，结识了一大群新朋友。这一地区许多有钱人都在这个令人愉悦的乡村里拥有寓所，可以说，这儿是一个贵族区。我这个年轻的经理常常被邀请到这些富丽的大宅里面参与他们的娱乐活动。音乐是年轻人非常喜欢的，举行音乐晚会对我们来说简直是家常便饭。在这里，一旦我听到他们谈论的新话题，就马上去学。因为每天都有新的东西学习，所以我每天都感到很快乐。

在这里，范德沃特兄弟、本杰明、约翰和我第一次相遇。后来我和约翰成了旅伴，我们一起去过很多地方。"亲爱的范迪"成为我周游世界时的好友。我们的邻居斯图尔特夫妇和我们的关系越来越融洽了，我们建立了长久的友谊。令我高兴的一点是，斯图尔特先生、"范迪"不久都成了我事业上的合作伙伴。能够认识宾夕法尼亚西部的名门望族——尊敬的威尔金斯法官，是我们在新家的最大收获。那时，威尔金斯法官年近八十，高高瘦瘦的，非常英俊。他很有才能，待人接物谦和而有威严，气度不凡，他是我所遇见过的人当中学识最渊博的。他的妻子是美国副总统乔治·W.达拉斯的女儿，是我心目中和蔼可亲的女性——是我曾见过的最美丽、最迷人的贵妇人。她、她女儿维金斯小姐和妹妹桑德斯夫人，以及孩子们都住在荷姆武德的那座大宅子里。这座豪宅在当地就如同英格兰的男爵府，或者说，它算得上是当地所有有文化、有上进心的人的聚集中心。

令我意想不到的事情是，我在那儿很受欢迎，这令我非常高兴。音乐会、猜字游戏和威尔金斯小姐领衔主演的戏剧，都是我提高自身修养的好途径。有一位法官给我留下了深刻的印象，令我终生难忘，有一次他在谈话中想要阐释一段评论，就会说："杰克逊总统曾经对我说道……"或者："我曾告诉惠灵顿公爵……"法官早年（1834年）曾担任俄国外交使节，当时执政的是杰克逊总统。他在与俄国沙皇的会谈中以同样轻松的方式交流。我似乎触摸到了历史本身。这座华府给我营造了一种全新的氛围，我和这个家庭的交往，有力地激励了我提升自己的思想和言行。

我和威尔金斯家在各方面的关系都很好，除了政治观点，这件事虽然没有明说，但大家都心知肚明，各自坚持自己的观点。我非常反对奴隶制度，对废除奴隶制度表示支持，当时的废奴主义者有点类似于英国的共和党人。威尔金斯的观点与我相反，他支持南方强大的美国民主党，支持奴隶制度，他们与南方的名门望族有着千丝万缕的联系。维尔金斯等人是倾向于南方的坚定的民主派人士。有一次在荷姆武德，在我正要进入休息室的时候，我听到这家人在兴奋地谈论着不久前发生的一件可怕的事情。

"你怎么看？"威尔金斯夫人对我说，"达拉斯（她的孙子）写信给我，西点军校的司令官竟然强迫他跟黑人坐到一起！这种事情你以前听说过吗？这实在是一种耻辱！黑人怎么能进西点军校呢？"

"噢，"我说，"维尔金斯夫人，还有比这更糟糕的事情呢，我还知道他们中的有些人被获准进入天堂。"

大家沉默不语。于是，亲爱的威尔金斯夫人严肃地说："这是两件完全不同的事，卡内基先生。"

这个时候，她以独特的方式送给了我一件礼物，这是我所收到的最珍贵的礼物。这是亲爱的威尔金斯夫人亲手编织的一块阿富汗毛毯。曾经有许多人在她编织的过程中问她，这块毛毯是给谁织的。这位可爱的像女王一样的老太太没有透露任何消息，她严密地保守着这个秘密过了好几个月，这块毛毯织到圣诞节临近，终于织完了。她细心地把它包装好，并附上写有温情寄语的卡片，让她的女儿寄给我。当时我在纽约，很及时地收到了这份礼物。对于我来说，那条阿富汗毛毯太珍贵了——它是由如此高贵的夫人送来的礼物。我虽然经常拿出来给好友看，但从来没有用过。在我所拥有的财富中，它对我来说是神圣的。

我在匹兹堡生活时，有幸遇见了莱拉·阿狄森，她非常有才华，她的父亲是刚刚过世不久的阿狄森博士。很快，我与他们家建立了良好的关系，他们家带给了我种种益处，对此我非常感激。我认为这是与受过高等教育的人建立的另一种友谊。阿狄森太太是一位爱丁堡女士，卡莱尔曾在她家担任过家庭教师。莱拉有在国外留学的经历，她能很流利地说法语、西班牙语、意大利语和英语。正是通过与这一家人的交往，我第一次认识到，在我与受过高等教育的人之间，有一条无法形容又难以逾越的鸿沟。但是，"我们身上流着同样的苏格兰的血"一如既往地发挥着力量。

如果你想找一位理想的朋友，那么阿狄森小姐将是非常好的人选；如果你是一块未经加工的钻石，那么她会把你打磨得精致而富有光泽。她是我的挚友，因为她会严格批评我。我开始认真审视我的言行，如饥似渴地阅读英文经典名著。我开始关注自己与别人交谈时的态度和待人接物的细节上如何获得提高。简而言之，就是言行举止更加温和文雅、彬彬有礼。我不太在意自己的穿着，认为这样或多或少会有些做作。笨重的长筒靴，松垮的衣领，粗犷的着装是当时的西部风格，这是我们圈子里非常有男子气概的表现。但是一旦某件事情被贴上了浮华的标签，就不会被人看重了。我记得我在铁路公司工作时做过的一件蠢事，有一位绅士戴着小山羊皮手套，可我们觉得他的穿戴没有丝毫的男子气概，就当众嘲笑他。等我搬到荷姆伍德后，在阿狄森小姐的帮助下，改掉了很多细节上的坏毛病。

第八章　南北战争时期

　　1861年，美国南北战争终于爆发了。司各特先生把我叫到华盛顿，他的新职位是陆军部部长助理，主要负责交通运输部门。他把我叫来是让我做他的助手，负责政府的军用铁路和电报，以及组建一支铁路工作力量。这个部门成为战争初期最重要的部门之一。

　　第一批通过巴尔的摩的联邦军队遭到了袭击，并且巴尔的摩和安纳波利斯之间的铁路也被切断，破坏了联邦军队与华盛顿之间的联系。因此需要我的辅助军团开通一列从费城到安纳波利斯的火车，把分支线延伸到枢纽的一个交会点，与去华盛顿的主要干线相连接。修复这条分支铁路线，使重型火车可以从这里通过，这是我们当时最重要的工作。通过几天的努力工作，我们成功地把巴特勒将军和好几个部队的团的士兵全部运送到华盛顿。

　　第一列开往华盛顿的火车把我送上了旅程，一路上小心翼翼地行进。在离华盛顿不远的地方，木桩把电报线压在了地上。我命令火车停下来，下车后我便跑过去把木桩挪到一边，但令我没想到的是，木桩把电报线紧紧地压到了一边，我一松开就被它们的回弹击打到脸上，我被打翻了过去，我的脸颊上被弹出一道口子，鲜血直流。我就是带着这样的伤随着第一批部队进入华盛顿的。除了一两个几天前在巴尔的摩大街上受伤的士兵，我可以理直气壮地宣称，我是第一批"为美国流血"的保卫者中的一员。我虽然在工作中受了伤，但这可以对国家的事业有帮助。能够为国家做出贡献，我感到非常光荣。实事求是地说，因为我们不分白天黑夜地工作，与南方的通信联系很快就被我们打通了。

　　很快，弗吉尼亚州的亚历山大成为我们的指挥部所在地，但是不幸的布尔溪战役就在那里发生。起初，我们对战役的报道根本就不相信，可随着情况越来越明朗，我们不得不面对现实，火速把火车开往前线，再把战败的军队士兵运送回来。伯克车站是离前线最近的一个点，我就到那儿指挥一列一列火车，把那些可怜的受伤士兵往回运送。据报道，我们与叛军的距离越来越近，我们最终不得不关闭伯克车站，最后一列前往亚历山大的火车把我和电报操作员拉了回来，但那里也同样没有秩序。有些铁路工人做了逃兵，但第二天早上，与其他服务部门留下来的人数相比，我们是值得庆幸的了，因为大多数人选择了留下来，只有少数几个列车长和火车司机乘船穿越了波拖马可河。敌人的枪炮声每天晚上都会响起，但是第二天早上会发现，我们的电报员并没有因此而减少。

我到了华盛顿后不久，军队大楼成了我的指挥部，司各特先生也在这里。因为我要对电报部门和铁路部门负责，所以我就有机会见到林肯总统、苏厄德国务卿、卡梅伦部长，以及政府的其他重要人物。让我感到非常高兴的是，我们偶尔会与他们有私人接触。我的办公室也会有大人物光顾，他就是总统林肯先生，他会坐在桌前等电报回复，也会为情报而焦虑。

这位伟大人物的所有画像跟他本人的真实长相差距并不大。因为他有着非常明显的特征，几乎所有为他画像的人都很难画不像。在我看来，他在安静状态时，就是一个很普通的人，但当他处于兴奋状态或讲故事时，他的过人的才智就会从他的眼睛中闪烁出来，光芒就会从他的脸上绽放出来，这些细节我从没有在其他人身上看到过。他举止的得体是与生俱来的，他对每一个人的态度都是和蔼可亲的，即使是对待办公室的年轻小伙子也很和蔼。他无微不至地关心别人，无论是对信差男孩还是对苏厄德国务卿，他对所有人都一样，他总是温文尔雅地说话。平等地对待每一个人正是他的魅力所在。或许他的话并不多，但他常常会以平易近人的态度赢得人心。没有把他当时的奇言妙语仔细地记录下来，使我感到非常遗憾。他总是会用自己独特的表达方式来表述一件事，即使是一件非常普通的事情。林肯先生这样一个能与大众打成一片的伟人，我还是第一次见到。用海部长的话说就是："林肯先生怎么会要人伺候？这是难以想象的事情，他只会把他们当作是自己的伙伴。"他是真正的、最完美的民主主义者，每一个举动、每一个言行都透露出他的与人平等的愿望。

1861 年，当梅森和斯莱德尔在从英国的轮船特伦特号被抓回的时候，那些知道英轮上庇护权具体含义的人对此有着强烈的焦虑，我也是如此。如果不立刻归还战俘，战争将不可避免。当内阁召开会议讨论这个问题时，司各特先生作为军部部长助理应邀参加，因为当时的部长卡梅伦不在。我竭力让司各特先生明白，如果美国不把俘虏交还给英国，那么他们就会宣战。根据美国的规定，船只是可以免除检查的。但司各特先生并不清楚国外局势，他主张扣押战俘，但是他开会回来后告诉我，国务卿苏厄德在内阁会议警告他们说，如果扣押俘虏，那么美英战争不可避免，这正是如我所预料的。起初，扣押俘虏的决议也得到了林肯总统的支持，但最终他同意了苏厄德国务卿的意见。为了等卡梅伦和其他没有到会的人，内阁会议决定延期到第二天再做出决定。司各特先生受苏厄德国务卿委托，转告卡梅伦部长，苏厄德先生一到就去见卡梅伦部长。苏厄德国务卿希望在开会前能在这个问题上得到卡梅伦部长的支持，因为他预料主张不交换战俘是卡梅伦部长的想法。第二天，这一切都进行得很顺利。

我无法形容华盛顿在那段时间的混乱局面所给我的感受。当我第一次看见当时的总司令正在两个人的搀扶下从办公室穿过人行道，走进他的马车时，我发现他老了，是一个年迈体衰的老人了，不仅身体不能正常行动，而且脑子也不管用了。这位曾经显赫的人物，是共和政体依靠的力量。泰勒将军作为物资供应的主管，在某种程度上非常像司各特先生。我们要开通通信联系、运输人员和物资，我们要与他们进行业务上的接洽，除了他，剩下的人都不太合适。他们已经不再是年富力强的青年人，做起事情来总是因循守旧。许多要马上做出决定的事情总是拖上好几天。在众多重要部门里，几乎看不到一个干脆利落的主管人员——至少，在我的印象里一个都没有。政府部门被长期的和平岁月浸泡得已经陈腐不堪了。

据我所知，不光是这一个部门，海军部门也存在着同样的情况，但我并没有与他们进行亲自接触。海军原本只是在编的部队，并不算重要。在各个军部的头儿被撤换掉之前，除了战败之外，我们看不到任何前景。政府对于国家急于要生产一项有效的武器的任务的耽误，负有不可推卸的责任，但令我吃惊的是，混乱不堪的政府部门的每一个分支机构，很快就变得有条不紊了。

我们的运营受关注的同时，工作也取得了一个很大的进步。卡梅伦部长授予了司各特先生（他已经是上校了）一项特别的权力，即不用等战事部长缓慢的官方决策就可以直接去做他认为必须做的事。这份特别的授权取得了非常好的效果，战争初期，如果没有卡梅伦部长的大力支持，政府的铁路部门和电报部门不会发挥重要的作用。他当时是一个很有才能的人，与他手下的将军和各部门的领导比，他更能抓住问题的要害。但在公众强大的压力下，林肯总统不得不把他撤换掉。了解内部情况的人都知道，如果让卡梅伦去管理其他部门，那么就可以避免更多的灾难了。

洛奇尔（卡梅伦喜欢别人这样称呼他）并不是一个感情匮乏的人，他到苏格兰来探望我们时已经90岁高龄了。在四轮马车上，他坐在前排位置，当他经过一个峡谷时，他虔诚地摘下帽子，叹服于宏伟壮观的景色。我们谈道，政府部门的候选人要想得到提名，必须通过自己的努力，而且必须是政府需要的人才，除非是在非常罕见的紧急情况下才有例外。期间，洛奇尔还说到了关于林肯第二任期的一件事。

当卡梅伦在位于宾夕法尼亚州哈里斯堡附近的郊区住宅时，有一天他接到一封林肯总统想要见他的电报。他接到电报后，马上前往华盛顿。

"林肯总统说：'卡梅伦，我听到身边的人跟我说，我必须成为第二任期的候选者，这是我的责任，唯一能够拯救这个国家的人是我……等等这样的话，你知道吗？我甚至都没有仔细思考，就轻易地去相信他们的话了。我到底该怎么办呢？'

"'哦，28年前杰克逊总统也像你一样把我叫了过来，跟我讲了一个与你同样的故事。我当时是在新奥尔良收到他的来信的，赶到华盛顿已经是10天以后了。我当时是这样跟杰克逊总统说的，我认为最好的办法，是让美国一个州的立法机关通过决议坚决要求船只的驾驶者不得在遇到狂风暴雨时丢弃船只，如此等等。只要有一个州这么做了，那么其他州会跟着效仿的。杰克逊总统对这个方案表示同意，于是，我就回哈里斯堡了，这个决议经过充分的准备，通过了。如我一开始所设想的那样，其他州也跟着做了。正如你所知道的，他连任了两届总统。'

"'很好，'林肯说，'你现在能这么做吗？'

"'不，'我说，'我和你的关系太好了，总统先生，如果你同意的话，我想我可以让另一位朋友来做这件事。'

"'好，'林肯总统说，'那你就帮我把这件事做好吧。'

"福斯特被我叫来（他是我们在旅客车厢的同伴，也是我们的客人），我请他去查找杰克逊的那些决议。我们根据新的情况，对这些决议进行了略微的修改，我们希望能够通过。正如我们所预想的那样，事情很顺利。我再次去华盛顿时，当晚便去了总统的公开招待会。我进去时，宽敞的东厅已经人满为患了，非常高大的林肯总统在拥挤的人群中发现了我，他戴着白色的手套，看上去像两只羊腿。'卡梅伦，今天已经超过两个州了，卡梅伦，超过两个州了。'他大声地喊着。他的意思是，又有两个州通过了我们所制定的决议。

"这个事件不但是我政治生涯中的一个亮点，而且更为不同寻常的是，间隔28年，同一个人被两届美国总统请去在同样的情况下为其出谋划策，并且两位都是总统候选人，而且都成功连任了。正如我曾在一个值得纪念的场合所解释的那样：'一切都是注定的。'"

我没有在华盛顿遇见格兰特将军，他一直都在西部，直到我离开华盛顿时，他还没有回来。他在匹兹堡作了短暂的停留，为调往东部做了一些必要的安排。我在铁路线上遇见了他两次，我们一起在匹兹堡进餐。当时的火车上还没有安排餐车。格兰特虽然有着高贵的身份，但感觉就是很普通的一个人。他不是那种在人群中一眼就能让人认出来的人。我记得陆军部长斯坦顿说过这样的话："格兰特将军在西部视察军队时，他和部将们上了我的车，我看着他们一个个进来，看到格兰特将军时，我暗自说道：'噢，我不知道谁是格兰特将军，但这个人肯定不是。'可这个人就是格兰特将军。"（虽然很多年过去了，但是每当读到这段，我还是会笑起来。这种事情可能让格兰特将军感到非常不公平，因为我也曾经不止一次地误会过他。）

"战略"和各位将军的人事安排是在战争年代被谈论得最多的词语和事情。令我吃惊的是，格兰特将军和我谈论起这些事情却毫无顾忌。当然，格兰特将军对我任职的情况很清楚，他也知道我和斯坦顿部长的关系很好，对局势的进展也有自己的看法，即使如此，我也没想到他会说出这样的话：

"总统和斯坦顿想让我到东线去，接手那里的指挥权，我已经同意了。我这就要去西线作必要的安排。"

"我想也是。"我说。

"谢尔曼可以接替我。"他说。

"如果是谢尔曼接替您的位子，那么会让全国上下都非常惊讶，"我说，"我认为，在人们的印象中，托马斯将军才是最适合的继任者。"

"当然，我很了解这些情况，"他说，"对于这个人，我也是非常了解的，托马斯会第一个说谢尔曼是适合这项工作的人选。那是无可辩驳的。实际上，与东线相比，西线已经是无可挑剔了，东线才是我们下一步要重点推进的。"

　　他是这么说的，也是这么做的，这就是格兰特的做事方式。在以后的岁月中，我很荣幸地能和格兰特将军相知相识。装腔作势的人很多，但格兰特却不是那样一个人。就是作为总统的林肯在这一点上也不及他：格兰特是一个安静的、慢性子的人，而林肯总是充满活力与激情。格兰特说话时不善于用冗长而又华丽的词句，在"方式方法"上也从不做任何讲究，虽然如此，他并不是一个保守、古板的人。他在某些场合是一个非常健谈的人，甚至口若悬河、吐沫横飞，令人惊讶。他总会用极为简明的句子把事情说清楚，他对事物的洞察力极其敏锐。如果他没什么要说的时候，他就会沉默不语。我注意到，在战争期间，他经常夸奖他的下属，一提起他的下属，就像是一个慈爱的父亲在说自己的孩子一样。

　　在内战时的西线发生过这样一件事，格兰特将军对酒产生了浓厚的兴趣，并且没有任何节制。罗林斯大胆地劝他要注意自己的身体，罗林斯当时是他的参谋长。只有真正的朋友才会这样真诚地告诫自己，格兰特这样认为。

　　"你在说酒的事？我完全没有意识到这点。真奇怪！"格兰特说。

　　"是的，我说的就是这件事情。它甚至成了你的部下们谈论的一个话题。"

　　"那你为什么不早点告诉我？我再也不喝一滴酒了。"

　　格兰特将军说了这话之后，从此不再喝酒。后来我有很多次机会和格兰特一家在纽约一起吃饭，但是我从没见到这位将军再拿起过酒杯。他的意志非常顽强，这使他的决心笃定，坚持不懈，我很少见到像他这么意志坚定的人。克制一段时间是很多人都能做到的，时间长了就不行了。这里有一个很典型的例子，我们的一个合作伙伴在戒了三年酒后，终于没有忍住，最终还是继续饮酒。

　　格兰特在任总统期间，曾被指控在某些官职任命或政府行为方面涉嫌贪污受贿。但是他的朋友们都知道，他非常清贫，以至于不得不宣布一项决定，取消惯例上的国宴。他发现800美元才够一次国宴的花费——这个花费不是他的工资所能承担的。他任总统时的年薪由25000美元涨到50000美元，在他第二届总统任期时，他的收入节余也不多。收入跟职位比，他更看重后者。据我所知，他的第一任总统届满时，什么都没剩下。但我发现，格兰特将军利用他的权力在人事任免上收受贿赂的事情，广泛流传于欧洲的高层官员中。众所周知，这样毫无根据的指控在美国根本站不住脚，但这对那些别有用心的制造公众舆论来达到某种不可告人的目的的人来说，还是有好处的。

今天的民主制之所以在英国遭受拒绝，其重要的原因就是大家认为美国的腐败是由其政治体制造成的，即共和主义。但是，如果谈到两个国家的政治见解，我可以毫不犹豫地说，如果说在新的共和主义国家里有一个腐败的公众人物，那么在旧的君主制国家就有一打腐败的公众人物，所不同的只是腐败的形式罢了。君主制国家是用头衔来贿赂的，而非美元。他们公开授予头衔，接受者或民众不认为这是贿赂。

我在 1861 年被召到华盛顿，这场战争似乎要结束了，但后来我们知道，这场战争还需要几年的时间。所以，需要相关部门的官员出来负责一些相关的事。司各特先生不能离开宾夕法尼亚铁路公司，于是他决定，要我再回到匹兹堡继续工作，这也是宾夕法尼亚铁路公司根据政府的要求所作出的安排。因此，其他人接管了我们在华盛顿的工作，我们则回到了原来各自的工作岗位上。

从华盛顿回来后不久，我就得了平生第一次大病。我完全病倒了，我不得不努力撑着完成自己的工作，之后再去休息。一天下午，当我在弗吉尼亚的铁路线上工作时，我感觉很难受，就像是中暑了一样。等感觉稍微好些以后，我发现自己无法在高温下工作，我不能承受太热的天气——太热的天会使我完全萎蔫。(很多年来，我更喜欢凉爽的高原气候而不喜欢夏天的炙烤。我的医生一直认为，避开美国炎热的夏天对我来说是最好的良药)。

我得到宾夕法尼亚铁路公司批准可以休假，这个假期我回了趟苏格兰。在 1862 年 6 月 28 日，我 27 岁的那一年，埃特纳号轮船载着母亲、知心朋友米勒和我出发了，在利物浦登陆后，我们立即前往丹佛姆林。当我再次回到这片生我养我的土地时，我充满了万般的感慨。一切都像在做梦。随着我们与苏格兰距离的缩小，我激动的心情就越来越增强。母亲也和我一样，我记得当她第一眼看到熟悉的黄灌木时，她惊呼起来：

"瞧！那是金雀花，金雀花！"

母亲的内心也激动不已，眼泪止不住地流了下来，我的安慰反而让她愈发地难以自已。我自己就像是到了一片神圣的土地上，禁不住要亲吻它。

在这种情绪中，我们到达了丹佛姆林。一路上经过的所有事物，我一眼就可以认出来，但是，和我想象中的相比，每一件看起来都很小，我甚至为此感到迷惑。终于，我们到了兰德姨父家，走进那间他交给我和多德很多事情的房子，我大叫起来：

"你们都在这里，每一样东西都和我离开时一模一样，但你们现在却把它们当玩具了吧。"

我原以为海尔街不比百老汇大街差多少，我原以为姨父的商店可以与纽约的建筑相比，还有我们过去在星期天经常去玩耍的山丘，还有远处那些房屋的高度，仿佛一下子全都缩小了。这里像是一个小人国。我甚至能触摸到那间我出生的房子的屋檐。以前曾把在周六行走去海边看成是高难度的一项工作，而现在，那也只不过三英里的距离。海边的礁石似乎也消失了——我曾经在那里捡蛾螺，而现在只剩下一条平展的浅滩。我唯一的母校——乡村学校承载着我们处于学生时代的回忆，在我们的学生时代，进行格斗和赛跑的操场，都似乎变得比原来的小了很多。那些漂亮的住宅，如布伦豪尔、弗戴尔，尤其是在多尼波瑞斯德的音乐学校，众多的建筑物都显得那么的渺小，那么的不值一提。老屋给我的印象就好像是我后来到日本观光时看到的那些类似玩具一样的房子的复制品。

那里所有的东西都成了微缩模型，甚至连摩迪街上的那口老井，和我的想象也大相径庭。但那光荣而古老的大教堂没有使我失望。它依然那么雄伟、庄严，那刻在高塔上的大字，令人难以忘怀——"罗伯特·布鲁斯国王"——它丝毫没有改变，让我看到眼里，记在心上。大教堂的钟声似乎也很给我面子，当我想听钟声时，它就响了，我的心里充满着感激。它给了我一个聚焦点，过了一段时间后，大教堂周围的景致以及宫殿的遗址和峡谷，还有其他景物，都调整了尺寸，恢复了它们真实的比例。

我的亲戚们仍是那么友好，其中年纪最大的是我亲爱的夏洛特姑妈，她高兴了一阵后叫道：

"噢，你很快就能回到这条大街上开一家店铺了。"

她认为，如果能在海尔街上开一家商店就是成功。我和她的女婿、女儿都是同辈，尽管相互之间没什么联系，但他们已经达到了这个高度，对于她来说，她的外甥是最有前途的，几乎任何事情都可以做到。拥有一家商店就算是那里的贵族了，就算是海尔街上的蔬菜水果商跟摩迪街上的店主也有着不相同的地方。

我的保育员是我的姨妈，她非常喜欢给我讲述我儿时好玩的事。在我还是一个婴儿时，我就跟别的孩子不一样，喂饭需要两个调羹，如果调羹不在我的嘴边，我就会用尖叫声来表示抗议。后来，琼斯上尉作为钢铁厂的主管用我出生时的状态来形容我"有两副牙齿，胃口比一般人要大"，就像儿时吃饭一样，对我来说，新的工厂和增加的产量远远满足不了我的需要。对于我的家族来说，我是第一个出生的孩子，亲戚们都很喜欢我，姨妈就是他们中的一位。他们每个人都有关于我童年时的许多恶作剧和逗乐的事情。令我印象深刻的事情是，有一位姨妈说我非常早熟。

我从小就学到了一些至理名言，它们伴随着我的成长。我在父亲那里学到的一句格言，很快就被我用上了。在我还很小的时候，父亲和我从 3 英里外的海滨回来，父亲不得不背我走一段，登上一个陡峭的山坡时已经黄昏了，走了很远的路，他的体力消耗得太多了，实在是没有力气背我了，父亲想让我自己走一段路，但我却说：

"啊，爸爸，别着急，男子汉是要有毅力和坚持不懈的精神的，不是吗？"

他非常费力地背着我艰难地前行，最终还是没忍住笑出了声。我这是用他的话回应了他，但在这个时候，我相信他一定会有背上的重量减轻的感觉。

兰德姨父是我在家时的老师、向导和启迪者。在我 8 岁时，他就教了我很多知识，我能够成为一个富有浪漫主义的、有爱国心和想象力的人，完全是拜他所赐。虽然我已经 27 岁了，但兰德姨父仍然是我的兰德姨父。他没有任何变化，任何人都不能取代兰德姨夫在我心中占据的位置。我们经常一起散步聊天，我仍然是他的"奈格"。他始终不叫我别的名字，一直是这样。我亲爱的姨父，对我来说，早已超出了姨父的界限。

我似乎仍处于梦境中，激动的心情让我难以入睡，烦人的感冒又光顾了我的身体，我发烧了。当时的情况非常糟糕，我在姨父家里的床上度过了痛苦的 6 个星期。那时的苏格兰，医学和神学都是非常严厉的（现在都温和了许多），我被抽了好多血。我的身体里本来就不够丰盈的血液，变得更加稀薄了，这导致了我康复后，很长时间都没能站起来。一场重病结束了我的回乡探访历程，我在返程途中恢复得很好，当我回到美国时，我的身体已经可以允许我重新工作了。

　　我记得，深深打动我的，是当我回到工作部门时欢迎我的仪式。东线的工人们是这样欢迎我的：他们都聚集在一门礼炮边，当火车经过时，礼炮齐鸣，以此欢迎我的归来。他们的欢迎仪式给我留下了长久的印象，这也许是下属们第一次有机会看到我的真情流露。我心里很明白，我是多么地在意他们，他们对我的关心，我是非常高兴的。对于工人们来说，他们总是会通过做一些事情来报答别人的好意。如果别人能够受到我们真诚的对待，那么我们就没有必要担心别人对我们不好。认真对别人，别人就会认真对待你。

第九章　伟大的工程

南北战争期间，钢铁的价格已经卖到了每吨 130 美元。可就算有现钱，也未必会有现货。要新建铁路就得用大量的钢材，这样美国铁路线很快就面临了危机，我发现这是一个商机，于是在 1864 年，我在匹兹堡组建了一家铁轨制造公司。对我来说，合伙人和资金都不是问题，这个事情很容易解决，先进的钢轨轧机和高炉早就准备好了。

与此同时，那时的机车需求量是非常大的。1866 年，托马斯·N. 米勒先生和我成立了匹兹堡机车生产厂。这是一个信誉良好、繁荣兴旺的企业，它所生产的机车在全美享有盛誉。到 1906 年，我们这家公司原价 100 美元的股票在市场上可以卖到 3000 美元，这在今天听起来像是一个童话。每年的红利很丰厚，总能如期下发。我们的公司取得了很大的成功，因为我们奉行："只做最好。"

我在阿尔图纳见到了一座小型的钢构桥，这是宾夕法尼亚铁路公司生产的第一座钢构桥。这是成功的标志。我觉得这种情况下，木结构的桥梁可以退休了，因为钢构桥比木结构的桥更加经久耐用。前不久，因为宾夕法尼亚铁路上的一座重要桥梁被烧毁而阻断了 8 天的铁路交通。如果采用钢构桥代替木结构的桥，这样的事情就不会发生。这种情况的出现，让我感觉到这又是一个巨大的商机，于是我想在匹兹堡建立一个公司，专门生产钢铁桥梁。因此我向 H. J. 林维尔——钢构桥的设计者，以及约翰·L. 派伯和他的合作伙伴席弗里（宾夕法尼亚铁路线上的桥梁负责人）发出邀请，请他们跟我一起组建这个公司。这是首家钢构桥建设公司。我还向我的朋友宾夕法尼亚铁路公司的司各特先生发出邀请，请他和我们一起投资建设，他对我的邀请表示非常感兴趣，并愉快地答应了。我们五个人的出资相同，一共是 1250 美元。我的投资款是银行帮我出的——借款。现在看来，这笔数额太小了，但"小橡树从果实长成大橡树也是需要一个过程的"。

1862 年，我们成立了派伯·席弗里公司，并在 1863 年并入吉斯通桥梁公司。"吉斯通"这个名字令我感到非常自豪，宾夕法尼亚州又称"吉斯通州"，这完全是因为吉斯通公司作为最优秀的一家桥梁建设公司在宾夕法尼亚州备受关注而得名。由此开始，桥开始在美国及全世界得到了广泛的应用。只要我写个借据，匹兹堡的钢铁生产商就愿意把材料赊给我们的新公司。我们用木头搭建了几个小型的车间后，公司开始运营了。钢铁作为主要材质被使用，并用到桥梁建造上，起到了加固的作用，至今广泛的运用于各个领域。

在施托伊本威尔，有人提出来要在俄亥俄河上建桥，他们找到我们，并询问在俄亥俄河建一座跨越 300 英里河道的铁路大桥是否可行？这种对我们承建能力的怀疑要是放在现在看，是非常可笑的。但我们要记住，那时还是在钢铁时代以前，甚至熟铁在美国还没有得到广泛应用呢。我们能用的最主要材料就是铸铁。我的合伙人开始并不太看好这单生意，但是在我的劝说下，他们决定尝试一下。我们最终签了一份合同，但我清楚地记得，铁路公司的朱厄特经理来工厂视察，当他看到那些即将要用于建成桥梁的部件——很重的铸铁成堆地放在那里时，他充满了疑惑，他转过来对我说："这太可笑了，这些大型铸件如何能撑起它们自己？承载一列火车过俄亥俄河就更别提了！"

然而，我们用事实粉粹了朱厄特经理的质疑。俄亥俄河上的这座大桥到目前为止仍在使用，非常坚固地承担着繁重的交通。我们原本打算在这个大事业上赚一笔钱，但是太不凑巧了，虽然这单生意让我们赚取了不少利润，但是由于在这项工程完成之前发生了通货膨胀，我们所得的利润几乎所剩无几。埃德加·汤姆森作为宾夕法尼亚铁路公司的总裁，当他得知这项工程的实际情况后，非常慷慨地同意了额外给一笔钱补贴我们的损失。他说，在合同签订时，没有人会知道将来会发生什么事情。宾夕法尼亚铁路公司的总裁埃德加·汤姆森是一个伟大而高尚的人，他一直认为，法律的精神要高于文字。

有了林维尔、派伯和席弗里，我们便有了当时最佳的人才组合：林维尔是工程师；派伯精力充沛，是个活跃的技工；而席弗里自信而稳重。派伯上校这个人非常奇怪。我曾在宾夕法尼亚的汤姆森总裁那里听说过，与其让一个工程队去修一座燃烧中的桥，还不如让派伯去。有一点必须提及：谈论有关马的话题是派伯上校最大的嗜好（这对我们来说很幸运）。无论什么时候，如果一项工作的讨论变得过于热烈时，派伯上校会表现得比较暴躁（这种情况时有发生），在这个时候，只要谈论到马的话题，马上就能让上校"偃旗息鼓"。在他因为工作太过疲劳的时候，我们就希望他能够去休假，这时我们就会委托他去肯塔基州为我们这些人里需要马的人去挑上一两匹，我们只相信他给我们挑的马，其他人我们都信不过。虽然他很喜欢马，但有时对于马的狂热也会给他带来非常大的麻烦。有一天，他非常狼狈地出现在办公室里，黑黑的泥浆挂了半张脸，衣服破了，头上的帽子也没有了，手里只剩下一根马鞭。他是这样做出解释的："我想驯服从肯塔基州弄来的一匹快马，但是一根马缰绳断了，我对那匹马失去了控制。"

作为同事，他是一个非常好的人，他被我们称呼为"派普"（意为管道），如果他喜欢一个人，他就会无时无刻地一直追随着，比如我本人。虽然我在后来搬到纽约，但他却将这份情感转移到我弟弟身上，他总是称呼我弟弟为托马斯，而不是汤姆，因为他非常赞赏我。我弟弟在后来也得到了他很大的帮助。他相当尊崇汤姆，汤姆说的任何事在他眼里就是法律和真理。他总是极度地嫉妒我们其他的公司，因为他与之没有直接的利害关系，比如供给吉斯通公司生铁的冶炼炉厂。关于质量、价格等类似的问题，上校和冶炼炉管理者之间总起争执，但他却不向我弟弟做任何抱怨。只要把价格谈好，剩下的就是"纯利润"。他只想知道"纯利润"这个词意味着什么。

"嗯，上校，"我弟弟说，"这就是说，不能再增加任何东西了。"

"很好，托马斯。"上校非常满意地答道。

有一天，他被一本书激怒了，这是布拉兹特里特的一本关于商业公司排位的书。之前他从未见过这样的书，他迫切地需要知道他的公司被排在哪个等级。当他在"BC"等级这一区域看到吉斯通桥梁公司时——这意味着"不良信誉"，便直接去找律师投诉出版商了。但当他从汤姆那里得知吉斯通桥梁公司被评为不良信誉，是因为他们从来不借贷任何东西时，他的怒气才慢慢平息下来。上校还有一个非常好的喜好，就是不喜欢欠债，这非常好。

说到上校，不得不使我想起另一个我们在建造桥梁的日子里结识的非常具有个性的人。这个人是圣路易斯的伊兹船长，他虽然缺少科学知识来指导他对机械事物的超常思维，但并不妨碍他是个天才。他是一个非常执着的人，他总是希望能够按照自己已经做好的计划，不惜一切努力去做事。如果一件事情没有足够充分的理由拒绝去做它，那么他是一定要一条路走到黑的。我在他把圣路易斯大桥设计方案提交给我们之后，就直接交给了我们的林维尔先生，林维尔先生在美国是这方面最著名的一个权威人士。他看了看方案，满怀忧虑地过来找我说：

"这个方案是不可行的，如果按照这个方案进行建造，那么这座大桥就别想立起来。因为这个方案里，连它自身的重量都支撑不住。"

"是吗？"我说，"这个方案的设计者伊兹船长会来见你的，你们可以就此事好好谈一谈，但是千万不要激动，你要委婉地向他说明这个情况，做出一个恰当的定论，把他从这个方案里引导到正确的路径上来。但是，这个事情千万要保密，绝对不能跟别人提起此事。"

这件事情的结果非常圆满。派伯对伊兹船长的态度却有很大转变。最初，他对能够接到这么大的项目感到非常高兴，这也让他对伊兹船长的态度非常和气。但随着事情变得越来越复杂，我们发现，派伯对伊兹船长的态度，尽管依然很客气，但热情不再像以前那么高了，并且一直在减退。发展到后来，我们竟然听到派伯称呼伊兹船长为"伊兹先生"，在工程结束之前，派伯对他的称呼已经从"上校"变成了"吉姆·伊兹"。毋庸讳言，伊兹船长是一个能力、魅力、情趣都不缺的人，他如果没有得到在科学知识和他人的实践经验方面的帮助，他也不可能建造起密西西比河上第一座 500 英尺跨度的桥梁。

我让上校在工程完工之后，又陪同我在圣路易斯停留了几天，这是为了防止我们在收到所有工程款之前，大桥被其他人企图占有而发生什么意外情况。上校把大桥两端的支架取出来之后，又起草了一份换班计划给站岗的警卫，他因为想家而非常地渴望回到匹兹堡，甚至都等不及第二天再启程就决定乘坐夜间列车回去，我也不知道该说什么可以把他挽留下。忽然，我想到了一个让他无法拒绝留下的理由。于是我就告诉他，这些天我都在为一个问题困扰着，就是我很想为我的姐姐买两匹马，这两匹马是我希望作为礼物送给她驾车用的，我听说圣路易斯产的马都非常好，但是我自己却不会挑，我想请他帮忙，不知道他是否愿意。

这个理由果然让他无法拒绝。一听说我要准备买两匹驾车用的马送给我姐姐作为礼物，他就口若悬河地向我说起了他之前见过的一些用于驾车的马匹种类和他参观过的马场。我又故意问他可不可以再在这儿多待几天，帮我挑选驾车用的马匹。我非常了解他，如果不让他经过多次的观察和试骑，他是不会轻易决定买的，这样一来，就够他忙的了。事情的发展果然跟我料想的一样。但是在他买了两匹良种马之后，出现了另一个新的麻烦，就是如何把这两匹马安全运送到匹兹堡。通过火车托运，他不放心，只能选择走海路，但是以后的几天里一直都没有合适的船只出发。显然，老天助了我一臂之力。在上校的眼里，世界上的任何事情都没有他的马重要，他不会不管这两匹马而独自离开这座城市的。大桥完全在我们的掌控之下。"派普"成了了不起的贺雷修斯。他是一个非常好的人，是我所钟意的非常理想的伙伴之一，大桥的安全稳固离不开他的日夜操劳，军功章理应有他的一份。

我最满意的一家公司就是吉斯通桥梁公司。在美国，从事钢铁桥建造的公司几乎要"全军覆没"了，原因是许多他们建设的桥垮塌了，这给美国铁路系统造成了很严重的灾难性事故。这些桥竟然抵挡不住强风的威力，但是吉斯通桥梁公司却从未发生过这样的事情。因为我们用的钢材是最好的，在施工过程中，不存在丝毫的偷工减料的行为，所以我们建造的桥梁能够经受得住强风的侵袭。我们公司不但自己生产铁，后来还生产钢。我们不但是生产者，而且是严格的质检员，我们自己对建造的桥梁是否安全进行严格的监测。即使有人要求我们建造不够坚固或设计不科学的桥梁，我们都不会那么做。我们对找我们建造桥梁的合作伙伴严格地进行考察，我们只愿意承接那些值得烙上吉斯通桥梁公司印记的工程（全美国没有我们建造的桥梁的州屈指可数）。我们以自己所建造的桥而骄傲，就像卡莱尔为给他父亲建的那座桥感到骄傲一样。这位伟大的儿子说得很对："这是一座用良心建造的桥。"

我们能够成功，其秘诀全因于此。创业成功是需要很长时间的，如果你的工作得到了大家的认可，那么你的事业就会步入正轨，稳步前进了。所有的制造公司都应该热烈地欢迎他们的质检员（排斥他们是非常不利于自己的公司的发展的），只有坚定地执行高标准、严要求，才能生产出品质卓越的产品，没有任何一家公司不是通过诚实、出色的工作而取得成功的。虽然在激烈竞争的年代，价格跟每件事的关系都很密切，但是在成功的大企业里，他们始终会把质量作为一个重要的因素来抓。关注质量问题应该是公司里的每一个人都要去做的事情，上至企业高管，下至基层劳动者。工作车间是否干净整洁、设备工具是否精密优良、工场环境是否悉心维护，这些问题尤为重要。

一位杰出的银行家在参加一个在匹兹堡举办的会议期间——他是几百名代表中的一员，他参观了埃德加·汤姆森公司，看了我们的产品，然后，他对我们的经理说：

"这些产品看起来好像是同一个人做的。"

这句话让我荣幸至极。

是的，这正是我们公司能成功的秘诀之一。我曾经听一家制造厂的总裁向我夸耀，他们把一位特别不通情理的质检员赶走了，此后，生产车间的员工因为不用担心再有其他质检员来找麻烦而高枕无忧了。他们竟然把这样一件事情拿来庆贺！对此我有不同的看法，我个人认为："在竞争面前，这家公司是经受不住考验的，他们一定会失败。"最终，我的这一想法被证明是正确的。质量是一家制造企业最重要的根基。价格、成本应该放到最后的位置。

多年以来，我把大量精力都投入到处理吉斯通桥梁公司的事务上，我经常会亲自参加重要合同的会谈。1868年，有一次我和我们的工程师瓦尔特·凯特到艾奥瓦州的迪比克访问，并竞标当时的一个重大铁路桥梁建设项目。这座在迪比克的桥要横跨密西西比河，从它的跨度来考虑，这是一项艰巨的任务。当时我们是乘坐四匹马拉的雪橇渡过密西西比河的，因为当时的河流已经结冰了。

那次出访证明了一个问题：细节决定成败。在众多的投标者中，我们不是出价最低的人。芝加哥的一家桥梁建造公司是我们主要的竞争对手，这家公司已经被当时的招投标委员会选定，很快就会与他们签订合同。但是不到最后，我是不能放弃的，我在和招投标委员会的几位董事交谈过之后发现，芝加哥的这家桥梁建造公司并不懂铸铁和熟铁的特性。他们用铸铁来建造桥梁上端的构架，而我们与他们不同的是，我们用熟铁。这一点成为我们商谈的中心议题。我告诉他们，轮船撞上采用熟铁建造的桥和铸铁建造的桥的后果是不同的：轮船撞上了采用熟铁建造的桥之后，桥只会弯；但是用铸铁建造的桥被撞上之后，其后果就是断裂，那么最终整座桥就会出现垮塌的情况。我们非常幸运，因为我的这一论点得到了其中一位董事——著名的佩里·史密斯的进一步的支持，他向委员会证实了我所说的关于铸铁的情况。有一天晚上，他在黑暗中行车，很不幸地撞上了路灯杆，路灯杆碎成了好几截，事后才知道，这个路灯杆是铸铁制造的。我如果说佩里·史密斯的证明是老天派来帮助我的，老天爷会指责我吗？

"啊，先生们，"我说，"问题的关键就在这里。多花一点点钱，你们就可以拥有一座是用了熟铁建造的大桥，能在任何轮船的冲击下屹立不倒。我们从来没有，也永远不会造一座很便宜的桥。而且我们的桥从来不塌！"

听了我的话，大家都陷入了沉思，桥梁公司的总裁、参议员艾里逊先生说他们需要再商议一下，问我是否可以再等等。我只好待在屋外等待消息。不一会儿，他们叫我进去，说我所报的价格有点高，如果我考虑把价格降低一些的话，他们马上就会跟我签合同。对我来说，这不是问题，区区几千美元，我愿意降价。那个开车撞到铸铁路灯杆的事情真是太巧合了，这份合同带给了我们一笔极其丰厚的利润，更为重要的是，对我们来说，能够在众多的投标者中获胜，取得建造迪比克大桥的资质，这本身就是一种荣誉。我们不但拿到了这个项目，而且也让我与美国最优秀、最重要的公众人物艾里逊参议员结下一生的友谊打下了基础。

这个故事的寓意其实很浅显：如果你想要得到一份合同，那么需要你多与招标方接触。只有投标人在场，街灯的被撞或者其他不可知因素才有可能帮你赢得竞标。并且，如果没有别的事情，就要一直在旁边等着，直到你可以把合同揣在兜里带回家中。在迪比克，我们就是这么做的。当时对方向我们提出建议说，我们可以先回家，他们会把合同寄给我们。但是我们并没有接受他们的建议——回家，我们留了下来，希望看看迪比克更多迷人的风光。

对巴尔的摩和俄亥俄州铁路公司来说，建造斯托伊本威尔大桥只是他们无数个桥梁建造项目中的一个，他们觉得，在帕克斯堡和惠灵两地之间，建造一座跨越俄亥俄河的桥，就可以比他们最大的竞争对手宾夕法尼亚铁路公司占有更多的优势。我很荣幸地在签订这些桥梁合同的过程中，又结识了一位朋友——加勒特先生。他当时担任的职务是巴尔的摩和俄亥俄州铁路公司的总裁。

我们对承建这座桥及其所有引桥的工程项目都非常感兴趣，希望能够得到承建任务，但我发现，加勒特先生对我们的实力产生了怀疑，他认为我们无法在指定的时间内干完这么多的活儿。他的意见是建造引桥和短距离的桥段工程由他们自己的公司来做，但他希望可以用我们的专利技术。巴尔的摩和俄亥俄州铁路公司能够使用我们的专利技术进行桥梁工程的建造，我们对此没有丝毫的异议。我们觉得，即使是拿10倍的专利费，也不如得到巴尔的摩和俄亥俄州铁路公司的认可更有价值。我告诉他，我们全部的专利技术及我们所拥有的每一样东西他都可以使用。

无须多言，我们在这位铁路巨头的心里留下了良好的印象。他对我们慷慨的态度感到非常高兴，出乎意料地把我带到他的私人房间，敞开心扉地和我天南海北地聊天。他甚至还跟我提到了和宾夕法尼亚铁路公司的人争吵的事情，有总裁汤姆森先生、副总裁司各特先生，他知道这两个人是我的特别好的朋友。我告诉他，我是先到费城见过司各特先生之后才来这儿与他见面的，司各特先生还问了问我的具体行程。

"我告诉他，我正要去拜访你，希望获得建造跨越俄亥俄河大桥的合同。司各特先生说虽然我是一个很能干的人，但因为我以前是宾夕法尼亚铁路公司的雇员，而且与各领导之间的关系很好，所以这个事不会成功。但我说，加勒特先生的大桥我们是一定会承建的。"

加勒特先生立即做出了回答，他说，如果让他选择，他总是选择对公司最为有利的一方。据他的工程师报告，我们的方案是最佳的，他会让司各特先生和汤姆森先生看到他的唯一原则——公司利益至上。尽管他很明白我是宾夕法尼亚铁路公司的人，但是他觉得，他的职责让他把这项工程交给我们去做。

对我来说，这次商谈虽然很成功，但仍然不是很满意，因为我们得到的全都是工程中最困难的部分——我们要建造的桥段是当时风险最大的——那些跨度小、高利润的桥段是由加勒特先生他们自己的公司用我们的方案和专利技术来建的。我向他提出了一个大胆的疑问，是否因为他不能确定我们可以在他的石工工程完成前就让大桥开放通车，因此才把工程分为几段实施？他很坦诚地说，确实有这样的顾虑。我请他完全不用担心这一点。

"加勒特先生，"我说，"如果我以个人的保证金作为抵押，你可以接受吗？"

"当然。"他说。

"那好，现在，"我答道，"我以个人的名义来承担这些责任！我知道我在做什么。这个工程的风险由我来承担。如果你能够把全部工程合同都给我，只要你的石工工程准备好了，大桥如期开放通车就是我的事了。我需要付给你多少保证金？"

"很好，年轻人，你给 10 万美金就可以了。"

"好的，"我说，"请你准备合同吧。把工程交给我们。我们公司不会让我损失 10 万美金，你对此也是了解的。"

"是的，"他说，"我相信，如果你交了这 10 万美金的保证金，你们公司会为了这 10 万美金保证金夜以继日地工作，而我，得到的将是一座按期完工的大桥。"

这个安排使我们得到了巴尔的摩和俄亥俄铁路公司的庞大的合同。不用说，我永远都不会赔掉我的保证金。我的搭档们比加勒特先生更加了解这项工程的情况。俄亥俄河不可小觑，没等他的石工工程完工，我们就已经完成了两岸的上层构造，只要他们在建的基础部分完工，我们就可以往下进行了。

加勒特先生具有苏格兰血统，对此他感到无比自豪，我们俩曾经谈起过彭斯，并成为了忠实的朋友。后来，我还被他邀请到他的乡间庄园去做客。在乡村生活得非常有格调的绅士并不多见，加勒特先生算一个。他有数百亩美丽的庄园、公园般的驾驶车道、一群训练有素的马匹，另外还有牛、羊、狗等动物。他的家被认为是英国贵族乡村生活的翻版。

后来，他决定让他的铁路公司参与到铁轨制造中，并申请使用贝西默的专利权。对我们来说，这不是小事。我们最大的客户之一就是巴尔的摩和俄亥俄州铁路公司，如果他们在坎伯兰郡建造轧轨钢铁厂，对我们将是非常不利的。对巴尔的摩和俄亥俄州铁路公司来说，这个计划也不是好事。因为我确信，如果他们自己对轧轨的使用量不大的话，自己生产就要比直接购买的成本高得多。我拜访了加勒特先生，就此事和他进行了交谈。当时，对外贸易和轮船航线的发展使巴尔的摩成为一个港口城市正令他兴奋不已。在其侍者和员工的陪同下，他把我带到了他正要扩建的几个码头上。外贸货物正从轮船上卸下来，放进火车车厢里，他转过身来对我说：

"你现在应该为我们巨大的商业系统感到惊叹，并且也要理解为什么我们有必要生产我们所需要的所有东西，甚至是铁轨。我们不能依靠私人企业为我们提供任何主要物资。未来，我们将是一个自成一体的小世界。"

"是的，"我说，"加勒特先生，这非常好，但事实上你的'大系统'没有吓到我。我对你们去年的年报很清楚，你们去年运输货物的收入总额仅仅是

1400万美元。而我掌控的公司从山上采掘原材料，自己生产，然后以更高的价格卖出去，能获得更大的利润。与卡内基兄弟公司相比，你们的公司的规模不算大。"

我的铁路系统学徒身份在那里充分发挥了作用。从此，我没有再听到巴尔的摩和俄亥俄州铁路公司要与我们竞争的消息。加勒特先生和我成了一生的朋友。他甚至把一只他自己饲养的苏格兰牧羊犬作为礼物送给我。而之前，"我的东家是宾夕法尼亚铁路公司，我曾为其打工一事"，被"我们之间共同流着的一腔苏格兰的血液"所淹没。

第十章　钢铁厂的回忆

我一直以来对吉斯通公司都有所偏爱，尽管它成立的时间不是很长，但它是母公司。由于熟铁跟铸铁相比，已经有了明显的优势，因此，为了确保质量，也为了制造当时无法获得的某种型材，钢铁制造业成为我们所要做的新事业。我和弟弟，连同托马斯·N. 米勒、亨利·菲普斯、安德鲁·克洛曼因同样的兴趣建立了一家小型的钢铁厂。最先进入这个行业的是米勒和克洛曼，菲普斯是他们俩后来引荐的。1861 年 11 月，菲普斯借了 800 美元，买下了原始公司六分之一股份。

我不得不提的是，我们钢铁制造业的创始人米勒先生（汤姆是米勒的昵称），受到我们所有人的尊敬。1911 年 7 月 20 日，他仍然健在，我们总能感受到他那可爱的天性中散发出来的愉快和开朗，这是一位历久弥新的朋友。他的年纪越大，性格就越温和，即使面对与他的宗教信仰相对立的神学理论，他也不再像过去那样怒气冲天。年纪的增大让我们变得更加通情达理，或许这是一件好事（1912 年 7 月 9 日，读起这些，我为我的密友，亲爱的汤姆·米勒流下了热泪，他已于去年冬天在匹兹堡去世。我和我夫人参加了他的葬礼。自此以后，我的生活中总是像少了什么东西：我早期创业过程中的第一个合作伙伴、陪我到老的最亲密的朋友。我可以随他而去吗？不管是哪里）。

在阿勒格尼市，安德鲁·克洛曼开了一家小锻钢厂。当我还在宾夕法尼亚铁路公司当部门主管时，就已经发现了他的公司能生产出最好的车轴。作为机修工，他是出类拔萃的——任何与机械有关的事他都认为值得去做，并且应该做好。这种意识当时还没有在匹兹堡的人们中散播开。他是德国人，德国人的思维使他考虑问题非常周全。虽然他生产的东西花的价钱比别人的多，但是东西使用的时间却很长。早些年，对于车轴的耐用年限还一直是个问题，当时并没有好的方法进行材料分析。

这个德国人的创造发明特别多！他最先引入冷锯技术，根据实际需要把冷铁切割成精确的长度。锻机的发明人就是他，锻机可以用于制造桥的接口，美国首台万能轧钢机也是靠它制造完成的。我们的工厂因为这项技术生产了许多轧钢机。当时伊兹船长还在为圣路易斯大桥拱形处的联结轴而发愁（承约人无法提供给他们），工程已经无法进行下去。这时克洛曼告诉我们，他能制造联结轴，他也知道其他人制造不出来的原因。这联结轴真的被他成功地制造出来了。到那时为止，当时最大的半圆形联结轴也是他们制造出来的。让我们对克洛曼先生的信心大增。

对于我们家和菲普斯家之间的亲密关系，之前我已经做了介绍。早些年，他们家的长兄约翰是我的重要伙伴，亨利虽然在我手底下打工，但他是个聪明机灵的小伙子，他总是能引起我的关注。有一天，他找到他的哥哥约翰，说要借25美分，当时约翰不知道他有什么急事需要钱，也没有具体过问就把25美分给了他。没想到，在第二天的早上，《匹兹堡快报》上出现了一则广告：

　　　一个勤劳的男孩企盼一份工作。

你猜对了，这个广告正是那个精力充沛、勤快机灵的亨利用他的25美分所做的事情。或许这是他长这么大以来花出去的第一个25美分。这则广告让赫赫有名的迪尔沃斯·彼得威尔公司做出了回应。主管向这个"勤快的男孩"发出了邀请，亨利因此得到了一个信差的职位。从此，商海中多了这样一个年轻的、勤快的小伙子。没有什么可以阻止他。这是一个并不算新的故事了：很快，他取得了老板的信任，成为老板的得力助手，并且在他们企业的一个分支机构获得了一小部分股份。没过多久，安德鲁·克洛曼的合伙人米勒先生开始注意他了。最终，他们开始合作，并把自己的炼铁厂建在了第二十九大道上。我弟弟汤姆跟亨利是同学和密友。他们小时候一起玩耍，一起长大，他俩一直保持着亲密的合作关系，直到1886年我弟弟去世。他俩的所有待遇基本一致，他们所持有的股份总是一样多，他们做的工作差别也不大。

那个信差男孩已经成为当今美国最富裕的人之一，并开始向世人证明，他知道如何用盈余为自己赚钱。多年前，他把漂亮的暖房捐赠给了阿勒格尼和匹兹堡的公众公园，并且提出一个条件："暖房须在周日对公众开放。"这是那个时代的人的特点。公众为这一条款感到极大的兴奋。但是他的这一行为却遭到了牧师在讲坛上的指责，甚至礼拜天的集会还通过决议宣告，他的这一做法是对安息日的亵渎。但公众却用实际行动起来反对牧师的观点，并且这份捐赠得到了市政议会的认可。针对牧师的抗议，他作出了具有常识性的回应：

"先生们，你们所拥有的一切都无可挑剔，每周只要工作一天，就可以完成所有的工作了。你们可以主宰时间，在一周的其余 6 天时间里，你们可以欣赏任何地方的任何景色——你们是非常幸福的——但是正如你们所熟知的，大多数人跟你们不一样，他们的休息日只有一天，难道你们连他们仅有的一天的娱乐休闲时间也要剥夺吗？你们难道不为此感到难过吗？"

还是这些牧师，最近又为匹兹堡教堂的乐器这一话题展开了争论。但当他们把教堂中是否应该配有风琴作为讨论话题时，在安息日开放的博物馆、暖房、图书馆等已被聪明的人们所占据了。如果神职人员还不明白如何提供给人们生活中真正需要的东西（他们的职责在哪里），并且比现在做得更好，那么那些顾及公众喜好的竞争者也许不久就会使他们的教堂空空如也。

非常遗憾的是，因为生意上的事情，米勒和克洛曼与菲普斯几人在某些意见上发生了分歧，一直没有谈拢，米勒不得不离开。我认为这样对待米勒是不公平的，所以我和他联合建立了新的工厂。这就是 1864 年的"独眼巨人"厂的由来。我们认为，如果在工厂投入运营后，把新旧两个工厂合并起来可能会是一个不错的主意。1867 年，我们的联合钢铁厂成立了。令我感到意外的是，米勒先生不愿与他以前的合作伙伴菲普斯和克洛曼有任何的关系。其实，我们根本不会受到什么影响，因为他们掌控不了联合钢铁厂，这个钢铁厂仍然在米勒先生、我的弟弟和我的掌控之下，但米勒先生却并不这么认为，他想把他的股份转让给我，我竭力劝说他无须念及旧恶，但这丝毫没有起作用，最后只能按照他所说的去做。他是爱尔兰人，正是爱尔兰人的血液使他顽固不化。后来，米勒先生对我善意的建议表示拒绝感到懊悔，作为我们公司的创始人，他本来应该能得到属于他的回报——他和他的追随者都可以成为百万富翁。

在制造业方面，我们是新手，没有经验，我们为"独眼巨人"厂找了一块在当时被认为是巨大的土地——共有七英亩。但因为没有那么大的业务量，前几年，我们把这块地租给了别人。那么，我们是否还应该在这个地方继续我们的制造业？这很快就成了我们所面临的一个问题。后来，铁质横梁被克洛曼先生研制成功了，多年来，跟其他工厂相比，我们工厂在那方面一直有很大的优势。我们根据客户的需求，在新工厂开始制造各种类型的产品，其他公司无法承接的业务，我们都可以做。国家要发展，使得很多东西的需求会逐渐增长，谁能最先制造出来，那么谁就能赚取最多的利润。我们愿意尝试任何其他公司不会做、不愿意做的事情，我们把这看成是我们行业必须严格遵守的一条原则。并且，我们会保证品质把它做好。客户的需求就是我们的追求，就算偶尔会对自己的利益有些损失。我们的经营之道就是这样的，因此我们没有接到过任何客户的起诉。

当我熟悉了钢铁制造业的业务之后，我惊讶地发现，没有人能说清每一个环节的成本应该是多少。经过对匹兹堡几家重要制造厂的调查，确实证实了这一点。直到年底结算的时候，制造商才知道结果，平时他们根本就不知道什么零件花了多少钱。有人根本不知道自己的生意是亏损还是盈利，他们以为年底会显示亏损，结果却发现竟然盈利了，当然，自以为会盈利，年终结算亏损的情况也有。我感觉，我们对自己的前途丝毫不了解，我们好像是在黑暗中挖洞的鼹鼠，这是我所不能接受的。我坚决要求同事们在平时就要知道每一道工序花了多少钱，就是所谓的称量会计制度。这样我们可以看到什么人做了什么工作，哪个人对材料的使用情况是怎样的，谁节省材料，谁浪费了材料，最好的产品是谁生产出来的等等问题。

这个目标的实际达成比想象困难得多。这个新制度遭到了工厂每一位经理的反对。一般情况下，实行一个精确的制度，得要好几年的时间才能顺利做到。但是这次不同，在许多员工的努力下，称量制度很快得以实行。我们现在对每一个部门的工作情况，甚至具体到每一个在熔炉旁工作的人在做什么，都了如指掌。如果想在制造业获取成功，就需要引入一套精确的会计制度并严格实施，这样才能使每一个人对材料和成本耗费都负有职责。作为老板，他们总是坐在办公室里，对一些看得见的花费审批得很清楚，比如一个员工花了 5 块钱需要他的签字，但是他却对自己看不见的浪费没有任何的约束，比如工厂里每天消耗数以吨计的材料，因为没有采用精确的会计制度，没有对工人们的实际工作核算一下，也没有称量每一件产品的重量是多少，所以他根本不知道浪费了多少材料。

西门子燃气熔炉在英国冶炼钢铁方面得到了广泛的使用，但它的代价也是非常高的。我清楚地记得，我们在这些新型熔炉上的高额花费使得匹兹堡制造业的行业巨头对我们非常不满。但他们有一点不知道，如果进行大批量原材料的冶炼，那么使用这种新型熔炉有时可以减少几乎一半的损耗。虽然看起来它比普通熔炉贵两倍，但是总体计算，这笔花费还是值得的。时隔多年之后，这种新策略才被其他公司采用。但是在这些年里，我们因为采用了先进的熔炉，节约了大量的成本，所以我们比同行赚取了更多的利润。

大批量钢铁冶炼中产生的巨大浪费是我们在严格的会计制度实行之后发现的。我们还在这一制度改进中发现了员工中的一个人才——威廉·伯恩特莱格，他是克洛曼先生在德国的远亲。有一天，他向我们递交了一份详细的报告，列举了一段时期内实行严格会计制度的成效，虽然觉得似乎难以置信，但这让我们着实惊讶了一番。为准备这份报告需要的所有工作，他都是在夜间加班加点完成的，我们既没有让他这么做，事先也毫不知情。这份形式独特新颖的报表使威廉很快晋升为工厂的主管，后来他也成为我们的合伙人之一，这位贫穷的德国小伙子在他离开人世时，已跻身富翁的行列了。这些财富是他应该得到的。

1862年，宾夕法尼亚的大油井引起了世人的关注。我的朋友威廉·科尔曼——他的女儿后来成了我的弟妹——对这一发现有着深厚的兴趣，我俩一起到油井地区考察了一番。这次旅行非常有意思。大量的人都奔向油田，以至于找不到栖息之地。一间简陋的小木屋只需几个小时就挤满了。

人们欢天喜地，认为在这里挣钱就像在地上捡到钱一样简单，到处都是一片欢乐的景象。旗帜飘扬在起重机的顶部，旗帜上面写着奇怪的标语。我记得曾看见两个人在河岸上操作着踏板掘地取油，他们的旗帜上写着："地狱与天堂，任选其一。"他们就这样一直开采着，不论下面有多深。

在这一地区，美国人的适应性能力得到了最好的体现。秩序很快就在混乱中产生了，我们到达这儿不久，沿河居住的人们便组成了一支铜管乐队，开始为我们演奏小夜曲。我敢打赌，如果有1000名美国人到了陌生的地方，他们就会立刻把文明生活所需的学校、教堂、报社和铜管乐队等建立起来，以此使他们的国家能够迅速发展。但是同样数量的英国人遇到这种情况，他们则会从这些人中间找出一个具有最高贵血统的人，推荐他为最高领导者，一切听他指挥。美国人只遵循一条准则——有用的才是有价值的。

现在，"石油河"已经成了一座有数千居民居住的小镇，位于河另一端的蒂图斯维尔也跟它一样。最开始，这一地区的塞内卡印第安人用毛毯在河的表面取油，每个季度可供应几桶。而现在这里则有好几个市镇、精炼厂和数百万美元的资金。早期，所有的方法都非常原始。他们取得了原油后，直接装入平底船，这种方式很容易使原油泄漏。一旦河水灌入船中，那么原油就会溢到河里。河外面的许多地方都有堤坝阻隔，到了规定的某一天或某一时刻，一旦把堤坝打开，水一上涨，阿勒格尼河里就会有油船漂过，然后达到匹兹堡。

这样一来，不只是那条小河，就连阿勒格尼河也被石油所覆盖。据估计，石油在运往匹兹堡的途中，会有三分之一流失。而油船在没有出发前，可以毫不夸张地说，已经因为泄露而损失了三分之一的石油。印第安人采集原油在匹兹堡装瓶出售的价格跟药品一样高——如果药品能够卖1美元，那么原油也要卖1美元。据传说，原油还有医药的疗效——可以用来治疗风湿病。但是当原油供应量丰富的时候，它们的价格也就便宜了，也就不再具有传说中的能够治疗风湿病的疗效了。我们人类是多么的可笑啊！

斯道里农场有几口非常有名的油井，基于此种原因，我们出了4万美元买下了它们。科尔曼先生曾经有一个非常绝的主意：开挖一个能够装足够多原油的池子（每天泄漏的原油经过河流漂到池子里），把这些原油都收集起来，做成油湖。按照我们当时的预想，很快我们的油湖就会派上用场了，当石油供应不上的时候，我们的油湖就可以给大家提供所需的原油了。可我们等了很长时间，什么都没等到，等到的只是上千只桶的损失，这个举动宣告失败，我们只得放弃。据科尔曼预测如果石油供应紧缺，卖10美元一桶都不是问题，到那个时候，我们就可以坐拥价值百万美元的油湖了。我们认为，我们以每天数千桶产量的开采，地下的自然储备量根本经不起折腾，一定会出现枯竭。

我们花4万美元买下的油井收到了非常好的回报，由此获得的收入来得正是时候。我们在匹兹堡新建的一座钢铁厂不仅需要这些收入，还需要更多的信用贷款。回首当年，我认为，贷款对于年轻人是大有好处的。

对石油的冒险的兴致日浓，后来我去过产油区好几次。1864年，我去了一趟俄亥俄州的油田，那里生产的一种石油，其质量特别适合用来提炼润滑油。科尔曼先生、大卫·里奇先生和我一同去了那里，这次行程非比寻常。还在距离匹兹堡数百英里的地方，我们就下了火车，我们要想到达达克河水域，必须穿过一个人烟稀少的地区，到了那里之后，这口巨大无比的油井呈现在我们面前。这次真是不虚此行，我们在买下它之后决定返回。

我们的返程途中充满了惊险与刺激。我们去的路上，无论是天气还是道路都没有任何问题，但在我们做了短暂的逗留时却开始下雨。我们驾着马车赶路，没走多远就陷入了困境。马车在泥泞的道路里，根本无法行走。暴雨袭来，我们不得不在大雨里过夜。科尔曼先生和里奇先生分别睡在了马车的一边，当时的我体重还不到 100 磅，在他们两位中间的空余地方，我躺了下来。马车在泥泞的道路上，还不时地上下颠簸着，以最艰难的方式前行，但很快又陷入了泥泞，我们就以这种方式度过了那晚。我们把头放在马车前部的凳子上睡觉，尽管条件艰难，但那晚我们过得很高兴。

第二天晚上，我们终于到了一个乡村小镇。是小教堂里亮着灯指引着我们来到这里，我们还听到了敲钟的声音。我们还没进小旅馆，就有一个委员会的人来迎接我们，他出来说，他们正在等我们集会。很明显，他们把我们中的某个人当成了他们正在期待的一位著名的劝勉者，这位劝勉者迟到了。因此他们把我当成了那位缺席的牧师，问我多快可以和他们一起到会议室中去。我和伙伴们已经作好准备来跟他们开个玩笑，可我们实在太累，便作罢了。这一次，我差一点占有讲道坛，离充当牧师只有一步之遥。

现在，我的注意力被我的投资分散得很厉害，我已经无法顾及铁路公司的工作了，因此我决定离开铁路公司，全身心地投入到我自己的事业中。在作这项决定前不久，我被在费城的汤姆森总裁叫去。他想把我提升为刘易斯先生手下的总裁助理一职，如果我担任这个职位，就要在阿尔图纳办公。我非常感谢他的好意，但是没有接受，我告诉他，铁路公司的工作我已经不想做了，我要从事自己的事业。按时发放薪酬的日子，已经无法满足我的需要了，并且我要赚取从正当途径来的钱。就在那天晚上，我还征求了董事会、审判官的意见。

在我写给托马斯总裁的信中，我又重申了这一点，他很支持我的决定。我于 1865 年 3 月 28 日辞去了我的职务。铁路公司的员工送给我一只金表。这块表和汤姆森先生的信我都作为宝贵的纪念品将之珍藏。

下面的这封信是我写给我所在分部的员工的：

致匹兹堡分部的先生们：

值此分别之际，我要为不能再与你们携手工作深表遗憾。

在这12年的时间里，感谢那些和我一起忠诚地为公司服务的人，我对你们表示个人的敬意。对于我的离职来说，只有一点是痛苦的，那就是今后我将不能像过去一样与你们，还有各个部门的其他成员，共同去工作了。通过多年的工作上的来往，我们对彼此已经很了解了，已经成为非常好的朋友。我可以向你们保证，虽然我们已经没有工作上的关系，但我会一如既往地祝福你们健康幸福，像过去在匹兹堡分部工作时一样。我相信，宾夕法尼亚铁路公司不会忘记那些多年来为它的成功做出贡献的人，你们会享有应该属于自己的回报。

最诚挚地感谢你们对我的关心，感谢你们用积极的工作来支持我，也请你们对我的继任者给予同样的支持。再见。

此致

敬礼

真诚的安德鲁·卡内基（签名）

宾夕法尼亚铁路公司匹兹堡分部主任办公室

1865年3月28日于匹兹堡

从此以后，为工资而工作的日子一去不复返了。为工资工作必然会在他的工作中，从狭窄的领域听从别人的命令。就算他成为大公司的总裁，他也未必能成为自己的主人，如果他掌控了股权，自是例外。最能干的总裁也无法逃脱董事会和股东的制约，而这些人极有可能对业务一点儿也不懂。

1867年，菲浦斯先生、范迪和我一起重游欧洲，包括英格兰、苏格兰及欧洲大陆。在这之前，范迪就已经是我亲密的朋友了。我俩读了拜尔德·泰勒的《旅行手册》，并大受鼓舞，决定开始旅行。当时正是股价以火箭般的速度攀升的时期。一个星期天，我躺在草坪上，对范迪说：

"假如你赚了3000美元，你愿意把钱花在我俩的欧洲之旅上吗？"

"你愿意游泳还是和爱尔兰人一起吃土豆？"他反问道。

很快，范迪就用自己攒的几百美元买了石油股票，并把自己的欧洲之行的费用赚够了。就这样，我们开始了欧洲之行。欧洲之行中，我们还打算邀请亨利·菲普斯加入我们的旅行团，他是我的搭档，他的实力非常雄厚，当时已经相当有钱了。欧洲大部分国家的首都都被我们逛遍了，我们兴趣盎然地攀登了每一座山峰，我们背着自己的旅行包，晚上就住在山顶上。维苏威火山是我们此行的目的地。我们在那儿做出了一个庄严的决定——总有一天我们会游遍世界。

我在这趟欧洲之行中学到了很多东西。以前，绘画和雕刻向来是我的短板，但在不久前我已经可以鉴赏大师们的作品了。也许我们无法马上体会到从伟大作品中所吸收的精华，但是当我们回到美国后，发现自己的审美标准提高了，对以前认为美丽的东西也不那么热衷了，我们有了更新的标准来欣赏作品。只有真正的杰作才会让我们感觉美好，那些算不上精品的作品或自以为是的作品已经对我们不再有吸引力了。

我在这趟欧洲之行中第一次享受到了音乐盛宴。我们去的正是时候，伦敦的水晶宫正在举行亨德尔周年纪念音乐会，以前没有、以后也再没有任何音乐能让我感觉到如此强大的力量。我去了水晶宫、大教堂、歌剧院，在那里，我听到了许多伟大的音乐作品，我的音乐欣赏水平得以大大提高。在罗马，罗马教皇的唱诗班，以及圣诞节和复活节在教堂举行的庆祝活动，使我得到了顶级音乐享受。

这次欧洲之行对我的商业意识也极具意义。一个人只有跳出他的工作圈子，才能够做出正确的估计。我认为我们这样一个制造企业，其发展速度无法满足美国人民的需求，可在国外，大家却很闲。

我们应当感谢一个人——堂兄多德（乔治·兰德先生），他为我们工厂创造了一项新发明，即可以从煤渣中清洗和提炼焦炭，这项新发明让科尔曼先生大为惊叹，并为之前我们丢弃了太多的煤渣而造成的浪费感到可惜。我的堂兄多德是一位机械工程师，他曾经跟随格拉斯哥大学的物理学家开尔文勋爵学习。也因为这项发明，我准备出资在宾夕法尼亚铁路沿线建几家焦炭厂，专门和几家煤炭公司签订长期的收购煤渣的合同，合同期限长达 10 年。我们也和铁路公司签订了合同，他们负责为我们运输煤渣。我们把多德先生请到匹兹堡来，他一直负责这个工程的全盘运作，并准备建造美国第一台洗煤机。他在这些工作上干得都非常出色，这一次也不例外，他成功了。在很短的时间内，他就把所有的投资成本捞了回来。后来我的合作伙伴想把焦炭厂收归到我们集团中，原因是他想得到的不仅仅是这家工厂，更主要的目标是想把多德"弄到手"。"多德"的名声在外面已经很响亮了。

我们的炼焦炉数量不断增加，直到后来我们已经拥有了500座，每天能够洗煤1500吨。我承认，每次我说起这些炼焦炉，都会有这样一种感觉：如果有个人能把本来长一片叶子的草地让它长出两片叶子，那么这个人对社会是有贡献的，这也是他作为人的一种责任的体现。那些我们能够原本就被人们扔进废物堆里的东西再提炼出有用的原材料，把它们变成优质焦炭，那我们也应该算是对人类有贡献的人。把垃圾变成能源燃料是一件让人非常愉悦的事情，同样，在我们的土地上，我们能够成为第一家做这件事的公司，也是值得骄傲的。

我在丹佛姆林的罗伯特表兄的儿子也成为我们的得力伙伴。有一天，当我路过工厂时，厂里的主管跟我说，有一个技工干得非常出色，而且还是我的一个亲戚。我说我不知道这件事，主管问我有没有时间和那人聊聊，并四处转转。于是我们就见面了，我问他叫什么名字。

"莫里森，"他回答道，"罗伯特的儿子。"罗伯特就是我的表兄鲍勃。

"哦，你为什么来这儿？"

"我来这里是想让我们生活得更好一点儿。"他说。

"跟你一起来的还有谁？"

"我妻子。"他回答道。

"你为什么不找我呢？我可以把你推荐到这里来。"

"我自己能做到的事情，就不想麻烦别人了。"

莫里森就是这样一个人，他知道靠自己的力量做事情，他一直有着像金星一样独立的习惯。此后没过多久，我得到了他被提升为我们在迪凯纳新开工厂总监的消息，此后他开始稳步上升。今天，他已经是百万富翁了，虽然他的经济条件得到了很大的改善，但他仍然是一个平易近人的人。我们都为汤姆·莫里森而骄傲（昨天，我收到他的一封来信，他在信中邀请我和我的太太在参加卡内基学院周年庆典期间去他家里坐一坐）。

我一直向我的同伴们提出建议，我们应该把钢铁厂的规模扩大，与钢铁制造相关的行业已经兴起，这只是一个开始。对钢铁行业未来发展的担心是多余的，它会因为美国在外国进口关税上采取新的措施而消除。我清晰地认识到，内战使一部分美国人清醒了：建设国家需要靠自己的双手，与国家安全有关的重要事情，任何人都靠不住，欧洲也不例外。以前，美国进口自己国内所需的各种类型的钢和大部分的铁，主要供应商是英国。现在，美国人民要求这些东西由自己的国家提供，议会准许向进口钢轨按价征收 28% 的关税——这在那时相当于每吨约 28 美元。因此，每吨钢轨可以卖到 100 美元，其他物品按同比例征税。

在美国制造业的发展中，保护起到了很重要的作用。在内战以前，这还只是一个政党问题。南方主张自由贸易，而北方则认为征收进口税是必要的。英国政府对邦联体制的支持，在它从亚拉巴马和其他一些攻击英美商业的武装民船中逃离出来之后达到了顶点。由此美国人民对英国政府产生了敌意，尽管大部分的英国人民支持并喜爱美国。政党间的问题不再是关税问题，它成了一项国家政策，并得到了两个党派的一致认可。这已成为一项爱国政策，这样的政策对于重要资源的发展是有利的。议会中不少于 90 位北方党派民主人士，包括众议院议长，都赞同这一点。

资本毫不迟疑地登上制造业这艘大船，自信得就像国家会尽一切可能保护它一样。内战后的几年中，降低税率的呼声开始高涨，我也不可避免地卷入了这场争论。经常有人指控，说议员收受了制造商的贿赂。但是根据我得到的消息，这种指控纯粹是无中生有。毋庸置疑，制造商们对于每年的几千美元维持钢铁协会的日常运作费用必须是要缴纳的，除此之外，他们就没有再交过任何钱。如果说集资，这的确是有过的，但那只是为了反对自由贸易运动的活动而出的钱。

我极力支持降低关税，在我的支持下，钢铁关税不断得到下调，原来每吨 28 美元的关税降到了原先的 1/4，即每吨 7 美元（1911 年的今天，关税只有原来的一半左右，甚至还会进一步的修订）。克利夫兰总统想要在关税政策上采取一个力度更大的调整，人们也非常关注他的这一行动。在众多领域利润锐减的情况下，如果这一关税政策通过了，那么更多的制造商的利益会受到损害。《威尔逊法案》在华盛顿的修订会让我参加了，我的看法是降低税率可以，但不要过多、过快地降低。高曼参议员是参议院的民主党领导人，他、纽约州州长弗劳尔和一些优秀的民主人士都和我持同样的观点，他们都是贸易保护主义者。其中有些人并不赞成《威尔逊法案》，他们认为这会严重削弱本国的一些制造行业的能力，调整的力度完全没有必要这么大。高曼议员对我说，他希望我尽量减少对本国生产商的损害，他还说他的同事们对我有信心，如果税率大幅度降低，参议员们又一致支持这一法案，那么在钢铁的税率制订上，我的意见将是个引导。

弗劳尔州长的观点也是这样的。后来，在双方的让步下，法案得以通过。

内战结束后，制造行业的话语权还没有被我掌握，《关税法》的制定我也没有直接参与，但降低税率是我一向的观点。理性的贸易保护主义者认为税率越高越好，任何的减税政策都是不对的；另一些极端主义者认为，抵制所有关税，希望采取不受限制的自由贸易政策才是正确的。

现在（1907年），我们可以废除钢铁制造行业的所有关税，这对本国企业没有丝毫的影响，高额的关税在初期是必须要有的。欧洲钢铁剩余的产量不多，所以当地的钢铁价格居高不下。自由贸易只有在需求过量的时候才会妨碍国内钢铁价格的上涨。对于自由贸易，国内的制造商们无须害怕。

第十一章　总部在纽约

我们的事业在不断地扩展，我经常去纽约出差。美国的纽约就像英国的伦敦一样，知名大企业的总部都被安置在这里。如果一家公司没有在纽约设立办事处，那么他们的业务就会遇到很多麻烦。匹兹堡的业务已经可以放心地交给我的弟弟和菲普斯先生了，因为他们已经完全掌控了那里的一切。对我来说，掌控公司的全面发展方向，商谈一些重要的合同就足够了。

我的弟弟很荣幸，他与露西·卡尔曼小姐结为连理，我弟媳妇的父亲跟我们有着非常密切的商业往来，他是我们重要的一个合作伙伴，也是我们的好友。我在1867年再度离开匹兹堡，来到纽约，并将家安在这里。对我来说，这个变化是非常难以接受的，母亲对此也感到非常难过。对于我们来说，纽约是一个完全陌生的地方，我们先住进了圣尼古拉斯酒店，当时那儿金碧辉煌，我的办事处安排在了布罗德街上。

在相当长的一段时间里，我们最大的快乐来源于匹兹堡的朋友来纽约，我们生活中不可或缺的东西就是匹兹堡的报纸。我常常在纽约与匹兹堡之间往来，有时母亲也和我一同前往匹兹堡，这样我们虽然在纽约安了家，但是仍然和老家保持联系。在纽约生活了一段时间以后，新朋友就进入了我们的圈子，我们也有了新的兴趣爱好，渐渐地，我们把纽约视为新家了。圣尼古拉斯酒店的老板准备在市镇外围住宅区开设温莎公爵酒店，我们的家也就随着搬到了那儿。一直到1887年，我们都住在那儿。我们也与酒店的老板霍克先生成为好朋友，他的侄子和亲戚现在仍然和我们保持着联系。

考特兰特·帕默夫妇组建的"十九世纪俱乐部"，使我获益最大、受影响最深。在他们家，俱乐部每月都会组织一次主题讨论会，很多的社会名流都被吸引过来。博塔夫人推荐我进了俱乐部，我对她表示由衷的感谢。她作为博塔教授的妻子，是一位非同寻常的女性。城里的任何一家沙龙都比不上她家里的客厅。有一天，博塔家举行了一个宴会，我有幸被邀请赴宴，我到了之后，第一次遇见了几位名人，其中就有安德鲁·D. 怀特，他成为我终生的朋友和顾问。他当时在康奈尔大学任校长，后来他又升任美国驻俄罗斯大使和驻德国大使，也是海牙国际会议美方的首席代表。

在这里，"十九世纪俱乐部"有着舞台一般的作用。社会各界名流在那儿热火朝天地讨论当天的热门话题，并逐一向观众讲解。很快，参加俱乐部的人变得越来越多了，对于一个家庭的私人客厅来说，这些人已经无法容纳了，为了能让更多的人参与每月一次的聚会，这个活动就改在当时的美国国家艺术馆举行了。我记得，我第一次参加演讲的题目为《富翁贵族》。第一位演说者是托马斯·温特沃斯·希金斯上校。这也是我来纽约之后第一次在观众面前亮相。自此之后，我时常发表演讲。对我来说，这是很好的锻炼机会，因为每次演讲之前，我都要阅读和学习许多知识。我在匹兹堡的生活时间较长，使我对制造业比较熟悉，认为它不同于投机生意。电报操作员的工作经历让我有机会了解相关行业的信息，我了解到匹兹堡有几个通过纽约证券交易所买卖股票的公司和个人。我对他们的事业怀有浓厚的兴趣，可在我看来，他们的举动无异于赌博。当时我并不知道，这些人和公司的信誉已经被严重损害，因为人们都认为他们热衷于投机活动，这一点是想瞒也瞒不住的。不过，这样的公司在当时为数极少，屈指可数。匹兹堡的石油和证券交易所还没有建立，通过电报与东部的证券交易所联系的股票代理商办公室也没有产生的必要。匹兹堡仍是一个工业重镇。

当我发现纽约的状况与匹兹堡大不相同时，我感到异常惊讶。那里，几乎所有的商人都或多或少地在华尔街参与过冒险的投机活动。各色人等纷纷找我打听我所接触过的各家铁路公司的情况，简直让我应接不暇。有人主动提出愿意提供资金作为投资，让我负责运作、管理——他们认为我能得到内部消息，可以保证投资成功。还有人邀请我入伙——他们正悄悄打算买下某些公司的控股权。事实上，整个投机领域最诱人的一面在我面前展现无遗，让人难以拒绝。

我抑制了这些诱惑。一天上午，在温莎公爵酒店，我又收到了一个最具诱感的提议。杰伊·古尔德（当时他的事业正处于顶峰）上门来对我说，他听说过我，他想买下宾夕法尼亚铁路公司的控股权；如果我同意出面管理，他就分给我一半的收益。我谢绝了他的好意，并说，虽然司各特先生和我在公司业务上产生过分歧，但我永远不会与他作对。后来司各特先生告诉我，他听说我被纽约的大股东选中去接替他的职位。我不知道他是怎么知道这些的，因为我从没说过这样的事。我告诉他说，除非是我自己的铁路公司，我才会去任总裁，这些话消除了他的疑虑。

时光流转，世事轮回。在此事之后30年，即1900年的一天早晨，我把一个提议告诉了古尔德先生的儿子：

"你的父亲曾提议让我管理宾夕法尼亚铁路公司。现在作为报答，我提议让你管理一条跨越大洋的国际铁路线。"

我和古尔德先生的儿子就运作的第一步达成了意见——将瓦伯什铁路线通到匹兹堡。我们签订了一个合同，答应将我们钢铁公司三分之一的运输量提供给瓦伯什铁路线。这第一步进展顺利，取得了成功。我们准备扩展东部线路，将其从匹兹堡扩展到大西洋。1901年3月，摩根先生通过施瓦布先生找到我，说传言我要退出生意界，是真的吗？我肯定地回答他，除非我们的铁路公司走到尽头了，我才会放弃。

在我的一生中，除去一次外，我再也没有投机性地买入或者售出过一只股票。那次例外，还是当年从投资的角度我购买了宾夕法尼亚铁路公司的一小部分股份，不过当时花的并非我自己的钱，而是银行家们给我提供的低息贷款。我一直坚守一个准则：绝不买我无法偿还的东西，也绝不卖不属于我的东西。当然，在早些年，我在一些少数的商业交往过程中也获得过一些股份，其中包括在纽约证券交易所上市的股票和有价证券。每天早上我都会翻开报纸，先看一下股票市场行情表。我决定出售手中持有的所有非本公司的股票，集中所有精力投入到匹兹堡的钢铁公司上来，今后不再持有在证券交易所买卖的任何股票。除了少量原始股票之外，我一直严格遵守这条准则。

对从事制造业的人来说，这条原则特别重要。如果一个人经常要对出现在他面前的问题作出睿智的决断，他就必须保持头脑冷静。证券交易市场的行情变幻莫测、纷繁复杂，这样的变化很容易打乱一个人的思维，在这种情况下做出的判断很难说是明智的。在那样的环境中，就好像一个迷失了方向的人，他完全不清楚事物的本质是怎样的，作出的判断也就不会是不准确的，对于事情的真相也就无法掌握。他会把山丘与高山混为一谈，不辨彼此，得出的结论往往也是没有经过认真思考的。股票行情把他的全部注意力都吸引过去了，他已经没有心思再去冷静地思考一些问题了。有价值才有投机活动生存的空间，但投机活动本身并不会创造价值。

在纽约安家落户之后，在基奥卡克建造一座跨越密西西比河的大桥是我要做的一件重要的事情。我和宾夕法尼亚铁路公司的总裁汤姆森先生合作，大桥的整体构造、基础设施、石工工程和上层结构被我们承接了。我们在合同中约定，工程款以债券和股票形式来支付。但是一场危机的到来使他们无法支付合同约定的款项，铁路行业即将破产。这项工程除了经济上不够完美，在其他各个方面都可以说是非常圆满的。我们预想的干完这个工程后获得的巨大的利润没有如期而至，虽然汤姆森先生和我没有挣到什么钱，但我们也没有什么损失。

我们在匹兹堡的吉斯通公司承建了这座桥的上层结构。为了这项工程，我时常得去基奥卡克。在基奥卡克，我有幸结识了里德将军和夫人及莱顿夫妇，他们都是一些聪明可爱的人。后来，有一些英国朋友和我一起来到基奥卡克访问，他们对这个遥远的西方国家留下了深刻的印象，对这里处于文明的边缘而感到非常惊讶。有一天晚上，我们受到了里德将军的盛情宴请，被他带到了英国的某个小镇。客人中的很多人是在内战时期非常著名的，他们后来在国家议会里任职。

建造基奥卡克大桥虽然没赚到多少钱，但是它却使我的声誉日益增加。人们计划在圣路易斯建造一座跨越密西西比河的大桥，就想请我去专门负责这个工程的策划。这项工程是我的第一个大单。1869年的一天，负责此项工程的麦可弗森先生（他是典型的苏格兰人）来到我在纽约的办公室，对我说，他们正在为建桥所需的资金忙碌着。这个项目经过他们的仔细审查，他们同意由吉斯通桥梁公司承建，我代表公司签了合同，同时，桥梁公司的第一笔400万美元的抵押债券也给了我们。1869年3月，我们出发去伦敦商谈贷款事宜。

在去伦敦的路上，我做了一份施工说明书，这份施工说明是在到达伦敦后打印出来的。我以前来这儿的时候就认识了朱尼厄斯·斯宾塞·摩根先生，他是一位大银行家。一天早上，我去拜访了他，并直截了当地跟他谈了这件事。我把工程的施工说明书给他留了一份，当我第二天再次去他那儿，我发现，摩根先生对这个项目非常感兴趣。我把一部分债券卖给了他，但他的律师对债券的措辞有一些建议，他认为要作一些必要的修改，这些修改需要我再次回到苏格兰。摩根先生建议我说，我如果要去苏格兰的话，最好马上就启程，这样三周后就会回来，不会眈误接下来的洽谈。

但我担心日久生变，便告诉他，我不打算写信询问他们的意见，那样太慢，我打算发电报。发报用的大西洋的海底电缆已经投入使用一段时间了，但是还不能确定能否传输我当天发送的这么长的私人电报。我很轻松地将债券上的所有行数编上号码，然后，对里面的具体内容应该如何修改做了非常清楚的标注。我没有直接把电报发送出去，我把电文内容拿给摩根先生请他过目。他说：

"干得不错，小伙子，如果你成功了，应当受到嘉奖。"

当第二天上午我走进办公室的时候，我专用的桌子上多了一个彩色的信封，这个信封是摩根先生送来的。很显然，给我的回函就装在这个彩色的信封里。上面是这样写的："董事会已经于昨晚全票通过修改意见。"我回复他说："一切都没问题了，摩根先生，我们能继续进行下去了，你律师的要求已经做到了。"很快，我们就签订了合同。

《泰晤士报》的财经编辑萨姆森先生来的时候，我正在办公室里坐着。我和他只见过一次，并不熟，但是我知道他的能量，他简单的几句话就能把证券交易市场的债券价格抬高很多。我把圣路易斯大桥描述成了欧洲大陆交通要道的一个收费站，而且这架大桥的建造还得到了国家政府的特许。他对这个说法似乎很满意。我们的交谈愉快而顺利。萨姆森先生一离开办公室，摩根先生就拍着我的肩膀，对我说：

"谢谢你，年轻人，你只用了短短的一上午的时间，就把那些债券的价格提升了百分之五。"

我对他的赞扬表示谢意。

债券的发行没有遇到任何问题，我们成功地筹到了修建圣路易斯大桥的钱。在这次谈判中，我得到了一笔可观的利润差额。这也是我第一次与欧洲银行家进行金融洽谈。几天后，普尔曼先生告诉我说："摩根先生在一次宴会上提到了你发电报的那件事，并预言：'那个年轻人将来一定会成名。'"

跟摩根先生分手后，我回到了故乡丹佛姆林。那次，我为小镇出钱建了一座公共浴池。这是我的第一项大额捐赠。很久以前，我听从了兰德姨父的建议，我为斯特林高地的华莱士纪念碑的建造捐了一笔钱，在那里可以俯瞰班诺克本。我捐钱的数目并不大，但当时我在电报公司工作的薪酬为每月 30 美元，在这 30 美元中，还有一部分要用于家庭开支，因此我的生活很拮据。但是，我捐款的事情并没有让母亲感到不高兴，她为她儿子的名字出现在捐款人的名单上感到骄傲，我也为自己能为社会做贡献而自豪。时隔多年，母亲和我重访斯特林，我们看到了母亲捐赠给纪念碑委员会的、在华莱士高塔上立着的一尊瓦尔特·司各特爵士的半身雕塑像。当时，我们早就摆脱了那种贫困的生活状态。那只是我们早期的捐赠，到那时为止，我还处于财富的原始累加阶段。

1867 年，我去欧洲大陆旅游，并被欧洲的见闻深深吸引。虽然我身在欧洲，但是国内的事务也让我挂心。我通过书信与公司保持联系，随时掌握业务上的动态。南北战争的爆发，使得连接太平洋的铁路交通问题被提上议事日程，国会已经通过了一项条例，鼓励修建一条铁路线。这条铁路的开工地点在奥马哈，终点选在旧金山。我在罗马的一天，得到了这条消息。于是我想到了我的朋友司各特先生，我马上给他写了一封信，在信中，我向他建议，我们应该参与这个工程的建设，至少加利福尼亚路段的卧铺车厢应该由我们来负责建造。他是这么回复我的：

"是的，年轻人，你捕捉到了时机。"

我一回到美国就着手去做这个事情了。事实证明，我的眼光是非常准确的，我想参与建造的卧铺车厢的业务量非常大，根本满足不了旅客的需求。而这时，我的对手普尔曼先生也察觉了这次时机。后来，普尔曼公司就是通过这件事的成功才得以成立。对我来说，他是一个障碍。人们可以从我与普尔曼先生的竞争中再次发现一个问题：细节是否做到位能够决定最终的成败。

太平洋铁路公司联盟的总裁经过芝加哥时，普尔曼先生得到了消息并做了拜访，他被领进总裁的房间。一封给司各特先生的电报上写着："你关于卧铺车厢的提议被认可了。"这封电报就放在桌上，碰巧被普尔曼先生无意间看到了。在这个时候，杜伦特总裁从房间外面走了进来，普尔曼先生为了拿下这个项目，便向他解释说：

"我相信，在你没有看到我的建议时，你对此事作出决定将是不明智的。"

杜伦特先生说可以再考虑一下。很快，在纽约，太平洋铁路公司联盟董事会举行会议。会议邀请我和普尔曼先生出席，那份合同对我们两个来说都非常重要，所以我们都全力以赴，没有丝毫的马虎。有一天晚上，在圣尼古拉斯酒店的楼梯口，我们见面了，虽然以前我们也见过面，但不是很熟。当我们走上楼后，我开口了："晚上好，普尔曼先生！我们又相遇了，我们现在的境况就像是一对落难的兄弟。"

他并不是这么想的，便说道："这话是什么意思？"

我把现在的情况解释给他听，告诉他如果我们都对这个合同咬住不放，那对我们两个人来说没有什么好处。

"是的，"他说，"你有什么办法来处理这件事吗？"

"合作，"我说，"我们可以成立一个公司，共同制订一份计划书提交给太平洋铁路公司联盟。"

"那么这个公司叫什么名字呢？"他问道。

"就按您的名字命名，就叫普尔曼豪华车厢公司。"我回答。

这正中了他的下怀，我也觉得这没什么不适合的。

"请跟我来，我们好好商量一下。"这位卧铺车厢的大人物说道。

结果，我们一起签下了那份合同。普尔曼总公司把我们的公司并入进去，我们获得了部分股权。可我一直认为，普尔曼公司最大的股东是我。直到1873年金融危机期间，为了保护我们钢铁公司的利益不受损失，我不得不出售了我的股份。

普尔曼先生为人处世的风格非常具有美国人的典型特征，人们对他的一些评论也是非常中肯的。普尔曼先生从一个木匠起家，他拿到了芝加哥城兴建高楼的合同，在修建或加高房屋上挣了钱。是的，这成为他发家的原始积累。他的起步正是从那里开始的，他成为那个行业里最有名的承包商。普尔曼先生可以做到这样的事情：一家大酒店想要把房屋加高10英尺，还要保证在此期间住在那里的数百位客人丝毫不受到影响，酒店的生意不会受到任何的耽误。普尔曼先生是最合适的人选，他对事态发展的趋势把握得非常准确，对时代潮流的观察非常敏锐。

很快，卧铺车厢在美洲大陆的需求使我们看到了其中的商机。他开始在芝加哥建造一些车厢，并拿下了那里的承建合同。

与普尔曼先生这样不同寻常的人相比，东方公司是没有能力与他竞争的。

但我不得不承认这一点，东方公司和伍德鲁夫先生本人拥有专利权，我们在承建过程中，非常有可能因侵害专利权而遭受损失，但是在此之前，我们也有足够的时间让普尔曼公司发展成全国最大的卧铺火车公司。因此，我再次全力主张我们与普尔曼先生联手合作，就像在与太平洋铁路公司联盟签约时那样。由于普尔曼先生与东方公司的个别职员有矛盾，那么协调工作就由我来担任了。我马上同意了普尔曼公司对我们公司的并购，他还通过这种方式并购了中央运输公司。普尔曼先生的业务打破了西部地区的局限，宾夕法尼亚通往大西洋海岸的主干线控制权也由他掌握，其他竞争对手已经无法与他的公司相抗衡了。在我所认识的最有才能的人中，普尔曼先生是其中之一。

不过，普尔曼先生跟其他所有人一样，他也有自己的烦恼和沮丧，并不是所有的行动都是一帆风顺的。没有人能随随便便成功。是的，除了他，没有谁能以令人满意的方式处理卧铺车厢业务经营中的所有困难，并把铁路行业理应享受的权利维护得恰到好处。铁路公司经营他们自己的卧铺车厢业务，这应该是他们的本分所在。有一次，在我们聊天时，他给我讲了一个故事，我从中受到了启迪，明白了蕴含其中的哲理。

有一位住在西部县城的老人，他遭遇了人生中太多的不幸，对他表示同情的有很多邻居，但是他却不这么认为，他说："是的，朋友们，你们说得都很对。我的一生过着太多不幸的日子，但有一件奇怪的事——大多数的烦恼只是烦恼而已，它并没有成为我的现实生活。"

是的，我们太多的烦恼都是自己无中生有、凭空想象出来的，别把它们太当回事。悲天悯人是无知的，车到山前必有路，没有过不去的火焰山，而且大部分情况下，现实中的事并没有想象中的那么坏。

一个聪明的人，他首先应是一个积极的人。

我在各类谈判中的成功，使我在纽约受到的关注度越来越高。1871 年，我接下来的一笔大生意是在与太平洋铁路公司的联盟之后完成的。这家公司的一位董事来找我，说他们遇到了一个危机，如果想渡过这个危机，就必须筹集一笔 60 万美元的款项（相当于今天的好几百万美元）。这家铁路公司执行委员会里有一些我比较熟悉的朋友，他们提议说：卡内基可以筹到这笔钱，同时可以把那条重要的西部铁路线的实际掌控权交给宾夕法尼亚铁路公司。这位董事是和普尔曼先生一起来的，我认为，之所以普尔曼先生跟他一起来，也许普尔曼就是在这个问题上首先想到要来找我的人。

我没有拒绝这件事，我是这么想的，如果宾夕法尼亚铁路公司提名的几位候选人作为董事会成员，能够得到太平洋铁路公司联盟的董事会的推荐，那么太平洋铁路公司联盟就应该得到宾夕法尼亚铁路公司的帮助。我去了宾夕法尼亚，和汤姆森总裁谈论这件事。我向他建议，如果我为太平洋铁路公司联盟在纽约的借款作的担保能够被宾夕法尼亚铁路公司相信，那么太平洋铁路公司联盟在宾夕法尼亚的利益权就能够被我们控制。当时的情况充分体现了汤姆森先生的自信。他用自己的钱也没有比用铁路公司的钱慎重，但这单交易的巨大利润的诱惑太大了，我们不能就这样放弃。就算是 60 万美元没有任何的回报，对这家公司的投资也不是一种损失。况且，这个风险几乎可以忽略不计，因为我们把有价证券全部转让给他们，这部分收益来给太平洋铁路公司联盟提供的贷款。

我是在费城汤姆森先生的家里和他会面的。我准备起身要离开汤姆森先生家的时候，汤姆森先生的手搭在我的肩上，他说：

"记住，安迪，我相信你会把这件事办好的。我相信你，所有的有价证券就看你的了，因为对宾夕法尼亚铁路公司来说，一美元都没有损失过。"

我答应了这项委任，结果非常令人满意。由汤姆森先生本人来担任总裁是太平洋铁路公司联盟的热切渴望，但汤姆森先生说他不能这么做，他认为托马斯·亚·司各特先生更适合这个位子，于是在 1871 年，我和司各特先生、普尔曼先生作为太平洋铁路公司联盟的董事上任了。

通过贷款事宜，太平洋铁路公司联盟的 300 万份股份归我们所有，这些股份被我锁进保险箱里，安静地等待它们的好日子的来临。正如预期的那样，太平洋公司联盟的股价由于宾夕法尼亚铁路公司的加盟而一路高歌猛进，我们所持有的股票前景一片大好。就在我到伦敦进行商谈如何建造密西西比河大桥时，司各特先生决定不再持有太平洋铁路公司联盟的全部股份。我的秘书根据我去伦敦之前的工作安排——我们的投资合伙人之一司各特先生，有权接触保险箱，我不在公司的时间里，他可以管理那些股票。但令大家没想到的是，我们所持有的太平洋铁路公司联盟的股票被卖掉之后，我们在太平洋铁路公司联盟获得的重要地位也随之不保了。

我从伦敦回来后发现，太平洋铁路公司联盟的董事们对我的态度发生了变化，他们认为我是一个不可信的同事，把我看作一个以投机为目的利用他们的人。我们曾经与他们有着美好的合作前景，但是现在却因为一时的疏忽而断送了这个美好的前景。普尔曼先生一开始并不知道这件事，当他听说这件事的来龙去脉之后，他也非常生气。而我也处于两难境地，我可以对卖股票的事情予以否认，但是这么做的话，就是明显地要与老朋友司各特先生撇清关系，这样做有失仁义。

不久，太平洋铁路公司联盟董事会因为此事就把我们给除名了。这对我来说，十分苦闷。此事让我与前上司——对我产生过重大影响的、和蔼可亲的——托马斯·亚·司各特先生第一次产生了严重分歧。汤姆森先生虽然对此事懊悔不已，但也并没有将此事过于放在心上，他说，所有股票都在我和司各特先生手上，他以为我们想全部卖掉。还有一位好朋友——利瓦伊·P. 莫顿，他在莫顿·布利斯公司工作——也持有太平洋铁路公司联盟的股权，我曾担心失去他的友情，但最终他知道我是无辜的。

关于建造奥马哈大桥的 2500 万美元的债券一事，谈判非常成功。在我与这家公司取得联系之前，它的很多债券就被太平洋铁路公司联盟的相关人员买走了，所以我的这次谈判只对他们有利，而于太平洋铁路公司联盟没有任何好处。在我启程去伦敦之前，董事会并没有跟我透露这一点。不幸的是，当我回到纽约，发现自己所有的债券收益，包括我的利润在内，都被那些人挪走还债用了。我不仅为此损失了一大笔钱，还损失了时间和其他开支。这之前，我从来没有上过当受过骗，一直以来断事清楚，从没有对受骗上当有过清醒的认识。通过此事，我发现自己还年轻，还有许多东西要学。大多数人是值得信赖的，但还有一些人需要我格外小心。

第十二章　商务谈判

大约就在这个时期，我帮助匹兹堡的阿勒格尼河谷铁路公司的总裁威廉·菲利普上校进行的一次谈判大获成功。

有一天，菲利普上校跑到我纽约的办公室对我说，他急需一笔钱，虽然有宾夕法尼亚铁路公司为他们作担保，但还是没有一家金融机构对他们公司那500万美元债券感兴趣。这位老先生认为，他之所以被银行家们逼得走投无路，是因为银行之间已达成一致，只能按他们规定的价格认购。他愿意把500万美元的债券以九折的价格给他们，打九折，但银行家们依然觉得价格过高。当时，西部铁路公司通常以八折的优惠价格把债券出售给银行。

菲利普上校说："我急需25万美元，可宾夕法尼亚铁路公司的汤姆森先生不愿借给我。我来这里是想看看你是否有办法帮我渡过这次难关。"阿勒格尼河谷铁路公司债券的利率是7%，但在美国只能用现金支付，不支持黄金支付。因此，这场交易不适于在国外市场运作。但据我所知，宾夕法尼亚铁路公司拥有一大笔费城—伊利铁路公司的债券，利率是6%，可以支持黄金支付。我认为，用费城—伊利铁路公司的债券来换阿勒格尼河谷铁路公司7%利率的债券是一笔很划得来的买卖，何况阿勒格尼河谷铁路公司就是要找他们作担保的。

我给汤姆森先生发了封电报，问他是否愿意以多得25万美元的利益，把这笔钱借给阿勒格尼河谷铁路公司。汤姆森先生答复"当然愿意"。菲利普上校得知后非常高兴。为了表示他对我这次帮助的谢意，他承诺，愿意给我60天的期权，以9折的价格购买他们500万美元债券。我把这件事详细告诉给汤姆森先生，并向他建议做这笔交易。他很乐意，因为这样可以赚得1%的债券利息。随后，我马上起程去伦敦，那里还有一笔费城—伊利铁路公司500万美元债券的债权问题等着我处理。这是由宾夕法尼亚铁路公司作担保的债券——

因此为我可以卖得一个很高的价钱做了可靠的保证。可没想到的是，这竟然给我带来了金融生涯中最大的一次打击，也是最大的一次损失。

我在昆士敦给巴林银行发了封信，说我要出售一笔债券。我一到伦敦，就在下榻的旅馆里发现了一张他们留给我的便条，请求与我见面谈一谈。第二天上午，我如约而至，并收到了他们愿意放贷给我的协议。协议是这样写的：他们将提供给宾夕法尼亚铁路公司利率为 5% 的 400 万美元的贷款，如果以票面金额出售，则还要扣除 2.5% 的佣金。这一次交易我至少将获得 50 万美元的利润。

就在我们即将签署相关文件时，拉塞尔·斯特吉斯先生说他们刚得到消息，巴林先生将于第二天上午亲自来到伦敦，出于礼貌，应该让他了解一下这次交易的具体情况。出于对他的尊重，他们决定把合同文件的签署时间定在第二天。如果我想达成这次交易，就要在下午 2 点来到这里。

当我准备到电报公司给汤姆森总裁发电报时，我的脑海里出现了一种不祥的预感，这种感觉让我终生难忘。我的直觉告诉我不能发电报，我应该再等一等，等到合同签完，装进我的包里之后再告诉汤姆森先生。我从银行大楼出来之后，步行 4 英里回到朗廷酒店。当我回到酒店时，有位送信的人已经在那里等我了，他气喘吁吁地递给我一封封好的来自巴林银行的信件。上面写道：俾斯麦在马得堡冻结了好几亿美元的资产，金融界受到严重的冲击，一片混乱。巴林银行说，在此种情况之下，他们认为此时向巴林先生建议此项交易是不明智的。计划没有变化快，我因巴林银行的毁约而痛苦万分。然而事实就是这样。这个打击实在太大了，以至于我没有任何办法，只能任其摆布，并暗自庆幸给汤姆森先生的电报还没有发出去。

我决定先不考虑去找巴林银行，而是马上把这些债券以低于和巴林银行谈好的价格卖给摩根银行，尽管他们正在大量出售美国有价证券。开始，我本不想去找摩根银行的，因为我从菲利普上校那里得到的消息是，他在向美国的摩根银行出售债券时，并没有获得成功。由此我断定，伦敦的摩根银行与纽约的摩根银行可能会有业务上的往来。但后来，一旦遇到这样的业务，我首先会想到一个人——朱尼厄斯·斯宾塞·摩根，他几乎不会让我空着手离开他的银行大楼。就算是他们银行自己不买，他也会给我推荐另外一家对此事感兴趣的银行，他乐意这么做。令我极为满意的是，我所联系买卖的证券到最后都会有所收益。当然，在这件事上我犯了一个错误，我没有回去找巴林银行，给他们时间以渡过金融危机。当一方在谈判中激动不已的时候，另一方应该保持头脑冷静，并且要有耐心。

作为我的一次金融操作行为，我记得有一天我对摩根先生说：

"摩根先生，如果你将所赚得的四分之一利润分给我的话，我将给你出一个赚钱的好主意，并且帮你实现。"

他大笑着说："这看起来很公平，我有权对这件事做出选择，当然，四分之一利润的开价我们是可以接受的。"

我对他说："你应当关注一个事实，阿勒格尼河谷铁路公司的债券和由宾夕法尼亚铁路公司作担保的费城—伊利铁路公司的债券被我作了交换，这家大公司需要资金投入到业务扩展中。如果有人出了比较高的价格，他们就会考虑把债券卖掉。现在，美国证券的需求量很大，他们一定会在美国发行的。我会写一份债券发行的简介。"摩根先生听了我说的这些话后，认真仔细地对此事进行考察后决定，我的建议是对的。

我要去一趟巴黎，因为当时汤姆森先生正在那里。我获得一个消息：宾夕法尼亚铁路公司急需钱。我把有价证券推荐给摩根先生的事情告诉了他，问他是否可以开个价，我再看看是否可以出售。他出了一个在当时非常高的价格，但也没有高于当时的市价。摩根先生买下了一部分，并获得了购买其他部分债券的优先权。通过这种方式，我们一举两得：阿勒格尼河谷铁路公司的900万~1000万美元的债券得以上市，宾夕法尼亚铁路公司也拿到了自己需要的资金。

1873年，这些债券售出后没过多久，金融危机来了。有一天，皮尔蓬·摩根先生对我说：

"我的父亲发电报来问，你是否想以你告诉他的那个方式卖掉你的股份。"

我说："当然。在现在这个时候，如果能卖，我愿意卖掉所有能卖的东西，换成现金。"

"好的，"他说，"你想卖多少钱？"

我说，我的卡里最近一次账单报告显示，我的账户里面已有了5万美元，但是我想取6万美元。第二天早上，摩根先生递给我一张支票，上面的数字是7万美元。

"卡内基先生，"他说，"你弄错了。你把卡里的钱算少了1万美元。现在你的信用卡里是6万美元，加上被你少算的那1万美元，总共是7万美元。"

他给了我两张支票，一张是6万美元，另一张是额外的1万美元。我把那张1万美元的支票还给他，并说：

"请你接受这1万美元，这是我的心意。"

"不，谢谢你，"他说，"我不能要。"

这种行为，表现了一种强烈的荣誉感和诚信意识，而不只是法定的权利，这在早期的生意场上并不常见。从那以后，我决定只要在我能够做到的范围之内，绝不会让摩根父子及他们的银行为了我而遭受损失。从此，他们也就多了一个像我这样的忠实朋友。

一家大企业如果想要发展壮大，正直诚实的信条是他们必须要遵守的，故弄玄虚和斤斤计较是做不成大生意的。企业注重的应是商业精神，而不是法律条文。现在，商业道德标准已经有了大幅度的提高。如果一个人因为对他的公司有利而犯了一个错误，那他也应尽快改正。如果想要永葆成功，很关键的一点就是，为企业赢得一个公平公正的美誉度，这比遵纪守法更为重要。尽可能给别人更多的利润是我们一直以来遵循的一条准则。当然，这条准则在投机领域是不适用的。那是一个与世上所有行业都不同的。人们在这个行业里只不过是在赌博。炒股和经商完全是两码事。我们不得不承认，近几年来，像伦敦的朱尼厄斯·斯宾塞·摩根这样的老派银行家已经不多见了。

太平洋铁路公司联盟免除了司各特先生该公司总裁一职后不久，他决定投入得克萨斯太平洋铁路修建工作。有一天，我接到了他从纽约发来的电报，他在电报上务必让我去费城与他会面。我和其他几个朋友一起去了费城，他们中有宾夕法尼亚铁路公司驻匹兹堡的副总裁 J. N. 麦克鲁夫。他们为修建得克萨斯太平洋铁路，在伦敦申请了一笔巨额贷款，但这笔贷款现在已经到期了，如果我作为另一方介入这笔贷款的话，摩根银行就同意续借。我没有同意他们的请求。他们对我的答复非常不满，责怪我见朋友有难不能帮他们。对我来说，这一刻让我非常为难。我想让自己远离这个事端。我不参与此事是因为我有我的职责所在。制造业用尽了我所有的钱，我的每一元钱都尽到了它的职责。我是公司的领头人，我要对公司所有的事情负责。我弟弟、菲普斯先生、克罗门先生，还有他们的家人，似乎正站在我的面前，等待我保护他们的利益。

我对司各特先生说，作为朋友，他在没有得到足够的资金之前，我一直在劝阻他，开工修建长距离的铁路十分危险。我坚持认为，数千英里的铁路线通过临时贷款的方式修建是极为不妥的。另外，我已经支付２５万美元购买了一些股份，这是在我从欧洲回来之后，他告诉我说特意为我留的，尽管我一直没有同意过这样的安排。但是，没有什么事可以减轻我为建筑公司和任何其他企业签署借贷合同而不顾自己公司的利益所带来的负疚感。

我知道，我没有能力在60天之内支付完摩根银行的贷款，只付我的那部分，我也做不到。而且，不光是自己的那笔贷款，我还有随后必须考虑的6笔其他贷款。很明显，我和司各特先生这次在生意场上又一次发生分歧了。和我在那个时候经历的所有财政危机相比，这次分歧更让我痛苦。

我们的这次会面，竟然成了永别。那些被认为是最有实力的人的突然逝世震惊了全国。我猜测司各特先生的早逝可能是由于他无法接受这样的耻辱。他为人敏感而骄傲，对于即将到来的失败，他无比的痛心。在司各特先生去世不久，这家公司的合伙人也相继去世了，他们是：麦克曼纽斯先生和拜尔德先生。这两位先生和我一样，都是从事制造行业的商人，说真的，他们涉足铁路行业是一个错误的决定。

对于一个商人来说，在生意场上最危险的事情莫过于签订商业合同了。如果他能事先解决两个问题，也许就不会出现危险了。一、我是否有足够的资本去冒这个风险？二、如果造成损失，我是否可以为朋友出这笔钱？如果对这两个问题都能有肯定的答复，如果他是一个聪明的人，那么他就应该知道，他可以为朋友效劳，如果做不到这一点，那就只能放弃。如果他只是有足够的资本可以冒风险，那么他应该考虑如果按照朋友的要求，自己出这笔买卖的全部资金会不会更合适。我认为，一个人只要还有责任和债务，那他就应该为债权人的信赖而小心翼翼地支配他的钱。

虽然我没有跟摩根银行签订续贷合约，但是他们仍然邀请我第二天早上与他们一起乘坐他们的专车回纽约，对续贷的事情再次协商。对此我非常愉快地接受了。与我一起受邀的还有安东尼·德雷克塞尔。旅途中，麦克鲁夫先生对车厢进行一圈环顾后发出了这样的感慨："在我看来，我们的车厢里多数人都是'傻瓜'，聪明人只有一个。只有'安迪'购买我的股份没有欠下一元钱，对此事也无须承担任何责任，别的人都应该跟他学习。"

　　"我希望你能对我们讲一讲你是如何让这些麻烦远离你的。"德雷克塞尔先生说。我是这样回答他的:"我一直遵循着一项原则,如果我知道我无法承担这个合约的责任,那么我就不会在合约上签字。借用一位西部的朋友说过的一句话就是'过不了的河流就不要去蹚。'对我来说,我没有能力蹚过这条河。"

　　我严格遵循了这项原则,幸免于难的不仅是我,而且还有我的合作伙伴。其实,在我们的合作协议中早就有了明确的规定,除非为了公司的利益,以任何方式为自己动用数额较大的款项都是不被允许的。这也成为我拒绝在借贷合同上签字的一个原因。

　　这件事过去没多长时间,有一段时期,我去了欧洲很多次洽谈关于各类有价证券的事情,有3000万美元的有价证券在那里被售出。那时,虽然大西洋电缆开通了,但是纽约的发展还不像伦敦那样是一个金融中心。虽然美国给出的利息很高,但是伦敦的银行家们宁愿把钱借给巴黎、维也纳,或者柏林这样利息很低的地方。在人们眼中,美国没有欧洲大陆更让人有安全感。我虽然离开几个星期,但是公司的事务丝毫不用我担心,因为我的弟弟和菲普斯先生把钢铁生意管理得非常好。而他们则不希望我离开制造行业,而投入到金融行业中。我的成功给我带来了广泛的机会,但是我对制造业更情有独钟。我希望生产并出售一些与生活比较贴近的东西,然后把盈利的资金投入进去,把匹兹堡的工厂规模再扩大。

　　最初为吉斯通桥梁公司建立的小车间已经挪作他用。我们在劳伦斯威尔买下了10英亩的土地,新建了规模庞大的工厂。不断的投入使得我们的联合钢铁公司成为了美国此行业中的领导者,可以生产各种各样的型材。我们的事业非常有前途,我决定继续扩大钢铁生意的规模,于是就把在其他领域里挣得的所有剩余利润都用到钢铁生意上。我最初的设想是和宾夕法尼亚铁路公司的朋友把资金投到西部的州县投资铁路建设中期,但实际行动中,我没有这么做,而是把资金从所有这些项目里撤了出来。有一句谚语说"不要把所有的鸡蛋都放在一只篮子里",我的想法与之完全不同。我认为"把所有的好蛋都放在一只篮子里,然后看好那只篮子"才是正确的做法。

　　我认为,无论在哪个行业里,如果想要获得真正的成功,那就必须使自己成为那一行里的领军人物。我不认为把资金到处投放的做法是正确的。在我的经历中,一个涉足许多行业的人能够赚到大钱的并不多见,至少我没有在制造业里见过这样的人。一个人之所以能够获得成功，就是因为他选定一行并坚持不懈。但是，令人遗憾的是，在他们自己投资的行业中产生的巨额收益这一点却并没有多少人能看到。只要是从事制造行业，每一位制造商都会面临这样一个问题：淘汰并更新他工厂里的一些机器设备。但他们却不愿意花钱增添机器设备、更新生产技术，他们宁愿通过多领域投资获取大笔红利。但是，我所知道的大多数企业家的普遍做法是，把钱投入到股票中或投资其他行业，他们竟然把现成的金矿弃之不用，其实他们自己的工厂才是真正的金矿。

我一直在坚持这种思想，事实上，这一最基本的理论使我能比别人更好地管理我的资金。一个商人一生遭遇的最大挫折往往并不是因为投资于他的本业，而是因为对他并不在行的领域进行投资。我对年轻人的忠告是：不但要把所有的时间和精力都投注于一个行业，而且还要把所有资金都投入进去。如果业务无法再扩展了，创办一些其他具有成长性的行业也是不明智的，明智的策略是选一家一流的证券，把剩余的钱投入进去。这就可以获得稳健可靠的收益了。对于我来说，我很早就拿定了主意，我要全力投入到钢铁制造业，并要成为钢铁行业的龙头老大。

我的英国之行给了我很好的机会去结识钢铁工业中的著名人物——贝西默，他是行业中的领军人物，除了他之外，还有洛锡安·贝尔爵士、伯纳德·塞缪尔爵士、温莎·理查兹爵士、爱德华·马丁、宾格利、埃文斯以及这个行业中的其他重要人物。我被英国钢铁行业协会吸收成为会员，进入协会不久，我就当选为英国钢铁行业协会会长，我是第一位英国国籍之外的会长。对我来说这是我莫大的荣幸，起初我没有接受，婉言表示辞谢，因为我担心自己在英国的时间很少，没有足够的时间来履行会长的职责。

当年，我们因为建造桥梁而不得不介入钢铁制造，生产熟铁，而现在，我们觉得该生产生铁了。这便导致了1870年露西高炉的建立（如果我们当时能充分意识到这一项目的重大意义，我们一定会推迟实行）。我们时常从制造业的老前辈们那里听到一些有关我们新兴企业快速发展和扩张的不祥预言，对这些言论，我们没有丝毫的担心。我们觉得，建造一座高炉的资金和信心都不缺。

然而，我们发现我们把高炉的预算成本设置的太高了，实际支出还不到预算的1/2。对于我们来说，这是一个考验。克洛曼先生并不知道如何操作高炉。

但即便如此，问题也不大。露西高炉（这是以我弟媳的名字命名的）的产量比我们的预期要高出很多。当时，每天 100 吨的产量对一座高炉来说就是史无前例的了，这相当于以前一周的产量了。我们创造了纪录，很多参观者观看以后表示由衷的佩服。

然而，任何事情的发展都不是一帆风顺的，麻烦总是难免的。战后那几年，铁的价格从每磅 9 分跌到每磅 3 分，但这一时期对我们来说并不算什么难题。当时有许多公司都无法继续维持下去了，我们负责财务的主管每天都为调集资金而忙得昏天黑地。虽然我们遇到过很多的困难，但是我们公司的信誉却丝毫没有减损。但是，跟其他生意相比，更让我们操心的却是生铁制造。当时，惠特威尔先生在英格兰著名的惠特威尔兄弟公司的高炉被广泛使用上，对我们的帮助非常大。惠特威尔先生前来参观我们的露西高炉时，我把我们当时遇到的困难告诉了他，他当即就说：

"那是因为料钟的角度有问题。"

他把如何调整的方法告诉了我们。但是克洛曼先生对这一点迟迟不信，我力主制造一个玻璃的高炉模型，另外再做两个料钟，一个还是按露西高炉上的式样，一个按惠特威尔先生建议的那样。把玻璃的高炉模型做好之后，试验马上开始。结果正如惠特威尔先生预料的那样。因为我们的料钟摆放在高炉一侧较远的位置，所以偏离了密集中心，渗入部分气流很少。但是惠特威尔先生设计的料钟结构却能使气流穿过中心区块，远离周边密集区。这两种方式的效果很明显不同。露西高炉的难题就这样被惠特威尔先生的一句话给解决了。

惠特威尔先生是一个多么善良、大度的人啊，他没有狭隘的嫉妒之心，对他拥有的知识毫不藏私！作为回报，我们在有些部门学到了一些新东西，也跟他互通有无，以便能对他的公司有所帮助。（今天，当我写到这里时，我很高兴惠特威尔兄弟还有一位健在，我们一直保持着亲密的友谊。他曾在我之前任英国钢铁协会会长，算是我的前辈。）

第十三章　钢铁为主的年代

回头往前看，四十年以前，在生铁的制造业中，化学的作用竟然不为人知，这实在令人难以置信。而这本应该是最为重要的一环。那时候，高炉经理一般是一个粗鲁的家伙，通常是外国人，他的本事还包括能将他手下那些桀骜不驯之辈打倒在地，以示教训。在人们眼里，他具有一种非常奇特的能力，仅凭直觉就能判断出高炉的运行情况，就像他的同乡一样，探测到油井或是水井只需要一根椿树杆。对于患者来说，他是一个名不符实的名医，随便开些药方就打发病人了事。

我们的露西高炉遇到了一个接一个的麻烦，根本原因在于当时我们对各种矿石、石灰岩和焦炭的成分根本就不了解。这种事情变得越来越无法控制，我们对此非常痛苦。我们最终做出决定，把这位不能给我们解决问题，仅凭经验和直觉下定论的经理辞掉，安排一位年轻人来接替他的职位。年轻的运务员亨利·M. 柯里才能出众，因此我们决定任命他为高炉经理。

对露西高炉非常用心的人有很多，但是菲普斯先生对其是尤其关注。他每天都要去那儿看一看，为我们省去了不少麻烦。并不是说我们的高炉运行得不如西方其他的高炉良好，不能产生较好的效益。而是因为与其他的高炉比起来，它更加庞大，一点儿小小的异常都可能产生非常严重的后果。无论什么时间，他都会去露西高炉前看一看，即使在星期天的早上，他的父亲和妹妹出门去做礼拜时，他也不忘去看一看露西高炉。即使他和他们一起去教堂做礼拜，他也会虔诚地为露西高炉祈祷。在他心里，那是他最重要的事情。

接下来，我们要找一位化学家为柯里先生做助手兼向导。我们找的是一个德国人，他是一位学识渊博的人，他是弗里克博士，他为我们揭开了许多奥秘。我们认为的那些从优质矿山中开采出来的铁矿，现在却发现含铁量比通常认为的要少 10% 到 15%，甚至 20%。我们一直认为的那些劣质的矿山，如今产出的矿石却比我们之前认为的那些优质矿山中采出来的铁矿石更好。好的还不如差的，差的比原本好的还好，一切都颠倒过来了。可是在化学知识之光的照耀下，关于生铁冶炼的 90% 的疑团都被驱散了。

那一时期，竞争十分激烈，要求公司生产出最好的产品。然而我们的高炉却在此时停产了，因为我们使用一种含量很高很纯的铁矿石代替一种次等的铁矿石，这种铁矿石的出铁量比其他的矿石要高出 2/3。但是，这种高纯矿石需要太多的石灰来溶解，如此一来，我们的高炉遭到了很大的破坏。

我们的做法是非常愚蠢的！但那时我们却这样进行自我安慰：我们虽然很愚蠢，但是我们的竞争对手更加愚蠢。化学家已经被我们聘请来做了很多年的指导，但是我们的一些经营高炉的竞争对手却说他们没钱来聘请一名化学家。当时如果他们了解了真相的话，就会知道产量的提高源自于化学家的指导。回头去看，在高炉运作上聘请化学家作为指导的企业，我们是第一家，竞争对手说我们太奢侈的原因也正在于此。

我们科学管理的本钱没有白花，露西高炉终于给我们带来了回报，我们业务中获利最丰的部分就来自于露西高炉。我们发现了奥秘所在，就在 1872 年，我们决定再上马一台熔炉。与我们第一次试验相比，我们这次有了很多的经验，开支方面也节省了很多。我们不再只盯着那些有名的矿石，那些没有名气的矿石，以及许多公司都不愿意在他们的高炉中采用的产品，我们都买了回来。我们对那些因质量上乘而享有声誉的高价产品已经不再迷信。其中最有趣的一个例子就是密苏里州著名的派洛诺布矿山。如果评选最不受欢迎的矿产，那么他们肯定能当选。因为他们出产的矿石，可以用的只有很少的一部分，如果都投入使用，那么熔炉就会被阻塞。我们从化学知识中可以得知，那是因为磷的含量低而硅的含量很高造成的。但是如果经过适当的加工，那么它就是再好不过的矿石，它几乎是一种完美的矿石。我们知道了问题的症结所在，就大量购买了这类矿石，为此矿主对我们还表示感谢。

令人难以置信的是，在很多年来，我们用熔炉里提炼出来的含磷高的炭渣获得了非常大的利润，然后再从我们的竞争对手那里买进铁量丰富、含磷量较少的纯度炭渣。我们也曾经尝试着用高炉提炼烟道炭渣，但因为各种物质混杂在一起，高炉的运作就会受到影响。因此，多年被我们的竞争对手当作废料的炭渣一直都丢弃在匹兹堡的河边。有时，我们甚至能以劣质物品换取优质物品，并从中赚取一点儿利润。

但是，还有一种同样毫无根据的偏见，更不可思议，那就是人们认为氧化皮无法利用，而事实上，这是一种铁的纯氧化物。这使我想起了我的朋友，同是丹佛姆林的老乡，克利夫兰的奇泽姆先生。我们常在一起开玩笑。有一天，我去他的克里夫兰的工厂参观，正好看到工人们在把这些非常有用的氧化皮运到院子里。我问奇泽姆先生，他们将把这些东西弄到哪儿去，他说：

"拉到河边扔掉。我们的高炉经理说这些东西在高炉里熔化不了，已经没有用了。"

我当时一句话也没说，但回到匹兹堡后，我决定跟他开个玩笑。当时我们公司有个年轻人叫杜·普维，他的父亲正在匹兹堡试验自己发明的一种炼铁程序，并因此而闻名。我派杜·普维到克里夫兰出面，跟奇泽姆先生的公司签订了一份购买氧化皮的合同。他去了，以每吨 50 美分的价格买下了所有的氧化皮，并运了回来。我们通过这种方式，收购了很长一段时间他们的氧化皮。我一直希望奇泽姆先生能发现这个事情的真相。但是还没等我告诉他这件事，他就离开了人世。但是，他的继任者却很快就学会了我们的方法并照着做了。

贝西默炼钢法的进展情况是我非常关注的。我知道这个方法的成功与否，直接决定着铁的命运，如果能够成功，那么铁的地位就会被钢取代，铁的时代将会成为过去式，未来就会成为钢的时代。宾夕法尼亚路易士顿自由铁厂的总裁约翰·A. 赖特是我的朋友，为了对这项新方法进行调研，他专程去了一趟英国。他是我们最好的、经验最丰富的制造商之一，他决定要极力劝说他的公司建立贝西默式工厂。他的想法没有丝毫的问题，只是行动上还不到时候。他的资金预算远远没有满足实际的需求。不仅如此，当时这一方法即使在英国，也还没有进入实际操作阶段，想要引入美国并一次运作成功，这几乎是难以实现的。试验就是一个时间漫长、耗费资金的过程，对于这一点，我的朋友做的准备还是不够充分。

后来，当这一方法在英国试验成功，并应用在钢铁工业上时。资本家们开始在哈利斯堡兴建现在的宾夕法尼亚钢铁公司。同样的，他们也得经历试验阶段，如果在关键时刻这个钢厂没有得到宾夕法尼亚铁路公司的支助，那它已经胎死腹中了。正是汤姆森总裁，这个目光远大而又才能卓著的人，向董事会建议，向钢厂投资 60 万美元，以保证日后铁路所需的钢轨供应。最后的结果证明了他这一决断的正确性。

铁轨的替换问题成为宾夕法尼亚铁路以及其他重要铁路线上极为重要的事情。我通过观察发现了一个问题，在匹兹堡的某些曲线路段以及连接宾夕法尼亚和韦恩堡的路段，这里的铁轨只能用 6 周，最多能支撑 2 个月，然后就得更换新的铁轨。在贝西默炼钢法没有成功之前，我就向汤姆森总裁建议，他应该关注英国的道兹先生的研究成果，他发明的铁轨顶端碳化工艺取得了很好的成效。为了得到道兹先生的专利使用权，我特地去了趟英国。回来后我又建议汤姆森总裁拨款在匹兹堡进行试用，此项费用需要 2 万美元，他对此表示同意。我们建立起熔炉，为宾夕法尼亚铁路公司处理了好几百吨铁轨，经过比较，证明效果非常好。我们在一些最繁忙的路段装上这些铁轨，结果发现，汤姆森先生资金的投入将会得到巨大的回报。如果贝西默炼钢法没有获得成功，我依然坚信，只要我们改良道兹工艺，这也足以被广泛采用。但是，与贝西默炼钢法生产出的坚不可摧的钢材料相比，其他的炼钢法炼出的钢材简直是太差了。

约翰斯顿（离匹兹堡不远）的威尔士钢铁公司是全美铁轨生产的关键企业，他们决定建立一个贝西默工厂。这种做法我在英国见过，令我非常满意。这项技术所冒的风险并不大，只需投入少量的资金，就可以把事情做成功。这个新工艺被威廉·科尔曼先生发现之后，他也产生了同样的想法。我们一致认为，在匹兹堡加入钢轨制造业是一个明智之举。科尔曼先生成了我们的合伙人，大卫·麦克坎莱思也是我们亲密的战友，我父亲去世时他对我母亲的慷慨帮助，使我永生难忘。约翰·司各特先生和大卫·A. 斯图尔特先生，还有其他人也都加入到我们的行列。宾夕法尼亚铁路公司的正、副总裁埃德加·汤姆森先生和托马斯·亚·司各特先生也成了股东，对于钢的发展，大家一致认为前景非常广阔。1873 年 1 月 1 日，钢轨公司终于成立了。

选址问题是我们面临的第一个问题。他们推荐的任何一个位置我都不太认可，这个问题到最后我只能去匹兹堡和我的合伙人进行商谈。这个问题一直萦绕在我的脑海里，直到星期天早上，当时我在床上躺着，我的脑海中突然出现了一个地方。我赶紧起床叫醒弟弟：

"汤姆，你和科尔曼先生说的那个地方是正确的，工厂就应该设在布拉多克斯，那里处于宾夕法尼亚、巴尔的摩和俄亥俄之间，还有一条河，地理位置是美国最好的。让我们以亲爱的朋友埃德加·汤姆森的名字给工厂命名。我们马上去找科尔曼先生，一起出发去布拉多克斯。"

当天，我们就去了布拉多克斯，第二天早上，为获得这块地产，科尔曼先生使出了浑身解数。这块地的产权人是麦金尼先生，他的要价实在是非常高。我们给这块地的预期购买价格是每亩500到600美元，但是我们实际买下它的时候已经达到了每亩2000美元的价格。但此后，当我想要再扩建时，每亩地的价格已经到了5000美元。

我们要在布拉多克斯打过仗的地方建造我们自己的钢轨厂。很多战争中遗留下来的东西——刺刀、剑等在挖地基时都被从土里挖了出来。当时，丹佛姆林的市长亚瑟·海尔基特爵士和他的儿子都在这里长眠了。人们对他们是如何到这里来的感到非常好奇。这是一段不能被遗忘的记忆。那时候，这座英国城市的宪兵司令是贵族成员，他们享有荣誉却不履行他们的责任。在商界中，没有人被认为是适合这一职位的。即便在今天的英国，这一贵族观念依然残留了下来。那里几乎不存在什么人寿保险公司和铁路公司，仅有的制造企业的主人肯定是贵族的，一些著名的人物享有总裁的荣誉，却丝毫也没有履行他们应尽的职责。丹佛姆林的市长亚瑟·海尔基特爵士就是这样一位上流社会的绅士，这个地方就是他战死的地方。非常凑巧，曾经有两位丹佛姆林人在这块土地上丧生，现在，另外两位丹佛姆林人即将把这里变成生产钢铁的地方。

另一个有趣的现象不久就被发现了。1904年，约翰·莫利在匹兹堡卡内基学院的独立日演说中，提到了福布斯将军占领匹兹堡一事，并且在写到皮特首相时也说他曾在匹兹堡再次受洗。当时，这位福布斯将军出生于格林，是皮特克利夫的地主。格林让我在1902年买了下来，我把它捐赠给了丹佛姆林作为公园。因此，两位丹佛姆林人都是皮特克利夫的领主，匹兹堡是他们的主要工作地点。其中一个为匹兹堡起了名字，另一个为匹兹堡的发展而贡献了自己的能力。

我们想以埃德加·汤姆森的名字给炼钢厂命名，这是出于我们对他的尊敬。但当我在征求他本人的意见时，他却给出了这样的回答："就美国的钢轨而言，前景还不甚明朗，它们还没有建立起比较完善的声誉，出于对我的声誉的考虑，我不希望自己的名字与它有任何的关系。"我充满自信地告诉他："首先，钢轨生产确实是还处于试验阶段，不过，如今的美国已经可以生产出跟国外一样异常优质的钢轨了，我相信，我们生产的钢轨肯定会享有像吉斯通桥梁和克洛曼轮轴一样的美誉的。"听了我的话，他对用自己的名字命名表示同意。

在我们选址建厂的时候，汤姆森先生迫切地希望我们在宾夕法尼亚铁路沿线购买土地，他总是最先想到自己的公司。这样，宾夕法尼亚铁路将垄断我们所需要的运输。几个月后，他来匹兹堡视察时，我在宾夕法尼亚铁路公司匹兹堡分部主管职位的继任者罗伯特·皮特克恩先生告诉他，布拉多克斯是新工厂的厂址，他们的铁路线会经过那里，经过那里的还有竞争对手巴尔的摩公司和俄亥俄公司的铁路线，还有一个比其他两个更具优势的竞争者——俄亥俄河。我后来听罗伯特先生说，当时汤姆森先生眨巴着眼睛对他说：

"安迪应该把他的工厂往东移几英里。"但是，汤姆森先生很明白为什么选这样一块地作为新工厂的厂址。

1873 年 9 月，当金融危机来临时，我们的工厂已经有了很大的发展。我经商生涯中最焦虑的时期就是在那个时候。一天早上，我们正在克雷森阿勒格尼山的夏日别墅里度假，一切看起来都很完美。但是我们突然收到了一封电报，杰伊·库克银行被宣告倒闭了。此后，几乎每小时都有坏消息传来。银行一家接着一家倒闭了。每天早上，我都会担心下一个会是谁。而随着银行的倒闭，其他企业的资金来源被切断，于是也纷纷破产，最终导致了整个经济的大瘫痪。这次危机暴露出了很多问题，许多本应该很有实力的银行的倒闭，在很大程度上，其原因是我们国家缺乏一个健全的合适的金融体系。

债务问题并不需要我们过分担心。我们不欠别人的债，但是别人欠我们的债却非常难以追回。我们担心的不是我们如何去付账，而是我们怎么才能把账收回来。很快，我们不得不将两者对冲抵消。甚至连我们自己的银行也不希望我们提款。有一件事情非常现实地反映出了当时的货币状况。有一次，我们该给我们的工人们发工资了，要有 10 万美元的小额钞票才能把工资发出去，为了能筹集这笔钱，我们多付了 2400 美元的佣金才在纽约弄到，然后通过快递运到匹兹堡。当时，就算有最好的担保也没办法借到钱。不过，我出售了自己保存的有价证券得到了很大一笔钱——公司决定日后会将这些有价证券重新买回来的。

当时，匹兹堡周围的铁路公司因为购买我们的材料，还欠我们一大笔款项。我记得去找福特·韦恩铁路公司的副总裁邵先生，告诉他我们现在得拿到我们的那笔钱。他回答说：

"我们确实欠了你的钱，你确实应带拿回你的钱，但目前我们遇到的情况很特殊，我们无法支付这笔钱。"

"很好，"我说，"如果你这么做，我们也会向你学习，我们也不会支付你们的运费。我现在就下令，你们一分钱的运费也别想拿到。"

"好的，如果你真的这么做的话，"他说，"你们的供货将会马上中断。"

我说我们可以这么做。铁路公司根本不可能做出那么极端的事情。事实上，我们没给他们结算运费已经有一段时间了。很简单，当他们的客户停止付账的时候，匹兹堡的制造商自然也不能支付银行的贷款。因此，银行不得不将到期的债务作续借处理。银行的这一做法对我们是有利的，因为银行一直都是这么做的，所以我们就安全地度过了危险期。但是像现在这样的紧急情况，如果能筹集到尽可能多的现金留存在企业里是最好的，这样不管有什么事情发生，我们再也不用担心无法应付了。

在这次金融危机中，所有合作伙伴中，最先感到极度焦虑不安的人就是我。我几乎要失控了。直到我了解了我们的经济实力时，我的心里才平静下来。我已经知道该如何去面对这一切了，我作好了充分的准备，必要时，我会去逐家拜访各家银行的负责人，把我们公司的整体情况详细地介绍给他们的董事会。我觉得这样做并不是我们丢脸。我们公司的人在生活上并不铺张浪费，恰恰相反，我们过的是节衣缩食的日子。用公司的钱去建豪宅不是我们公司的人所能做得出来的。尤其是，我们公司的人从来不会从事股票投机活动，或是投资与我们主营业务无关的其他行业，我们与其他企业互作交易担保的事情更是不会发生。除此之外，我们展示出来的是一个欣欣向荣的企业，每年都在盈利。

我可以微笑着消除伙伴们的恐惧，但是没有人比我更加乐于谈起我们公司的财政状况。科尔曼先生，我真诚的朋友，他总是有很多的方法和极好的信誉，也从未拒绝主动给我们他的保证。正是这样，我们是危机中仅存下来的企业。威廉·科尔曼对我们来说，是唯一在危难时刻可以信赖的人。在我写下这些之前，这位伟大的老人不知如何。他的爱国精神永无止境。有一次他去工厂视察，按照规定，7月4日国庆日这天，他们不需要上班了，然而他却发现一群工人正在修锅炉。他把经理叫来问为什么还有工人在干活，然后下令所有干活的工人马上放下所有的工作。

"难道你们一定要在国庆日工作吗？"他大声喊道，"你们有许多个星期天不可以用来修锅炉吗？"他怒气冲天。

当1873年的风暴袭来时，我们立刻开始在所有的商业领域收帆减速。虽然极不情愿，我们还是决定暂停新钢厂的建设。而有几位已经入股的投资者，也拿不出购买股票的钱了。我只好将他们的股份买过来。就这样，钢厂的控股权到了我的手里。

与证券交易有关联的金融界是受这场风暴最先影响的，没过多久，商界和制造业也受到波及。但情况发展得越来越糟糕，最后终于引发了得克萨斯——太平洋公司的破产，我的许多朋友因此而受到影响。对我来说，这是一个沉重的打击。我和得克萨斯公司的董事的关系非常密切，人们根本不相信我没有参与他们的金融债务。

司各特先生和汤姆森先生受窘的消息传到匹兹堡汇兑银行总裁斯考恩伯格先生那里时，他正在纽约。他急忙赶回匹兹堡，并在第二天召开董事会，指出这不可能不牵涉到我。他提议银行不应该给我们的票据更多的折扣优惠。他没有想到我们的保证金和折扣有如此之多。如果我们不马上采取行动，就会发生非常严重的后果。我乘坐最早的火车赶到了匹兹堡发表声明，我确实是得克萨斯公司的股东，但我所持有的所有股份已经全部付清了。我跟他们一分钱的债务关系也没有，他们的债务和资产与我没有丝毫的关系，我为此不需要承担任何责任。我需要负责的只有自己的公司，对于此事，我已经做好了以我自己的财产作担保的准备，公司的任何债务我都不会拖欠。

一直到这时，商界都认为我是一个大胆无畏，甚至是一个不计后果的年轻人。我的业务范围广泛，公司发展很快，虽然还很年轻，我已经运作数百万美元的资本。匹兹堡的老一辈认为，我的事业将会比现在的情况更加辉煌灿烂。我认识的一位资深人士公然评说："即使安德鲁·卡内基不够聪明，他的运气也会帮助他。"但我认为，事实比任何什么东西都更能说明问题。我确信，很少有人会认为我不会为自己和合作伙伴冒风险。如果我要干一番大事时，总能得到一些像宾夕法尼亚铁路公司这样的大企业在背后支持我。我有着苏格兰人特有的谨小慎微，但对匹兹堡制造业的老前辈们来说，无所畏惧显然是我很多时候的特征。我跟他们的区别就在于，他们已经垂垂老矣，而我则血气方刚。

匹兹堡的金融机构对于我们的公司由担心很快就转变为有点莫名其妙地充满信心。我们的信誉是无懈可击的。因此，即使在金融危机时期，主动要求借钱给我们的银行还在不断地增加，就好比那家历史悠久的银行，当其他银行的存款日益下降时，它的存款却比任何时候都多。在美国，只有这家汇兑银行可以使用黄金支付，用现钞来还债，受到法律的保护，在他们看来是非常丢人的。它们几乎不对外发放宣传广告，但我觉得，他们的这个做法本身就是一个很好的广告。

不光司各特先生和汤姆森先生陷入困境，其他朋友的日子也不好过。后来，我们的合作伙伴安德鲁·克洛曼先生遇到的麻烦更大。我们发现，有一群投机分子给他设了一个圈套，让他给埃斯卡纳巴炼铁公司投资了。在他眼里，这家企业是非常有希望能成为一家股份制公司的，但是还没等它成为股份制公司，它就欠下了大约70万美元的巨债。克洛曼先生被逼得走投无路，最终他选择破产。

这个事情带给我们的打击是从来没有过的，克洛曼先生是我们生意上的合伙人，我们自身做的就是钢铁生意，他不能再往别的钢铁公司投资了，在我们不知情的情况下，他不能在其他任何一家公司牵涉到个人债务。对于生意来说，合作伙伴是没有什么话不能说的。克洛曼先生没有遵守这条原则，痛苦的不但是他自己，而且也给我们的公司带来了危机。不久之前，与我们关系密切的得克萨斯——太平洋铁路公司便陷入了困境。一时间，我心存疑惑，是否真有可信的东西存在？哪里有我们可以依靠的根基？

如果是一位商人做出这种事情，那么我们在这件事发生后就不会接受他成为我们的合伙人。但克洛曼先生不是，他只是一位机械师，非常出色的机械师，他只是比别的机械师更有商业天赋。在办公室里从事管理工作是克洛曼先生的理想，但这样的工作并不是适合他的；在工厂里搞创造发明才是他最得心应手的工作，工厂才是能发挥他聪明才智的地方。我们无法给他安排一个能满足他的需求，并能留住他的岗位，直到他找到出路为止。可能是行业里有一些有名气的人对他说了一些阿谀奉承的话，那些别有用心的人就开始接近他并告诉他，他不但拥有机械师的头脑，而且还有极高的商业天赋。我们作为他的合伙人，对这一点很清楚，我们曾经善意地提醒过他，可他对此并不认可。

破产之后的克洛曼先生终于获得了自由，我们打算把我们公司10%的股份给他，他可以用自己的红利来偿还这笔钱，不存在任何风险，一直到他还清债务。当然，我们给他开出这样的条件肯定是有要求的，即：他只能在我们的公司工作，不为任何公司提供经济担保，工厂的业务管理不用他插手，只需做好他的老本行——机械发明就可以了。如果他能听从我们的劝告，接受我们的条件，也许大富翁的名单上早就有他的名字了。但他没有抓住这个机会，这也许是他太骄傲自满，也许是源自于他的家庭。他依然对商业投资感兴趣，我们的合伙人都劝他不要这样做，但他很固执地认为是对的，并且开了一家新公司与我们竞争，公司经理由他儿子担任。事情的结局很悲惨，他失败了，而且过早地离开了人世。

我们往往不知道自己最适合干什么，不仅得心应手，还充满了乐趣。这是多么愚蠢啊！我所认识的这样的能干的人不止一个，他们将自己困在办公室里，尽管自己有机械方面的极高的天赋，却非要坚持待在办公室里，把自己弄得疲惫不堪，承受着忧虑和焦灼，使他的生活不断地处于痛苦中，最后的结局不但是事业失败了，也使生命更早地结束了。克洛曼先生的离开简直是太遗憾了！他是一个善良的人，机械方面的天赋非常高，如果他听从我们的劝告，我相信我们会相处得非常快乐的。那些人给他设了圈套，但他却扑了个空，这使他把自己的人生轨道改变了，最终使他从一位天才机械师变成了一个失败的商人。

第十四章　合作、出书与环球之旅

威廉·伯恩特莱格成为克洛曼先生离开我们之后工厂的负责人。一提起威廉，我总是特别愉悦。他是一个不会说英语的、来自德国的年轻人，我们之所以聘用他，这跟他是克洛曼先生的远亲有关系。刚开始，他的表现平平，各方面表现均不突出，但他很快学会了英语，周薪6美元的运务员是他的最初职位。机械方面的知识他一点儿也不懂，但是他有热情、很勤奋，并且坚持不懈，刻苦执着，工厂里的所有事务他很快就熟悉了，他积极参与其中，他的身影更是随处可见。

威廉是一个个性非常鲜明的人。他始终保持着德国人的说话方式，因此他留给别人印象最深刻的，就是他那颠来倒去的英语。可他的管理水平却是非常高的，在他的管理下，联合钢铁厂成为我们企业收益最高的部门。几年的工作使他疲惫不堪。我们打算给他放个长假，让他到欧洲走一走。他在路过纽约时，找我说与重返德国相比，他更迫切地希望回到匹兹堡去。在华盛顿纪念碑的楼梯上，在其他公共建筑中，他看到我们生产的横梁时说：

"这太让我激动了，我想立即回去，看看工厂里是否一切正常。"

威廉是每天第一个到厂里，最后一个离开的员工，他做到了以厂为家。他是被我们纳入的入股的年轻人之一。我记得，在他去世之前，他的年收入已经达到了5万美元，他的收入与他的付出是成正比的。他给我们留下了很多故事。有一次，在董事会的周年庆祝宴会上，每个人都要作简短的发言，威廉说出了这样的话：

"先生们，为了提高利润、降低成本，我们每个人都要各尽其职。"他那不标准的英语让在座的人大笑不已。

埃文斯上尉曾有一段时期出任政府派驻我厂的检查员。他是个很严格的人，与威廉总是有各种不同的冲突。我们尽量让威廉清楚与政府官员搞好关系的重要性。威廉的回答是：

"我的雪茄总是被他拿去抽（上尉真是过分！那种一分钱一支的劣等雪茄他也看得上）。而且，他总是对我们的产品横挑鼻子竖挑眼。唉，好吧，明天我会向他认错的。"

后来上尉笑着对我们说，威廉是这样道歉的：

"你好，上尉，我希望今天早晨没让你生气。我不是有意要让你不高兴的，上尉。"说完，他把手伸出来，两人握手言和了。

有一次，威廉跟我们的邻居詹姆斯·帕克（他是匹兹堡钢铁制造业的先驱）做了一笔旧钢轨的买卖。帕克先生发现威廉卖给他的那批铁轨的质量不是一般的差，就要求我们赔偿他的损失。这件事由威廉和菲普斯先生共同处理。菲普斯进入帕克先生的办公室时，威廉并没有进去，而是在工厂里到处寻找那批有问题的材料，但没找到。威廉终于明白了帕克先生真正的意图。他走进办公室就先发制人：

"帕克先生，你说我们卖给你的那批旧铁轨质量太差，那就请你们把它们给我退回来，我们可以给你们每吨 5 美元的收益。"此时威廉很清楚，帕克先生已经把这些材料用完了。帕克先生无话可说，这件事就这么不了了之了。威廉取得了这场交易的胜利。

在他从德国回来之后，有一次我去匹兹堡，威廉跟我说他有些"特别"的事情要告诉我，这些事情不能告诉其他人。他在德国时，曾花了几天时间去拜访了一个教授，他以前的一个同学。

"卡内基先生，在他家里，我受到了他妹妹的盛情款待。我从汉堡回来时，还特意给她带了一份小礼物，于是她就给我写了一封信，我又给她回了一封信。从此，我们开始进行书信往来，然后我问她愿意嫁给我吗？她在写给我的信中说她愿意。我说你来纽约吧，我们在那结婚。但是，卡内基先生，她的家人对公司和工厂的情况都不了解。她哥哥给我写了一封信，希望我能回德国和她结婚，可我不能放下手里的工作。你说我该怎么办呢？"

"你应该再回德国一趟。是的，威廉，你应该回去。我想，你如果这么做，他的家人会感觉更踏实一些。你马上回德国，跟她结婚。这里的事情由我处理。"就在他要回德国时，我说："威廉，嫁给你的一定是一位漂亮、高挑、完美无瑕的德国姑娘。"

"噢，卡内基先生，她可一点儿都不瘦。如果让我把她抱起来的话，转一圈我就会累趴下。"

1912年6月的这天早上，我发现当我再次读到这个故事，还有"每个人都要各尽其职"这段话时，我还会忍不住哈哈大笑起来。

菲普斯先生原来担任铁厂商务处的主管，后来我们公司的规模扩大，钢厂更需要他，就提拔了另一个年轻人威廉·L.艾伯特接替他的位置。艾伯特先生的履历与伯恩特莱格有某些相似之处。他刚来时的工资很低，但很快就做到了重要的职位，负责铁厂的业务。他跟伯恩特莱格一样，也成了公司的一名股东，后来做到了公司总裁的位子。

由于露西高炉的出色管理，柯里先生也成了我们的合伙人，他的股份跟其他人的一样多。要想做一个成功的企业，就必须培养优秀员工。我们最终把卡内基公司和麦克坎德利斯公司转并入埃德加·汤姆森钢铁公司。起初，这个决定遭到了我弟弟和菲普斯先生的反对，但经过慎重的考虑，他俩最终同意了我的决定。这对我们三个人来说，都是一件正确而幸运的事情。

从我的经验中总结出这样的结论：不同行业的没有经验的人在一起开公司，不会很出色，必须要有变革。埃德加·汤姆森钢铁公司也是如此。我们在开始制造铁轨前，就聘请了一位因精明能干远近闻名的铁路部的管理人员，但他却不对科尔曼先生的"胃口"。为了解决这个问题，科尔曼先生的股份就卖给了我。然而，事实证明，科尔曼先生做出的判断是非常明智的。我们聘请来的这位管理人员的本职工作是铁路审计，账目方面做得很精细，但他太年轻，在制造业方面根本就没有什么经验，期望他一进入这个行业就能成功，是不现实的。让他做制造钢轨的工作，既没有理论上的支持，也没有相关的技术培训。作为一位审计员，他可能非常称职，但是我们明显对他在制造铁轨方面的期望太高了。

工厂终于要开工了，审计员将一份组织计划提交给我审批。我在他提交的组织计划中看到，他把工厂分成了两个部门，苏格兰人斯蒂文森先生负责一个部门，后来他成了一位口碑很好的制造商；琼斯先生负责另一个部门。毋庸置疑，这样的组织计划我是不会批准的，在一家公司里，如果两个人有一样大的权力，这肯定是行不通的。这就跟部队打仗同时有两个权力一样大的指挥官，一艘船有两位船长，一家制造企业有两个老板一样，就算他们所在的部门不同，但同样会很麻烦。我说：

"这样做不妥。斯蒂文森先生和琼斯先生，之中只能有一个成为管理者，他只能向你负责。"

最后，我们决定让琼斯先生担任领导。后来，他在贝西默炼钢行业名声大噪。

琼斯先生年富力强，干劲十足，从他不高的个头儿可以看出，他是威尔士人。他没来我们公司之前在约翰斯顿的一家邻近工厂做机修工，到我们这儿时的日薪只有2美元。但很快我们从一件小事上发现他非常具有可塑性。南北战争时期，他是一名出色的志愿兵，在我们公司当了领导后，遇到问题也从来没有逃避过。埃德加·汤姆森公司的成功在很大程度上有他的功劳。

后来，他没有接受我们给他的股份，如果他接受了公司的股份他早就成为百万富翁了。有一天，我对他说，跟他现在的薪酬比，那些持有公司股份的一些年轻人比他的收入要高，接收他成为股东是我们一致同意的，并且我们不需要他承担经济责任，他的股本可以用红利来支付。

"不，"他说，"公司的运营状况不应该是我考虑的事情。工厂里的这些事情已经让我很充实了。如果你觉得我的付出跟收入不成正比，那请给我加薪吧。"

"好的，领导，美国总统也会羡慕你的工资的。"

这位瘦弱的威尔士人对我说："就这么说定了。"

一开始，我们并不被钢铁行业的竞争对手们看好。他们在创业初期遇到了很多困难，也认为我们跟他们一样，不会很快就能走上正轨，他们根本就没把我们当成他们的竞争对手。最初，我们以每吨大约70美元的价格报给了全国各地的代理商，这在当时算是最优惠的价格了。当我们收到很多订单时，竞争对手才注意到这点，而对我们来说，这是一个好的开始。

我们的机器非常精密、方案做得很成功，工人全是由琼斯先生精心挑选出来的老手，加上他英明的领导，我们相信，我们很快就会成功。事情也真的向我们预想的方向发展。很快，我们赚了11000美元，我们创造了纪录。我们完善的会计系统也是应该得到赞扬的，我们精确的利润额就是它帮我们算出的。因为我们有开办铁厂的经验，所以我们知道精确的统计极为重要。我们严格把控生产过程，派人专门对材料在部门之间的传递进行核对，这使得提高利润有了保障。

钢铁厂的未来非常美好，我要考虑我的环球旅行了。1878 年的秋天，跟我一起出发的是 J. W. 范德沃特先生（范迪）。我出发时在身边带了几个便笺本，目的是为了记录些东西，那时还未曾考虑出书。我想，印一些笔记在亲朋好友间传阅也是一件美事，自己写的东西被印成文字总是让人高兴的。印刷厂把我写的这些东西送到我面前时，我又重读了一遍，我不知道该不该让它们跟我的朋友们见面。最后，我决定：把它们送出去，听听大家说些什么。

如果一本书是专门为朋友们所写，它肯定会受到欢迎。因此我担心我的这些笔记不会有好的影响。但是我错了，我没想到朋友们非常热情，这本书得到了人们的认可，或者至少得到了一部分人的认可。赞美词是每个作者都想听到的。费城的大银行家安东尼·德雷克塞尔是最早给我来信的，他说他几个小时的睡眠被我抢走了。他一翻开这本书就想一口气看完，一直读到凌晨 2 点才结束。这样的信我收到了好几封。记得亨廷顿先生有一天早上见到我就说，他正准备要好好地表扬我一番呢。他是中央太平洋铁路公司的总裁。

"为什么呢？"我问道。

"噢，你的书我看完了。"

"是吗，"我说，"那算不上表扬。朋友们都是这么做的。"

"噢，是的，但也许我跟其他朋友们不一样。我这些年来，账本倒是经常读，书却很陌生了。你的书我一翻开就不想停。5 年来，我从头读到尾的只有账本。"

这本书的印量越来越大，这让我越来越多的需求得以满足。就这样，《环球旅行》公开出版了这本书，"作家"的头衔降临到我的头上。

我因此次旅行而开启了一扇新的窗户，我的世界观得以改变。我对斯宾塞和达尔文的学说产生了浓厚的兴趣，当时他们正处于顶峰时期。我把进化论的观点融入人生的各个阶段。我到了中国，读了孔子；在印度时，佛经和印度圣典成为我的必读书；我在孟买，从帕西人中了解了拜火教。这次旅行的收获之一是让我得到了某种精神上的宁静。我的混乱的思维开始变得条分缕析了，我的头脑开始安静了。我终于明白了人生的真正意义。我对基督教所说的"天堂就在你心中"有了新的认识。不是过去，也非未来，而是现在，天堂就在我们心中。此刻这个世界上的所有责任，都需要我们富有耐心的努力，一旦僭越，便只会得到毫无结果的虚无。

那些伴我长大的宗教理论——斯维登伯格教派留给我的所有印象，现在都不再对我产生影响，也不再能左右我的思维。我发现，任何一个民族的信仰蕴含着的都不全是真理，即便这种信仰被认为是神的指引；同样，并不是所有的民族都是愚昧落后的、没有任何真理可言的。每个民族都有自己的圣者先贤，佛、孔子、琐罗亚斯德拜火教的创始人。、基督耶稣，他们都是这样伟大的人物。我发现，所有这些教义在伦理学上有相同的地方。

此时，《亚洲之光》出版了，作者是埃德温·阿诺德，这是一本我近期读到同类诗集中最让我喜欢的书。我刚从印度回来，跟这本书有一种一见如故的感觉。作者听到了我对这本书的赞赏。后来，我们在伦敦相识，并收到了埃德温·阿诺德的原文手稿，在我所有的收藏中，这是最珍贵的。就算不赚钱，环球旅行的人也应该把自己的经历写出来。跟环球旅行相比，其他任何旅行只会带给我们一种局部的、模糊的印象。可如果你周游了全世界，你会觉得世界上的一切你都见识过了（当然只是一个概貌）。两个半球组合成了世界，世上每一个地方的人们都在与命运抗争。

如果做环球旅行的人认真研读每个东方国家的宗教经典，他将会得到很多教益。他将会有这样的体会，人们总是认为自己的宗教信仰是最好的。他们为生养自己的土地而自豪。大部分国家的人通常感觉幸福，很多人一定会说："金窝银窝，不如自家草窝。"

我的《环球旅行》一书中有两处描述或许可以说明这一点。摘录如下：

在新加坡附近，我看到人们正忙着干活，孩子们没穿衣服到处跑；他们的父母穿的衣服也很平常，甚至有些破旧。他们注意到了我们。我们让导游去跟他们说，我们是从另一个国家来的。这个季节里池塘的水会结冰（我们面前有一个池塘），我们可以直接从冰上走过，有时候冰结得非常的厚，马甚至马车都可以在宽阔的河面上经过。他们对我们的装束感到好奇，并问我们为什么不过来和他们一起住。看起来，他们真的十分快乐。

还有一则是：

我们还去看了拉普兰人的驯鹿营。与我们一起去的是船上的水手。当我们步行回来靠近挪威海湾时，向对岸眺望，看到几间散落在周围的棚屋，还有一幢正在建盖的两层楼房。"那幢在建的楼房是干什么用的？"我们问道。

"那是一位特罗姆瑟人的家，他在那里出生，赚得盆满钵盈后回来安家。他有的是钱。"

"你跟我说过，你周游了世界上的各个地方，比如伦敦、纽约、加尔各答、墨尔本，以及其他地方。如果你也像那个人一样财源广进，上了年纪的时候，你打算把家安在哪里？"

他眼里光芒闪闪，说："啊，再没有比特罗姆瑟更好的地方了！"

这里处于北极圈中，一年中有一半时间是黑夜沉沉，然而，特罗姆瑟是他出生的地方。那里是他的家，温馨甜蜜的家！

在自然状况与自然法则的限制下，人们的生活会存在各种问题，有些情况看起来并不完美、并不公平，甚至是有些残忍的，但我们也会为世间存在许多美好的和快乐的事深受感动。无论家在何方，人们对家的热爱，总是这些令人感动的美好中的一个。我高兴地发现，这种情感并不受限于任何一个种族或国家，每个民族对家都怀有至深的眷恋之情。

上帝并没有忽视任何一个民族。

第十五章　长途旅行和结婚

　　1877 年 7 月 12 日，我第一次获得了家乡丹佛姆林授予的荣誉市民称号，这对我而言是莫大的荣幸。我激动万分。自瓦尔特·司各特爵士成为英国议员之后，在我之前只有两人获此殊荣。我的父母经常跟我提起瓦尔特，他们说有一次曾看见瓦尔特正在描绘丹佛姆林大教堂。作为荣誉市民，我要发表一次演说进行答谢。可是说什么好呢？对此我很是犯愁。我舅舅贝利·莫里森是一位演说家，我便跟他说了自己的打算，那就是，我要掏心窝子地去说，怎么想的就怎么说。舅舅听完我的话后，用他那充满智慧的话告诉我说：

　　"那样说就很好，安德鲁，没有比把你的真情实感表达出来更好的演讲了。"

　　对于年轻的演说家，我有一条建议可供参考。那就是，当你站在观众前面演讲的时候，只要想着他们也是普通人，就如日常中跟他们聊天一样就成了。除非你想刻意改变自己的风格，否则就没什么可尴尬的，就当在办公室里和自己人交流一样。你只管自然地做好自己即可，没必要因为伪装而失去自我。英格索尔上校是我所知道的极富感染力的演说家，我曾经问他，演讲的感染力是怎么来的？"演讲者要避免左顾右盼，摇摆不定，"他说，"你只要做你自己即可。"

　　1881 年 7 月 27 日，我在丹佛姆林又作了一次演讲。那次，母亲来为我捐建的第一座免费图书馆奠基。很多年前，丹佛姆林的 5 位纺织工将自己的藏书集中到一起，创办了镇上最早的一家图书馆，向乡邻开放。我的父亲便是创始人之一。丹佛姆林把我捐建的建筑命名为"卡内基图书馆"。建筑师想把我的金色盾徽放到雕像上，但我建议他应该在大门的上方雕刻一轮光芒四射的太阳，再配上一句格言："让阳光普照。"他采纳了我的建议。

　　我组织了一支马车队去丹佛姆林。早在 1867 年，我和乔治·兰德、亨利·菲普斯在穿越英格兰的时候，就产生了这个想法：与一群好友组成团队，驾马车旅游，从英国南部的布莱顿码头出发，一直到苏格兰的因弗内斯。如今，我的梦想变成现实了。1881 年春天，我们一行 11 人，从纽约乘船出发，享受生命中最愉快的一次旅行。这次长假让我从繁忙的商务活动中解放出来，一路上我心情愉快，朝气蓬勃，世上再没有比这更好的良药了。

　　这次旅行中，我每天会在本子上记录几行途中经历。这个本子是我出发前，花了两便士买的。因为已经出版了《环球旅行》，所以我想写些文章，发表在杂志上，或者只为同行的人写下我们此行的所见所闻，所思所感。旅行回来后的冬天很冷，我不想去 3 英里外纽约的办公室，于是决定待在家里。怎样打发空闲成了一个问题，于是我想起这次长途旅行，决定写几行看看，也不知是否能写下去。没想到我竟然文思泉涌，当天就写了三四千字。此后每当大风呼啸、雪花飘飘的日子，若没必要到办公室，我便在家里进行令人愉快的书写。随后只用了 20 天的时间，就写成了一本书。我把书稿交给了斯基伯纳出版社，请他们印几百本，然后把书分享给私交好友。和《环球旅行》一样，这本书也令朋友们喜爱不已。一天，查普林先生告诉我，斯基伯纳先生读后，很想出版这本书，并提出付我版税，由他们公司（直属于皇室）全权负责发行。

　　听到如此赞美，对于一个渴望被夸奖的作者来说，是极容易被打动的，于是我同意了斯基伯纳先生提出的出版条件（此后直至 1912 年，我每年都能得到一笔版税，此事持续了 30 年）。书出版后，读者来信雪片般纷纷到来，其中很多都热情洋溢。我的助手把它们收集到一个剪贴簿上，而且不时还会有新的信件粘贴上去。有些残疾人写信来高兴地告诉我，这本书点亮了他们的生活。这让我非常振奋。这本书在英国也受到了欢迎，读者对它评价很高。这本书最大的优点，我认为是自己并没有刻意地去追求什么效果，我只是为朋友们而写，在这样的心境下，顺其自然地轻松而快乐地写成了。写书时，我感觉自己就像在旅行，愉快无比。

　　1886 年，是我生活中最忧伤的一年。曾经像个孩童一样时刻有人在身边照料、无忧无虑的快乐生活一去不复返了。我被孤零零地抛弃在这个世界上。我的母亲和弟弟在 11 月份相继去世，而我患了严重的伤寒躺在床上，不能动弹。也许，这也是我的幸运，我正与死神抗争，无须去感受生命中的天塌地陷一般的灾难。

我是第一个病倒的。当时我们从纽约回到阿勒格尼山顶的乡间别墅，我和母亲在那里度过了好几个愉快的夏天。离开纽约后的一两天，我就感觉非常不舒服。请来医生给我诊治，确认我得了伤寒。后来，又把丹尼斯教授从纽约请来，他确诊了我的病情。很快，我们便请了一名内科医生和一位熟练的护士来照顾我。不久后，母亲病倒了，我还听说在匹兹堡的弟弟也一病不起。

当时，我变得如此消沉，心生绝望，整个性情也似乎变了。我虚弱无力，心如死灰，似乎只有沉湎于那些暂给我带来兴奋的药物，才能使我忘却痛苦。母亲和弟弟一直向我隐瞒了他们严重的病情，当我得知这一切时，他们已经永远地离开了我。那时候，我只想随他们而去。我们从未分开过，为什么现在却要生离死别呢？然而，这就是命运。

我终于慢慢地恢复过来了，脑子也渐渐在设想着未来了。未来对我来说是希望，是安慰。我总是向着充满希望的地方去思考。人生需要有所憧憬。我认识露易丝·惠特菲尔德小姐好多年了，她的母亲允许她和我一起在中央公园骑马。也有别的女孩和我们一样非常喜欢骑马。我有几匹好马，经常分享给姑娘们。我们一起在公园里骑，或者绕着纽约一圈一圈转。结果，其他姑娘都显露出了平庸本色，只有惠特菲尔德小姐是完美无瑕的，超过了我认识的任何姑娘。最终，我不得不承认，她是我交往的姑娘中，最经受得住考验的那个，她一个人包含了我所见过的其他人身上的全部优点。我想建议年轻的小伙子们，在决定选择谁做伴侣之前，要仔细地考察一下。如果他们真的像我所说的这样去做的话，他们一定会获得幸福美满：

> 为了寻找每个人身上的各种优点，我的眼睛曾经热切关注过许多女孩，我的耳朵也曾捕捉过她们柔美温婉的声音，我曾为之陶醉；我曾喜欢过不同的女孩，却从没有真心实意地爱上哪一个，她们的身上，总有缺点损害了她们高贵的美丽。但是你啊，在她们的陪衬下，是这样完美而无双，因为你的身上，集中了每一个人的优点！

这些话语，在我的灵魂深处不时地回响。现在，我们共同生活了20多年，如果我能抓获到更加美妙的、更能表达我的感情的话语，我一定会毫不犹豫地告诉她。

但当时，我的求爱以失败告终。她的身边还有其他追求者，甚至有比我更年轻的。我虽事业有成，家财万贯，前途无限，可这却起了相反的作用，反倒使她认为她对我来说没有任何意义。她的理想是找一个年轻的伴侣，双方互相扶持，共同帮助，创造美好的生活。就像她的母亲和父亲那样。她21岁时，她的父亲去世了。从那以后，照顾家庭的责任很大一部分落在了她的身上。如今，她28岁了，她对生活的观点已经成型。有一段时间，我们相处得很好，她似乎非常乐意和我通信。然而有一次，她却退回了我的信，说她必须将那些接受我的想法抛到一边。

丹尼斯教授和他的夫人把我从克雷森接到他们在纽约的家中，对我进行特别护理。在丹尼斯教授的亲自护理下，我可以逐渐地起来行走了。在我刚能写字时就从克雷森给惠特菲尔德小姐写去了一封信，希望她能来看看我。我在这个世界上变得孤零零的，备感孤独。现在，她觉得我是需要她的，她完全可以有"帮手"的感觉了。无论是从感情上还是理智上，她都愿意接受我了。1887年4月22日，我们在纽约结了婚。之后起程去怀特岛度蜜月。

她最爱采野花了。以前她只在书上读到过三色堇、勿忘我、报春花和百里香等花名。现在，这些普通的花名，对她来说，再也不仅仅是名字而已。每一样东西都令她着迷。兰德姨父和我的一个堂兄从苏格兰来看望我们。接着，我们便去了他们在基尔格雷斯顿为我们选的一处避暑胜地去度假。苏格兰使她着迷，令她倾倒。这是毋庸置疑的。她在少女时就读过关于苏格兰的书——司各特的小说和《苏格兰的长官们》是她最喜爱的。跟我比，她更像苏格兰人。所有这一切都是我最期盼的生活。

我们在丹佛姆林的日子是美好而愉快的。我带她去我小时候常去的地方，乡亲们也争着把我儿时的种种趣事讲给她听。这一切使得她对她的丈夫有了更好的印象，也使得我和她的生活有了一个很好的开端。

我们一路北行，在爱丁堡，我被授予荣誉市民称号。罗斯伯里勋爵在大会上进行了一番演讲。爱丁堡的群众非常热情。我在当地最大的礼堂向工人们作了演讲，我和夫人收到了他们的礼物——一枚胸针，我夫人很喜欢。她还充分领略了风笛的魅力，看到了风笛手的风采，并希望能请一位到家里来——随处都有笛声陪伴，早晨用优美的笛声叫我们起床，我们用餐时也能伴着笛声。她是一个地道的美国人，而且是康涅狄格清教徒，性格直率而干脆。她说，如果我们不幸只能在一座孤岛上生活，且只许带一件乐器，那么她会选择风笛。我们很快找到了一位风笛手，与他一起来的，还有克鲁尼·迈克佛森的介绍信。我们聘请了他，每当我们走进在基尔格雷斯顿的家时，风笛声就会传入我们的耳中。

在基尔格雷斯顿，我们过得很愉快，尽管妻子仍希望在更具苏格兰高原风格的地方有一套更加宽敞的房子。在此期间，马修·阿诺德、布莱恩夫妇、参议员尤金·黑尔夫妇等许多朋友都来看望我们。丹佛姆林的亲戚们和我的妻子相处得非常融洽，尤其是和那些长辈们。她博得了每一个人的喜爱。他们惊讶地对我说，能娶到这样的女人，真是我的福分。我也很惊讶能娶到她。看来，我们的结合真是天作良缘。

我们回纽约时，把风笛手、女管家和几个佣人也带上了。尼柯尔太太一直跟我们在一起，直到今天。20多年来，她对我们非常忠诚，她就是我们的家庭成员之一。男管家乔治·欧文在一年之后来到了纽约，他也成为我们之中的一员。还有一位用人麦吉·安德森也是如此。他们都有一个共同的特点：品格高尚、忠诚老实、兢兢业业。

1897年3月30日，我们的女儿来到了世上。当我首次看她的时候，妻子说：

"她就叫玛格丽特吧，这跟你母亲的名字一样。现在，我必须向你提个要求。"

"什么事，露易丝？"

"我们有了女儿后，应该考虑买一套能够避暑的房子。总是租房子，搬来搬去的很麻烦，也不是个办法，我们应该有一个属于我们自己的家。"

"好的。"我同意了。

"在买房子这件事上，我就有一点要求。"

"是什么？"我问。

"我们一定要在苏格兰高地买。"

"非常好，"我回答，"这正合我意。你知道我怕晒，我要找人打听一下，哪个地方最好。"

最终我们选择将斯基伯城堡作为避暑之处。我们的风笛手恰好是在那里出生长大的，他跟我们介绍了那里的一切。或许，正是受了他的影响，我们才选择在那里购买房产。

到如今，我的母亲和弟弟已经去世，我跟妻子一起生活了 20 年了，我的人生因为她受到了很多影响。如果没有她，我的生活不会过得如此幸福。当她经受了费迪南德的考验时，我自认为我很了解她，但这些都是一些我看到的外在的品质，我还没有真正地了解她的纯洁、神圣和睿智。在往后的社会生活中，她都会把这些关系处理得非常融洽。不管在什么地方，她总是以平和与友善影响着别人。在少数几次突发事件中，她总是能勇敢地第一个站出来，承担起自己的责任。

在她的一生中，她总是与人为善，从来没有跟别人吵过架，就是她的同学都没跟她吵过一次架。见过她的人都不会对她有丝毫抱怨。这不等于她没有要求、事事忍让——她比别人更挑剔——但是，想靠职衔、财富或社会地位等打动她，这是不可能的。她的言谈举止端庄得体，品味高雅，从来不会降低标准。她身边都是优秀的人。她会想方设法帮助周围需要帮助的人——如果有人需要帮助，她总是为人们出主意、想办法，她的恰当的安排和适当的礼物总是能让她的那些朋友欣喜万分。

如果没有她，我真不知道这 20 年我将怎么过。如果她先我而去，我都不知道将来怎么生活。按照生长法则，她先我而去几乎不会发生，但我先她而去我又无法接受，因为将她孤单一人留在世上是我不忍心看到的。作为一个女人，她是需要有人关心的，也是需要有男人保护的。如果真到了那时，我们的女儿会陪伴她，照顾她。而且，对玛格丽特来说，她比我更重要。

我可以引用杰西卡的话来表达我能娶到她的心情："简直是无以言表。巴萨尼奥大爷能够娶到这样一位好夫人，人世天堂的幸福都被他享尽了，邪路已经跟他没有关联了。"

第十六章 企业和员工

我在英国上学时学到一条钢铁制造业的重要经验，即自己必须对原材料有使用权，整个产品的使用过程也必须由自己独立完成。埃德加·汤姆森工厂的钢轨问题被我们解决了之后，我们继续前行。但那时我们很难得到生铁供应，于是不得不开始建造高炉。有一座从埃斯卡纳巴炼铁公司买来的改装过的高炉，是由克洛曼先生联系的。跟建造一座新高炉比，购买这座二手高炉的成本要高很多，并且它还不如新高炉好用。这种状况很让人恼火。

虽然这次买二手设备不够明智，但它却让我们很快就见到了高额的利润回报。因为这座高炉虽然不大，但却特别适合生产镜铁，锰铁的生产也靠它。在美国，我们是第二家镜铁生产厂，同时也是美国首家并且也是多年来唯一一家锰铁生产厂。我们以前一直是进口这种必不可少的原材料，那时的市场价大约是80美元一吨。我们的高炉经理朱利安·肯尼迪先生建议，既然我们能找到矿石，就可以用自己的设备来生产锰铁。于是我们开始做试验，并且成功了。我们生产的锰铁可以满足全美国的锰铁需求，同时，每吨比原来的价格还低了30美元。

在弗吉尼亚州进行矿山勘测时，我们发现欧洲人正偷偷地购买矿石准备用于生产锰铁，但矿主们对此并不知情。菲普斯先生当即就要买下那座矿山。当时的情况是：矿主们一无资金二无技术，矿山在他们手里根本就没用，于是我们用高价从他们（其中有位戴维斯先生，是一位非常能干的年轻人）手中把矿山买了下来。在我们对矿山进行了全面勘察后发现，它的锰含量非常丰富，我们马上就能见到回报。这一切来得太快了，从有利可图到矿山归我们，我们马不停蹄。相比较而言，股份制公司比集团公司做事更有效率。集团公司的总裁只有在征求董事会的意见后才能做出决定，这要等上几个星期，甚至是几个月。可到那时候，矿山也许早被人买走了。

我们还在为高炉设备的扩充而忙碌，我们按照标准对新的高炉进行改进。当时，我们把每月的生铁产量定在 5 万吨。

高炉部成为我们公司的一部分，这是我们成功的重要一步。同时，康奈尔斯维尔煤场能够提供持续的、定量的优质焦煤。但我们忽视了一个重要的问题——没有熔炼生铁所必需的燃料。经过详细调查，我们了解到，弗里克焦煤公司有最优质的煤和焦炭，弗里克先生也具有非凡的管理才能。他原来是一名铁路公司的小职员，后来因为他非凡的能力获得了成功。1882 年，这家公司一半的股份被我们买下，其他股东的股份也进入了我们手里，我们成为大股东。

当我们认为，只要再拿下铁矿，欧洲就只有两三家公司能与我们竞争时，我们发现我们错了。我们在蒂龙区进行投资，尝试着在这里开发矿石，为生产做准备，结果却损失惨重。我们只看到了这座矿山的表面部分——矿的纯度高，却不知道这是因为这部分在大自然的风化作用下，日久天长，将许多杂质冲刷掉所致。而当我们稍微向纵深挖掘的时候，才发现这是一个贫矿，无法利用。

我们在宾夕法尼亚的山中租了一座高炉，并派化学家普鲁士先生去那里，分析化验那个地区的矿石，并鼓励当地人帮他采集矿石标本。可是，要找个合适的人在实验室里帮助化学家，却很难。因为当地人根本听不进去他的解释，反倒认为，他利用一些长相怪异的仪器测量矿石里包含什么成分的做法，是在与某种邪恶的力量进行不正当的交流。最后，我们只好从匹兹堡的办公室派了一个人过去协助他。

有一天，我们收到了一份来自于他的分析报告，说那里的矿石中几乎不含磷，因此这样的矿石对贝西默炼钢法是很适合的。我们对此很关心。这些矿石的主人是摩西·汤普森，他是一位富有的农场主，宾夕法尼亚中心县的 7000 英亩最好的农田就是他的。我们立即动身去实地考察，并约他在那里见面。我们发现五六十年前，这里的矿被开采过，不过是用木炭高炉的方法炼铁，在当时并没有成功，想来原因在于这种矿产的纯度高于其他矿石，而用那种不当的冶炼方法肯定会在冶炼过程中出现重重困难。这座矿当年不被人看好，如今反倒成了我们的好事。

最终，我们获得了该矿 6 个月的接管权，我们马上开始了勘查工作，这个环节是每位购买者都应该认真做的工作。我们沿着山坡取线，纵向上每隔50英尺、横向上每隔100英尺的交叉处，便将一根长杆插入矿藏中。我记得当时共插了80根标杆，并对每一处不同深度的矿藏进行分析。我们要在付清10万美元之前，弄清这些矿产的成分。结果比我们想象的要好。在我的堂兄，也是我们的合伙人兰德先生的努力下，采矿和洗矿的成本降到了最低，这样一来，不仅使我们在其他矿产投资上的损失得到弥补，而且还略有盈余。在整个事件中，我们抓住了关键，才会取得完全胜利，那就是我事先请化学家来为我们作分析和指导。

生意场上，我们失败过，也成功过。

一天，我和菲普斯先生坐车从工厂出来，经过国家信托公司在匹兹堡佩恩街的办事处时，他们的窗户上有着几个镀金大字引起了我的注意：作为股东，人人有责。这一句话，引起了我的不好的预感。

那天早上，我对我们公司的报表进行了认真的审核，我发现：资产单上有20股国家信托公司的股份。我对亨利说：

"如果我们有这家公司的股份，请你在今天下午回公司前把它们都卖掉吧！"

他说不用着急，我们在等待好机会。

"不，亨利，请按我说的做，马上去办。"

他照我说的做了，把股份都转了出去。我们很幸运，因为不久之后，这家银行因为巨额的赤字而破产。受害的股东很多，我的堂兄莫里斯先生就是其中之一，还有很多人也遭遇到了相同的命运。一时人心恐慌。如果我们手里还有国家信托公司的股份，那么我们的信誉也会不可避免地受到严重影响。虽然20股（股值2000美元）的数目小得不能再小，但它却差点儿让我们的名字也列在了受害股东名单上！这个教训我们永远铭记。商界有一条铁律，那就是：你可以自由支配你的金钱，但负债公司的成员或是担保人名单上永远不能出现你的名字。几千美元的小投资并不算什么，但它却有致命的危害。

在我们的吉斯通桥梁公司，铁王国的君主将很快被钢王国的君主赶下台，钢的应用也会变得越来越广泛。为了生产各种型号的钢材，我们在1886年决定，在埃德加·汤姆森工厂旁边建造新工厂。就在此时，我们获悉，有人愿意把在荷姆斯泰德的钢厂出卖给我们，这些钢厂是由五六位匹兹堡的重要制造商联合建造的。

原来这些工厂主要是为各个公司供应钢材的，不过当时钢轨的价格更高，因此他们便想出卖工厂，另开设钢轨厂。

收购这些钢厂对我们来说极为有利，我们提出，他们投资了多少钱，我们就相应支付给他们多少钱，这可以通过现金或入股的方式进行。这个条件是平等的，谈判很快达成了一致。最后，除了乔治·辛格先生选择继续和我们一起分享全部收益以外，其他人都选择现金支付。后来辛格先生告诉我们，对于我们提出来的建议，他的合伙人都很激动。他的同伴们起初非常担心，怕我会提出苛刻的条件。结果却是我提出的条件非常公平——以一美元兑一美元，这样一来，他们没有任何异议。

通过这次并购，我们把所有工厂进行了重组。1886 年，新的卡内基—菲普斯公司组建成立，公司负责荷姆斯泰德工厂的运营。威尔逊—沃克公司并入卡内基—菲普斯公司，董事长为沃克先生。卡内基兄弟公司的董事长兼总裁是我弟弟。随着业务的扩展，我们在比弗福尔斯建立了哈特曼钢厂，该厂负责生产荷姆斯泰德工厂不能生产的、型号不同的上百种钢材。如此一来，小到线钉大到 20 英寸的钢梁，我们都能生产了。

在这里，我将有兴致地回顾一下我们工厂在 1888 年到 1897 年的 10 年间的发展历程。1888 年，我们投资了 2000 万美元，1897 年，我们的投资超过前面数目两倍还多，达到 4500 多万美元；1888 年，生铁的年产量是 60 万吨，1897 年，生铁的产量增加了近 3 倍，几近 200 万吨；1888 年，铁和钢的产量，可以说每天有 2000 吨，1897 年，增长到每天有 6000 多吨。当时，我们的焦炭厂大概有 5000 个炼焦炉，后来煤炉数量上竟增长了 3 倍。我们的日均生产能力也从 6000 吨发展到 18000 吨。1897 年，我们的弗里克焦煤公司已拥有 42000 英亩的煤田，比康奈尔斯维尔煤场还要大三分之二。因此，通过产量增长，不难看出，公司这 10 年来发展速度很快。对于如此速度的发展，有一条法则为大家所公认：在一个处于不断发展进步中的国家，像我们这样的钢铁制造企业，一旦停止壮大实力的脚步，它就会走下坡路。

开采 1.5 吨铁矿石才能生产出 1 吨铁，而矿石必须先通过铁路运送到 100 英里外的湖边，其次通过船只运送到几百英里之后，再由汽车运送，最后抵达目的地——匹兹堡；另外，还需要开采 1.5 吨的煤制成焦炭，通过 50 多英里的铁路运过来；还得再开采 1 吨石灰岩，经过 150 英里运到匹兹堡。在这样的前提下，我们是如何做到以每 3 英镑的钢只卖 2 美分而不亏损的呢？这一点连我自己都觉得难以置信，这简直就是奇迹，但事实的确如此。

美国的钢材很快从全球最昂贵变成最廉价的。随后，贝尔法斯特造船厂成为我们的客户之一。在当时的条件下，美国生产的钢材已经能与其他国家一样便宜了，虽然劳动力成本很高。与其他行业相比，制造行业的劳动力是最贵的。只有让工人们感到自在、自足和开心，他们才能好好地为公司工作。这一点，美国做到了。

在世界市场上，美国拥有的最大优势就是，它的制造商拥有最大最好的国内市场。只有依靠国内市场，制造商才能获得收益，而剩余产品的出口也会变得更为有利，即使出口价格比成本低也不会影响收益。对于这种情况，我在英国时曾用一个词来进行概括："盈余法则"。后来，这一法则很快在商界被广泛应用。

第十七章　荷姆斯泰德罢工

如果你问我，关于我们企业的发展历史的话，1892 年 7 月 1 日发生的那件事是一定要提的。那次劳资纠纷是我人生中发生的最为严重的一次，当时我正在苏格兰高地。26 年来，我们和工人之间的关系一直是我在维护，我们彼此相处融洽，这一直是我引以为傲的一件事。有人对我在荷姆斯泰德罢工期间待在国外，没有马上回到我的合伙人身边支持他们，做出了公开的指责。对此，1904 年 1 月 30 日，我的主要合伙人菲普斯先生在写给《纽约先驱论坛报》的信中作出了答复。他说，我总是对工人们太过软弱，对他们提出的要求总是能够予以满足，即使工人们提出的要求不合理，基于此，我不能回来正是有些合伙人所期盼的。抛开雇主和工人之间友好感情上得到的回报不说，单从经济效益角度来考虑，我相信，给工人们较高的工资，让他们快乐满足，对他们的雇主产生敬爱之情，这就是很好的投资，我们才会获得更大的利润。

钢铁制造业之所以进行改革，就是由贝西默的平炉炼钢法的发明促成的。目前在使用的机器已陈旧落伍，这一点我们公司发现并投资了几百万美元用于荷姆斯泰德工厂的翻新，随后又扩建了工厂。新机器的使用使钢产量比以前增加了大约 60%。跟我们签订了 3 年合同的工人就有 218 人（我们是按每生产一吨钢为单位来给他们报酬的），他们在第三年中的一段时间是用新机器工作的，因此，等合同到期时，他们的收入增长了将近 60%。

公司提议对这笔增加的收入进行重新分配，分配给工人的工资将比以前增加 30%，另外 30% 的收入将用于补贴公司新增机器的费用支出。因为使用新机器，效率得到大幅度提高，而工人们的劳动强度并没有增加。公司的提议其实是倾向于工人的，一般情况下，工人们对这种事情会带着感恩的心接受的。然而，公司当时正在加紧为美国政府生产装甲——此事我们曾先后推辞过两次，但这是政府急需的。同时，我们与芝加哥展览会签订了材料的供应合同。这一情况被一些工人领袖知道后，他们坚持要把 60% 的增长全部拿走，他们觉得迫于他们的压力，公司会答应的。然而，公司拒绝了。这简直就是要挟，就像有人掐着你的脖子说："要命的话就把钱交出来！"公司做得非常好，对这种情况就应该当场拒绝。我如果在场的话，也不会对这种不公平的敲诈行径作出任何让步。

直到此时，公司的做法都是完全正确的。如果与工人产生了分歧，我一贯采取的策略是耐心等待，向他们讲道理，让他们解释他们的要求为什么是不合理的，但绝不会雇用新人来取代他们的位置——绝不会。然而，荷姆斯泰德工厂的主管受到 3000 名没有卷入这场纠纷的工人的影响（这些工人向他保证，他们能让工厂正常运转）。那 280 名工人便自发成立了一个工会，以此对抗此次事件。

这位主管被工人们误导了，而他又误导了我的合伙人。他刚刚升职，对这类事件的处理没有太多经验。少数结成联盟的工人提出不合理的要求，3000 名未能加入工会的工人们提出的反对联盟的意见（事实上他们也是非正义的一群）很快左右了他的思想，使这位主管轻信了工人们的承诺，认为危机很快就可以解除。那 3000 名工人中有许多人想取代那 280 名工人的岗位，他们有这个能力——至少我听到的汇报是这样的。

事后看来，当时绝对不能开工。公司可以对所有的工人这么说："现在发生了劳资纠纷，你们之间必须先协调好。公司已经给你们提供了最优厚的待遇。在你们没有解决纠纷之前，公司是不会开工的。在此期间，你们的岗位仍然保留。"或者，主管可以对那 3000 名工人说："好啊，如果你们不担心安全的话，那就来工作。"这样，就把安全责任推到了工人们自己身上——3000 名工人对抗 280 名工人。这两种方法都是明智的。可事实上，州政府为了保护这 3000 名工人，派出了治安官员和警卫。而带头闹事的工人首领是极具攻击性的，他们持有枪炮，很快对数千名工人形成了威胁。

在此，我要引用一下我曾经制订的一条规则："我的意见是，应该让他们明白，公司决定让所有的工人都暂时停工，和他们进行自由协商，并耐心等待他们重返工作岗位。公司从未考虑过要用新人——决不能这么做。"最出色的工人是不会在大街上四处寻找工作的。一般来说，只有没本事的人才会游手好闲。只要是我们需要的工人，一般情况下，是不会让他失业的。即使在经济萧条时期，我们也不会轻易解雇优秀员工。在一个现代化的钢铁车间里，让一个新人来正确操作那些复杂机器是不可能的。公司雇用新员工的意图，使3000名想要工作的老工人改变了立场，他们不再是我们的决策支持者了。这又能怪谁呢？

然而，如果我当时在场，也很有可能被他们说服，同意开工，以此试探一下我们的老工人们是否会信守承诺。但是，我的合伙人在第一次开工时并没有用新人，而是应数千名老员工的要求才进行的。这些是我事后才知道的，这是至关重要的一点。对于主管推荐的这一可行性建议，我的合伙人没理由不采纳，他们无须为此而受到责备。我们的原则是坚决不雇用新人。

第二次开工是在罢工的工人向州政府的办公室开枪之后。现在回想这些事情，可以很容易地得出这样的结论："如果工厂一直停工，让工人自己协商好后，直到老员工主动回来，那该多好。"但在当时，宾夕法尼亚州政府很快派了8000人的军队控制了局势。

事态紧迫之时，我正在苏格兰高地旅游，并不知情，直到两天后我才得到消息。在此之前，我的人生中从来没有遇到过如此让我痛心疾首的事，而这一切本来是不该发生的。工人们蛮不讲理，他们这样做是错误的。使用新机器后，按新的分配制度计酬的话，罢工的那些工人的收入从每天4美元涨到9美元，这比他们使用旧机器多得了30%的工资。

当时，我在苏格兰的时候，收到了工会办公室给我发来的电报：

"尊敬的总裁先生，告诉我们，你希望我们做些什么，我们将遵照你的指示去办。"

这令我非常感动，可是，这一切都太晚了。错误已经酿成，工厂已掌控在政府手中，一切都太迟了。

这段时间，很多朋友都想到了我面临的烦恼，便纷纷来信劝慰。格莱斯顿先生写来的这封是最让我感激的：

亲爱的卡内基先生：

一直以来，我和我的妻子都对你心存感激，因为你曾给过我们最美好的祝福。但我无法忽视你此刻正在遭受的煎熬，你竭尽全力地引导富人们能以更文明的方式行事，结果你却因此受到指责。我真希望能够帮你从这些媒体的指责中解脱出来。他们的行为太过草率，他们常常自以为是、挑拨离间、别有用心。没有人比我更清楚，身处大洋彼岸的你，对这次不幸事件的反应是何等的迅速（我们对事件真相不是非常清楚）。我们完全信任你对整个事件做出的判断，也佩服你对此事做出的大量工作。

在当今社会，财富就像洪水猛兽，时刻威胁着人们，并且正吞噬着人们的道德。你却与之抗争，以身作则地树立了正面榜样，让财富焕发生机。我为此永远支持您。

您忠实的朋友
W.E.格莱斯顿

我之所以插入这封信，是为了说明格莱斯顿先生是一个极富同情心的人。他感情细腻，他对那不勒斯人、希腊人、保加利亚人，或是任何一个处境困苦的朋友都怀有同情之心。

我在苏格兰的事情很多人都不知道，而且他们对荷姆斯泰德工厂最初的情况也一无所知。工人们在卡内基工厂被杀害，而我恰是这家工厂的业主。这足以使我的"恶名"被人挂在嘴上好多年。好在还是有些事令我感到些许安慰。参议员马克·汉纳是当时国民联合会的主席，这个团体是由资本家和工人组成，主要是调解雇佣双方的矛盾。尊敬的奥斯卡·施特劳斯先生是该会的副主席，他邀请我去他家赴宴，同时见一下联合会的其他官员。可就在具体时间确定下来之前，我一生的朋友——汉纳先生突然去世了。葬礼后，在施特劳斯先生举办的宴会上，施特劳斯先生提及由谁来接替汉纳先生一事，他说每一家劳工组织都倾向于由我来继任这个职位。当时有几位工人组织的代表也在场，他们也站起来支持施特劳斯先生的提议。

我当时异常惊讶，当然，我得承认，我对他们非常感激。我能感觉到工人们对我的一片真心和信任。我自己工厂里的工人也同样如此。但荷姆斯泰德发生的暴乱，使我在公众心中留下了完全相反的印象。在他们眼里，卡内基工厂俨然是一家公开剥夺劳动者正当收入的地方。

对于大家的推荐，我感到万分感激，因为这是对我受伤心灵的安慰。一直以来，由于荷姆斯泰德暴乱和工人被杀害，公众一直认为我对此应该负责任，这让我自责不已。现在，我不再有这种感觉了。

我感谢奥斯卡·施特劳斯先生为我澄清此事。他读过我早年间就劳工问题所写的文章和演讲稿。在他与工人们交流时经常会引用我的一些观点。这次宴会上，怀特和谢菲尔这两位来自匹兹堡的联合工会的劳工领导人，也热心地向工会的其他成员介绍我与劳工和谐相处的事迹。

后来，工人们和他们的妻子在匹兹堡的图书馆大厅举行盛大的聚会，欢迎我的就任。我向他们作了一番发自肺腑的演讲。我永远不会忘记其中的一句，我是这样说的：资本、工人和雇主就像一条凳子上的三条腿，没有谁先谁后，大家缺一不可。当时，他们过来和我热情地握手，所有的人都非常友好。就这样，我和我们的员工们再一次心连心了。

在荷姆斯泰德暴乱之后，我的朋友——罗格斯大学教授约翰·C. 范·戴克告诉了我这样一件事情：

1900 年春天，我做了一次旅行，从加利福尼亚的海湾瓜马斯出发，目的地是佛得角一位朋友的牧场，主要是为了到索诺拉山进行打猎，时间为一个礼拜。朋友的那个大牧场远离现代文明社会，我本来认为，除了可以碰到几个墨西哥人以外，最大可能会遇见的就是雅基族的印第安人了。结果我却遇到了一位会讲英语的美国人。他在此地非常寂寞孤独，因此很愿意和人聊天。不久之后，我就了解了他为什么会来到这里的原因。他叫麦克卢基，1892 年以前，他在卡内基钢铁厂荷姆斯泰德分厂工作，他是一名熟练的技工，即人们所说的"高手"。他有一份可观的财产和一个幸福的家庭，除此之外，他在当地居民中享有很高的声望，因此被选为荷姆斯泰德的镇长。

当 1892 年罢工发生时，麦克卢基很自然地站在了罢工者的这一边。作为镇长的他下令逮捕了乘船来到荷姆斯泰德保护工厂和维持秩序的私家侦探。他认为自己的所作所为在当时是合情合理的。他向我解释说，这些私人侦探是一支武装力量，侵入了他的管辖区域，因此他有权逮捕他们，并且解除他们的武装。可他的命令导致了流血事件的发生，使得冲突愈演愈烈。

当然，罢工这件事大家都知道，最后以罢工者失败而告终。麦克卢基因谋杀、参与暴乱、反叛等其他我所不知的罪名被当局通缉追捕。负伤的他只得逃离了荷姆斯泰德，四处流亡，忍饥挨饿。他本打算先躲避一阵子，等过了风头再说。然而，他发现自己已经被列入全国钢铁厂的黑名单上，在美国再也没有人敢雇用他。他的钱花得一干二净，最惨的是，妻子也去世了，家也破碎了。经历了这一系列的变故，他决定去墨西哥。我遇见他时，他正要去矿上找活儿干，那个矿距离佛得角15英里。虽然他是一名非常优秀的技工，但在墨西哥人的矿上却难以找到工作，因为这里只需要廉价的劳动者，并不需要像他这样有一技之长的出色的劳动者。他什么工作也找不到，而且一分钱也没有。当听到他的不幸遭遇时，我感到很遗憾，更何况他是这样一个聪明的人。

当时，我并不打算告诉他，我认识卡内基先生，并且在荷姆斯泰德的罢工发生不久，我和卡内基先生正在苏格兰的克吕尼，卡内基先生也没有告诉我罢工事件的另一面。麦克卢基丝毫没有责怪卡内基，他不止一次地对我说，如果当时"安迪"在的话，冲突肯定不会发生。从他的意思来看，工人们和"安迪"相处得很好，只是与合伙人们合不来。

我在牧场待了一周，晚上常去看看麦克卢基。等我到达亚利桑那州的南部城市图森后，在那里抽空给卡内基先生写了一封信，在信中我告诉了他麦克卢基的情况，并且说，我非常同情麦克卢基，可以想见，他的境况是多么悲惨。卡内基先生立即作出回复，并在信纸的空白处用铅笔写道："给麦克卢基一笔钱，不管他要多少，都给他，不过不要提到我的名字。"我马上写信给麦克卢基，告诉他我可以给他钱，不过我没有提到具体数额，只是想让他知道这笔钱足以使他重新生活。他谢绝了。他说，他将靠自己的能力打拼出一条路来，这就是独立自主的美国精神。虽然没帮上他什么忙，但我非常敬佩他。

直到现在，我依然记得这件事。后来，我还和一位朋友——索诺拉雷暴铁路公司的总经理J. A. 诺格尔先生说起过麦克卢基。当时麦克卢基已经在铁路部门找到了一份工作，并且干得很好。一年后，或者也许是当年的秋天，我在瓜马斯再次遇到他，他现在负责监督维修铁路公司的一些机器设备。他境况看上去不错，脸上也露出幸福快乐的神态。他又娶了一位墨西哥妻子，生活美满。如今，他的天空一片晴朗了。在我离开之前，我对他说："麦克卢基，现在我要告诉你，当初提出要给你那笔钱的人并不是我，而是安德鲁·卡内基，是他想通过我代为转交的。"

麦克卢基目瞪口呆，他说："啊？竟然是那个该死的白发安迪？"

我希望麦克卢基获得一张通往天堂的门票，我很清楚地知道麦克卢基是一个不错的同志。据说，他在荷姆斯泰德的财产有 3 万美元之多。在罢工工人枪袭政府的时候，因为他是镇长、荷姆斯泰德工会的主席，便受到了通缉。他不得不远走高飞，将一切都抛在身后。

我曾公开表达了自己的遗愿，那就是希望将来我的墓碑上刻上麦克卢基的这句话，而不是其他任何的献词，因为这是可以说明工人朋友们对我的友善。麦克卢基的这个故事登出后，报纸上立刻又刊登了一篇文章，以讽刺我的愿望。

道听途说
安迪身边的"桑迪"

嗨！你听说了安迪要把什么刻上自己的墓碑吗？
上帝何时来对他进行宣判，不得而知，
但那判词肯定不是神圣的经文，
而只是一句不成文的——"那个该死的白发安迪"！

这个苏格兰人用墓志铭来嘲弄阿谀奉承，
但这并不能赎罪，那不是一件可笑的事情。
啊哈，即便他抛开所有的金钱，他终究还是一个花花太岁，
我们得承认，他有权利刻上"那个该死的白发安迪"！

那句话后面没有加个大大的"D"，而只是挂了个破折号，
因为安迪不想给这个世界添累赘；
这个家伙不要花招，也从不会发表煽情的演说。
他是直率坦诚的苏格兰人——"那个该死的白发安迪"！

所以，他死后，我们要留意他是否说到做到，
在墓碑上刻着，并在棺材上印着这句话：
"那个该死的白发安迪！"
而我的名字是黄沙色的"桑迪"，一个普通人。

第十八章　劳资纠纷

这一章，我把自己处理过的一些关于雇佣双方的纠纷问题写出来，供大家参考。有一次，我们钢轨厂的高炉工人声称，公司必须在周一下午4点前提高他们的工资，否则他们就不干了。当时，这些人的劳动合同还有几个月才到期呢。我觉得，如果他们不履行合同，那我们就不用再续签合同了。但尽管如此，我还是坐纽约当晚的火车出发，第二天一早赶到了工厂。

我让主管把高炉部、轧钢厂、吹炼厂的代表都召集起来。他们到了之后，我很热情礼貌地接待了他们，这不是出于礼节，而是我非常愿意和工人们以这种方式相处。我知道，越了解工人，就越能感受到他们的高尚品德。这跟巴里对女人打的比方是一样的："一直以来，勋爵都能把事情做得非常好，因为他会把女性的意义当作行动指南。"我们应该注意的一点是，工人们会因事物的不同理解而产生偏见，并发火，不知情是诸多问题发生的关键。代表们摘下帽子后，在我面前围坐成一个半圆形，我跟他们一样，也摘下了帽子，我们开了一个非常正式的会议。

我对轧钢厂的工会主席说："麦凯先生（他是一位戴着眼镜的老先生），我们和你签了一份要履行到年底的协议，对吗？"

他慢慢地取下眼镜，拿在手里，说道："是的，卡内基先生，我们没有能力因为毁约而进行赔偿。"

"美国工人就应该这样说话，"我说，"我为你骄傲。"

"约翰逊先生（他是吹炼厂的工会主席），我们和你也有一份这样的协议，对吗？"

约翰逊先生长得精瘦，他非常慎重地说："卡内基先生，每签一份协议，我都会认真仔细地读一遍。不合理的协议我不会签；合理的我才会签，而且一旦签了，我就会按照协议去做。"

"这也是一位有自尊心的美国工人说的话。"我说。

最后一位是高炉部门的工会主席凯利，他是爱尔兰人，我也问了他一遍这个问题："凯利先生，你跟我们也签了一份这样的协议，对吗？"

凯利先生回答说虽然签过字，但里面的具体内容他也不记得。琼斯上尉作为我们优秀的主管，一听这样的回答，突然大声说道："凯利先生，当时我读了两遍，协议上的内容还跟你讨论过，这事你是知道的！"

"冷静，冷静，上尉！你先让凯利先生把话说完。在没有看过的文件上签字的事情，我也做过——我们的律师和合伙人有时就会交给我文件让我签字。凯利先生说他没有看清协议内容就签字了，对他的解释我们应该表示理解。但是，凯利先生，不如这样，那份你没有看清内容就签字的协议先履行完。以后再签字，请您看仔细一点儿。再坚持4个月，这份合同就到期了，如果你还想续约，再好好看看合同上的内容，这个办法怎么样？"

他对我说的话不置可否。然后我站起来，对大家说道："高炉委员会的先生们，你们对我们公司下了最后通牒，说你们在今天下午4点前一定要得到一个圆满的结果，不然你们不再履行协议，而是要离开工作岗位（这意味着灾祸）。现在还不到3点钟，我们现在就可以作出答复：你们可以离开高炉岗位。但在这个世界上，作为工人来说，自己毁约是件非常难堪的事。这就是我们的态度。"

委员们缓慢地离开了会场，在场的合伙人都一声不吭。这时进来一位洽谈业务的销售员，委员会的成员与他在过道上相遇了，这个陌生人告诉我们："我进来时，一位叫凯利的爱尔兰人被一位戴眼镜的人推了一把，说道：'这里不是你撒泼的地方，你们这些家伙现在明白自己想错了吧。'"就是说，事情就此解决了。

后来，高炉部门发生的事情被一位工人传了出来。凯利和委员会的代表们回到工人们中间，工人们一直在那里等待结果。凯利走到熔炉边，冲着工人们大喊："都干活去吧，都愣在这儿干什么？见鬼，那小个子的老板发话了，他不会惹事，但他也不怕事。真见鬼，快去干活，没用的家伙！"

爱尔兰人以及具有苏格兰与爱尔兰血统的人的性格非常古怪，但你了解了他们之后，就会知道他们是非常容易、也是最好相处的伙伴。凯利以前是我们工厂最粗暴的工人，但后来我忠实的朋友和崇拜者也是他。我有这样的体会：大部分工人的要求是合乎情理的，他们只是要求受到公正的对待。你得相信这一点。

有一次，我们的钢轨厂出现了罢工事件，有一个部门的 134 名工人竟然密谋，联合起来与公司讲条件，要求在年底涨工资。因为经济非常不景气，很多钢铁制造厂在此时已经做出了减薪的决定。然而，这些工人却在此之前几个月就放出话来：不涨工资就罢工，并且不达目的不罢休。

我们不能跟同行竞争者做出相反的决策，加薪是做不到的，结果工厂停工了。这些罢工者得到了其他部门的支持，这让我们比较头疼。

当我赶到匹兹堡时，高炉已经停止运转了，他们这是违约。到达匹兹堡的当天上午，我打算与工人们见面，但厂里给我送来一封短信，说工人们不在厂里，只能第二天见面。这是逼我就范！我说："不，他们这样做是不对的。告诉他们，明天就见不到我了。他们不能随便停工。总有一天，他们会回来要求我们开工的，那时他们必须同意我的决定：按照我们的产品价格来制定浮动工资，否则免谈。连续 3 年执行这样的规定，谁都不许违反。他们这样闹了好几次了，现在轮到我们了，一定要让他们认识到自己的错误。"

我对我的合伙人说："我今天下午就要回纽约，我们需要快刀斩乱麻。"

过了一会儿，我得到工人们的口信，他们问，在今天下午我离开前能不能见我。

我回答："当然可以！"

他们来后，我便对他们说："先生们，你们的工会主席班尼特先生也在场，他向你们保证过我会出面和你们一起处理好这件事的，我向来如此。他曾经对你们说，我不愿惹麻烦，这是对的。他预测到了全部的事情，但他对你们说的事情也不全对，他说我没有能力惹麻烦。先生们，"我盯着班尼特先生的眼睛，举起握紧的拳头说，"他忘了苏格兰是我的家乡……但我要告诉你们一件事，那就是我永远都不会和你们争斗，尽管我不用争斗就可以击败任何工会组织。如果没有三分之二以上的工人一致认为要开工，那么工厂就停工。今天早上我已经说过了，将来实行的是浮动工资。我就说这么多。"

他们走后的两周，我在纽约的家里，一张拜帖被用人送进书房，上面写的是两位工人和一位很有名望的绅士的名字。他们自称是从匹兹堡的工厂来的，想要见我。

我对用人说："问一下这些先生，他们是不是关停熔炉、反对协议的高炉工人？"

用人回来说："不是。"

我回答："既然不是，下去告诉他们，我欢迎他们来。"

当然，我热情地接待了他们，我们一起聊了纽约的很多事情，他们是第一次来纽约。

"卡内基先生，我们来找您是和厂里的事情有关。"他们说到了此行的目的。

"哦，原来如此！"我回答，"工人们做出决定了吗？"

"没有。"他说。

我反驳道："我说过，一定要有三分之二以上的工人投票一致认为要开工，否则就停工。先生们，你们头一次来纽约吧，我带你们出去看看第五大道和中央公园吧，然后我们 1 点 30 分回到这儿共进午餐。"

我们在路上边逛边聊，天南海北地聊，就是不涉及开工的问题。我们一起度过了愉快的中午，我知道他们对午餐也很满意。美国工人和其他国家的工人之间最大的一点区别就是，美国人坐下来和其他人一起共进午餐时，会把自己当作一名绅士。这一点非常好。

回到匹兹堡后，工厂的事情没有再被提起。很快，同意开工的投票就通过了（反对的人非常少），我又去了匹兹堡。我把拟定的浮动工资标准拿给工会委员会过目。浮动工资标准制定的依据是产品的价格。这样，劳资双方一起承担风险，共同享受收益，双方成了利益共同体。当然，为了保证工人们的基本生活，我们设定了底薪。这样的制度，工人们早就知晓了。

这时，工会主席说道："卡内基先生，我们对这一切表示赞同。但现在，"他慢吞吞地说，"我们有一个要求，希望你能同意。"

"很好，先生们，我不拒绝任何合理的要求。"

"嗯，是这样的：请您允许工会负责人来为工人们签这些合同。"

"当然可以，先生们！对此我很高兴！那么我对你们也有一个小小的要求，请你们同意，就像我没有拒绝你们的要求一样。工会负责人签完后，请每一位工人再签上自己的名字。你看，班尼特先生，将来的 3 年内都要执行这项规定，有些人可能会提出异议，工会领导是否有权约束他们这3年，但如果我们也有他们自己的签名，那就没有任何后顾之忧了。"

没人吭声。当时，班尼特先生边上有一名工人悄悄地对他说（我听得非常清楚）："天哪，他看穿了我们的计谋！"

我们迂回地解决了这个问题。我拒绝工会负责人签字的话，他们会以此为借口制造事端。但是我同意了他们的要求，他们也没有理由拒绝我的要求，每一位独立自由的美国公民都应该自己签字。在我的回忆中，事实上，工会负责人并没有在合同上签字。因为只要每个工人都必须自己签字的话，那么工会负责人就不用签了。除此之外，工人们明白，当执行浮动工资制度时，工会对他们就没有任何作用了。这类事件再也没有发生过（那是1889年，已经过去27年了。这项浮动工资制度一直在使用。工人们也都习惯了，因为就像我告诉他们的那样，他们可以从中获利）。

这项浮动工资制度很好地解决了劳资问题，因为它把双方捆绑在了一起。早年间，在匹兹堡实行的是一年一度的工资标准，这使得劳资双方总是在为一场注定要爆发的斗争做准备。对双方来说，对一个业已达成的协议最好不限定实行期限，这个办法相对来说更好些。可以先对某种制度试用半年或1年，如果这一方法显示出其优越性，那就可以长期成功地执行下去。

一些看上去不起眼的事有时候可以使劳资双方的矛盾得到很好的化解。我举两个友好解决此类问题的例子。有一次，与一个工会委员会交涉，因为他们提出了不合理的要求。有人告诉我，他们是受一个人的煽动所致。这个所谓的"工人领袖"在工厂工作，但他同时经营着一家地下酒吧。此人恃强凌弱，相当霸道，老实巴交的工人都怕他，还有一些人因为爱喝酒，欠了他钱。

我像往常一样，友好地与工人们见了面。我很高兴见到他们，许多人我早就认识了，我能叫出他们的名字。我们围着桌子坐下来，那个带头的坐在我的对面。我提出了我们的观点之后，我看到那个工头从地板上拿起他的帽子，慢慢地戴在头上，暗示他要离开。我的机会来了。

"先生，你在和绅士们一起聚会！请你最好摘下帽子，否则请你离开这个房间！"

我不错眼珠地盯着他一直看，大家都能感觉到现场安静的气氛。这个家伙有点犹豫了，但我清楚，无论他做什么，都已经败下阵来。如果他戴着帽子离去，那么他的表现是不礼貌的，他就不是一个绅士；如果他摘下帽子，坐着不动，那么他的气焰自然因为我的指责而被打压了下去。他是走是留，我并不在乎，因为无论他作出怎样的选择，他都会以失败告终，他已在我的掌控之中。慢慢地，他摘下了帽子，放在地板上。在接下来的会议进程中，他一句话都没说。后来有人告诉我，他不得不离开了工人领袖之位。这段小插曲让工人们感到欢欣鼓舞，劳资双方以友好的方式解决了纠纷。

当我向工人们提出了三年期的浮动工资制度后，他们选出一个由 16 人组成的工会委员会来和我们协商。开始的时候，谈判没什么进展。我说因为婚事，我必须第二天赶回纽约。工人们说是否可以同一个 32 人的工会委员会面谈一下，因为他们还有一些人想加入委员会——很明显，这说明工人们内部产生了分歧。我当然会同意此事。工人们从厂里赶过来，在匹兹堡的办公室与我会面。开场发言的是工厂里最优秀的一位工人——比利·爱德华兹（我对他印象很深，后来把他提拔到了一个较高的职位），他认为我们的提案大体是公平的，但还有不尽人意之处：对于工资标准制订得不是很均衡，有些部门相当满意，而另外一些部门觉得不公平。大多数工人自然都持有这一观点，但是让他们指出哪个部门报酬过低时，如预料中一样，他们产生了分歧。大家都说自己的部门待遇不公平。

比利说："卡内基先生，我们一致认为以每吨钢的劳动总数来计算报酬是公平的，但我们觉得其中的分配又不太合理。卡内基先生，你会解雇我们吗——"

"绝不可能的，"我喊道，"比利，我'不会解雇任何一个工人'，尤其是解雇像你们这样的一流工人。"

工人们听了后都非常开心，现场气氛达到高潮。我跟他们一样开心。这个问题很快就解决了。从这件事上，我们得出：金钱不是解决老板与员工问题仅有的，也不是主要的途径。对美国工人来说，尊重认可、以诚相待、公正处理才是最重要的。

在一次会议上，我对工人说你们需要我做些什么？这时候比利·爱德华兹站起来说，希望可以每两周发一次工资。

我记得他是这么说的："我的妻子非常会操持家务。我们去匹兹堡进行大宗采购的时间是每个月末的周六下午，因为这样我们可以少花三分之一的钱。

即使这样，我们的钱也不够花，而且他们煤炭也不便宜。所以我们希望可以把工资分为两周发一次，而非每月一次，这就等于是给我们涨了10%以上的工资。"

"好的，爱德华兹先生，我同意你的意见。"我回答道。

这样做的后果就需要我们增加财务人员、增加工作量，但这是小事。为了应对高昂的物价，我觉得工人们可以开一家合作商店。这事要安排好——公司负责店铺的房租费用，经营者从工人中选。随后，我们成立了布拉多克合作社，这样做有很多好处，首先是工人们终于明白了生意的艰辛。

我们也把煤的问题解决了，我们公司以零利润把煤卖给工人们，并且给需要的工人们送到家——当然，谁买谁出运费。

省吃俭用的工人们对赚来的钱如何存放产生了忧虑，因为他们感到放到银行里不踏实，因为当时的美国政府并没有开设邮政储蓄银行。我们提出可以为他们保管这些钱，每个账户存够2000美元时，就支付给他们6%的利息，这样可以鼓励工人们节俭开支。个人账户上的钱与公司的资金分别管理，因此我们还设立了一个信托基金，如果他们需要大额的支出，可以贷款。对节俭的工人们来说，这是在帮他们攒钱。

事实证明，为工人们提供便利的同时，公司也获得了最有效的收益。我的其中一位合伙人菲普斯先生曾指出："你完全被他们操控了，什么要求都答应。"如果说这是我的短处的话，我情愿能为工人们做更多的事情——更多一点。工人们的友谊是任何投资都无法比拟的。

我相信，我和我的工人们能够共患难。如果荷姆斯泰德的工人不是新人，而是我们的老员工，那么绝不会发生1892年的罢工。从1889年，刚实行浮动工资制度到现在（1914年），工人们对薪酬都很满意。而且，他们用劳资友好俱乐部代替了工会。

浮动工资制度跟市场是挂钩的，这缓解了市场变化对公司造成的压力，还能稳定生产秩序，维持工厂运营，对工人们来说，这也是非常关键的。老板会尽可能地给员工提供一个较高的收入和稳定的工作。工资高固然是好的，但跟稳定的工作还是没法比。依我看来，埃德加·汤姆森工厂的劳资关系处理得比较好。有人告诉我，在我们那个时代，甚至直到今天（1914年），两班制跟三班制比较，前者更受欢迎，但在未来，三班制一定会实现。随着时代的发展，工作时间缩短了。8 小时工作制将成为法则——工作 8 小时，睡觉用 8 小时，剩下 8 小时可以用来休息和娱乐。

我认为，真诚地认可工人们的工作，细心地关注他们的生活，对他们的成功表示由衷地赞赏，是解决雇佣双方纠纷问题的最好方法。这是我发自肺腑的话——我一直非常喜欢与工人聊天，这跟工资无关，随着我对他们深入的了解，我越来越喜欢他们了。跟老板相比，他们的优点更多，工友之间更慷慨大方。

企业的生死存亡由老板决定，关停企业对他们只是暂时利润上的损失，对他的生活不会产生任何影响，食物、衣服、娱乐活动都不会变。但是对于工人而言，一旦丢了工作，就等于没有了饭碗。他的家庭将难以为继，如果有人生病则无钱治疗。资本家不是弱势群体，劳动工人才是需要保护的人。

荷姆斯泰德罢工后，1892 年我回到匹兹堡，我在工厂见到了没有参与那次暴乱的很多老员工。他们对我说，我如果当时在场的话就不会发生那种事。

我告诉他们说："你们被人骗了。我的合伙人给出的条件是非常优厚的。他很慷慨，如果当初我在现场，我肯定不会给出这么好的条件。"

一位轧钢工人对我说："噢，卡内基先生，钱不重要。你在现场的作用，别人根本无法企及。"

这就是说，在实际生活中，包括与员工们，起着重要作用的是感情，薪资的原因非常小，而矛盾的根由在于老板没有对雇员产生应有的认可和真诚。

那次罢工事件后，工厂起诉了很多罢工的工人，而我不同意那样做，便提出了撤诉，很快没有参加此次暴乱的老员工就都回来了。我从苏格兰发电报强烈劝说荷姆斯泰德不能没有施瓦布先生（他最近刚被提拔到埃德加·汤姆森工厂），于是他重返岗位，工厂也很快恢复了秩序。所有这一切与被工人们亲切地称为"查理"的人是密不可分的。如果荷姆斯泰德工厂一直有他在，那么严重的事情绝不会发生。"查理"很会保护工人们，工人们也敬爱他。当然，荷姆斯泰德在员工问题上还是会有各种疏漏。

第十九章　《财富的福音》

我的著作《财富的福音》出版了。我决定放下对更多财富的追求，将长期的奋斗目标转向更为艰难和重要的慈善工作。当时，我们工厂的年利润已达到4000万美元，且有持续增长的势头，这让我们惊讶无比。美国钢铁公司接管我们的企业不久，年利润就达到了6000万美元。如果我们的企业保持如此势头继续发展，年利润可能会达到7000万美元。

很明显，我们工厂的前景光明，无限美好。不过对我而言，慈善事业将是我毕生去完成的工作。和以前一样，莎士比亚的一句话使我坚定了信念：

> 慈善事业可以减少奢侈浪费，
> 使每一个人都能享受到富裕和满足。

在这关键时刻（1901年3月），施瓦布先生向我转达了他和摩根先生的意愿，他说，如果我真的想退出商界，他们都会帮我。最终，我们卖掉了公司。

有些投机商混入诚信的买家中间，想趁势在竞购我们钢铁厂的过程中搅一把。他们为了提高自己在某方面的那么一点点的竞争优势，开出了每股100美元的高价——可我对此不屑一顾，因为，我已经很满足了。我后来的工作也证明了，我会为慈善事业变得更忙、更充实。

我把第一笔卖公司所得的收益捐给了厂里的工人们。我作出了如下的声明：

> 我将要退出商界。感谢那些曾为我的事业发展作出过重大贡献的人，为此，我将400万美元的抵押权债券的5%捐献给工人们。希望这笔钱能

够减少他们因意外事故而遭受的痛苦，为他们的晚年生活提供些许必要的帮助。

此外，我拿出 100 万美元用于成立救济基金会，它的收益将用于我为工人们修建的图书馆和宿舍的日常维护。

1901 年 3 月 12 日

于纽约

荷姆斯泰德的工人们来信表示感谢，信是这样写的：

致纽约安德鲁·卡内基先生

亲爱的先生：

我们是荷姆斯泰德钢厂的员工，对您建立了"安德鲁·卡内基救济基金"这一善举，表示深深的感谢。该基金的第一年运作报告已于上个月提交给您。

一直以来，您为我们工人的利益多方着想，我们难以用言语表达对您的感激之情。您以多种方式进行慈善义举，我们相信"安德鲁·卡内基救济基金"只是其中的一项。您让我们在这个看似无望的暗淡无光的国度里，看到了希望，点亮了我们的心灯，让我们看到了人性中的美好一面。

您忠诚的、工人委员会会员：

轧钢工哈里·F. 罗斯

初级锻工约翰·贝尔

计时员 J. A. 霍顿

电气组组长沃尔特·A. 格雷克

调车场场长哈里·库萨克

1903 年 2 月 23 日

于宾夕法尼亚州芒海尔

露西高炉的工人们赠给我一只精美的银盘，上面刻着这样的话：

赠给安德鲁·卡内基救济基金

　　安德鲁·卡内基先生力行慈善事业，他所设的"安德鲁·卡内基救济基金"，为卡内基公司的员工提供了帮助，为此，露西高炉的工人们召开特别会议，向安德鲁·卡内基先生表达感恩之情，并致以衷心的感谢。

　　真诚地祝福他健康长寿，工作愉快！

露西高炉工会委员会成员：

主席詹姆斯·司各特

秘书路易斯·A.哈奇森逊

詹姆斯·戴利

R. C. 泰勒

约翰·V.沃德

弗里德瑞克·沃尔克

约翰·M.贝伊

　　此后不久，我就要动身去欧洲了。与以往一样，我的几位合伙人无法与我同行，我们只能道别。对我来说，现在的一切都与从前大不相同了，我清楚地感受到这一点，这让我非常难过，真的。现在的离别就如永别一样，让我感到异常痛苦。

　　几个月后，我返回纽约，令我惊喜的是，工人们正在码头上热烈地欢迎我——他们是我永远的好友。我不再有合伙人，却还拥有朋友。这对我来说很重要。接下来，我要做一件让我感兴趣的事，就是把我的财产合理地进行分配。

　　一天，我偶然看到一篇文章名为《苏格兰籍的美国人》，其中有一句很有意义的话：

　　　　上帝给了你一根线，是为了让你织一张网。

　　这话就像是专门跟我说的。我牢牢记住了它，并决定立即着手织我的第一张网。碰巧的是，上帝恰巧给我送来了一根线。纽约公共图书馆的代理人 J. S.

毕里斯博士前来与我洽谈捐助事宜。我答应捐助525万美元，为纽约市修建68座图书馆分馆。接下来，我又给布鲁克林捐建了20多座图书馆。

我之前曾提起过，我的父亲是丹佛姆林图书室的5位创始人之一，他们把自己的一些书贡献出来，给邻里乡亲阅读。后来，我继承了父亲的志愿，为家乡捐建了一座图书馆，这是我的第一项捐助。母亲参加了这座公共图书馆的奠基仪式。接下来，我又为阿勒格尼市捐建了一座公共图书馆和礼堂——我在美国的第一个家就在这个城市。为此，哈里森总统专程从华盛顿赶来亲切地陪我为这些建筑举行开放典礼。此后不久，应匹兹堡所需，我捐助了一座图书馆。之后不久，我为社会捐建了一批公共建筑，包括博物馆、美术馆、技术学校，还有专为年轻女性所设立的莫里森女子学校。1895年11月5日，这些建筑正式向公众开放。我为匹兹堡捐建这些公共建筑所花费的2400万美元，与这座城市给予我的一切相比，不算什么。况且这也是匹兹堡应得的。

我的第二项大宗捐助是创办了卡内基研究院。1902年1月28日，我用2500万美元建立了研究院。当然，我向罗斯福总统请求，看能否请国务卿约翰·海先生担任该学院的董事会主席，他欣然同意。至于董事会成员，包括我的老朋友艾勃拉姆·S.希维特、毕里斯博士、威廉·E.道奇、伊莱休·鲁特、希金斯上校、D.O.米尔斯、S.威尔·米歇尔博士，以及其他一些人员。

这些人都是社会精英，名流人士。当我把写有这些人名的单子递交给罗斯福总统审阅时，他评价道："这份名单太棒了，绝无仅有。"他非常支持我创办研究院，并于1904年4月28日将此纳入国会法案：

"广泛鼓励为助益人类发展而进行的各种调查研究和探索发现；尤其是在科学、文学和艺术领域，积极引导和支持那些用于调查研究工作的捐助，以期最终开展与政府、综合性大学、专科院校、技工学校、学术团体及个人的交流与合作。"

我要感谢我的顾问毕里斯博士，是他选择了丹尼尔·C.吉尔曼博士作为第一任董事长。几年之后，吉尔曼博士去世。毕里斯博士又推荐罗伯特·S.伍德沃博士出任董事长。至今为止，伍德沃博士工作成就杰出，我希望他能继续领导研究院更上一层楼。研究院成立以来取得的成绩人人皆知，在此无须赘述。不过，其中有两件颇为独特的事情，我还是要在此提一下。第一件事是，研究院派出"卡内基号"进行环球航行，负责考察工作。这是一艘由木材和青铜制成的快艇，它的主要工作是负责纠正早期海洋勘测上的错误。随着指南针技术的发展，人们发现海洋勘测的许多数据都是错误的。钢铁的指针带有磁性，容易有误差出现，因此以前的勘察结果难免出现错误。而青铜没有磁性，不会受到影响。有一个著名的例子可以作为证据："冠达号"游轮行至亚述尔群岛附近后被迫搁浅。"卡内基"号的船长彼得斯认为，有必要对此事进行调查。调查结果发现，这艘倒霉的游轮出现事故，与船长没有一点责任，而是由航行时所参考的海事地图的原始观测数据出现问题所致。基于此，人们很快将这些错误数据一一修正过来。

在众多的修改案例中，这只是其中的一件，它给航海者带来了不小的帮助。受益者们的感谢是对我们工作的最大奖赏。在这个年轻的共和国国度里，在这片古老的土地上，对于自己从事的慈善工作，我希望至少在某种程度上，能得偿所愿，有所回报。人们已经用行动对我的工作做出了回报，没有什么比这更让我心满意足的了。

"卡内基"号的环球航行成绩斐然。在加利福尼亚的威尔逊山上，我们设立了一个固定天文台，此山海拔 5886 英尺。海尔教授是首任台长，天文台的工作主要由他负责。某年，他参加了在罗马举行的一次重要天文学家聚会，他提议将下一次会议安排在威尔逊山上召开，当时专家们就同意了。

在这座威尔逊山上，在离地面 72 英尺的高度，我们拍了很多照片。从这些照片中可以观测很多新的星球。第一张照片上，我认为有 16 个新的星球——这是一个新的发现；在第二张照片里，有 60 个新的星球；在第三张照片里，约有 100 多个新的星球——据说其中有几个星球的大小是太阳的 20 倍。有些星球离我们非常远，大约有 8 光年。这让人不得不对那句话点头称是："与未知的世界相比，我们所知甚微。"新架起的这台巨型望远镜，其大小是其他望远镜 3 倍，我想，如果月球上有物种的话，它也能够清清楚楚地看到。

我的第三笔捐助是建立英雄基金，这是我多年来一直挂在心中的事。我曾听说，匹兹堡附近的一座煤矿发生了严重的事故。当时，该矿的前负责人泰勒先生尽管正忙于其他工作，但他还是立即赶到现场，希望能对解决危机提供帮助。他带领着自己召集的志愿者下矿去营救遇难的矿工，不幸献出了自己的生命。

这件事令我深受触动，难以磨灭。我最好的朋友理查德·沃森·吉尔德先生给我寄来一首纪念这位英勇的领袖人物情真意切的诗歌。虽然那次事故已经过去，但每次读起它，我都感动不已。我立即下定决心建立一笔英雄基金。

致和平年代的英雄

有人说："一旦隆隆战鼓和刀光剑影销声匿迹，
那么，这片土地上就不再有英雄问世。"

英雄其人，世间罕见，这个词却轻易就能脱口而出，
那高高举起，以示胜利的手，其实沾满了滔天血污。

多少久远的年代随风而去，
多少无辜的生灵惨遭涂炭。

多少女子，面色苍白，战栗不已，
面对玷污，却誓死不从。

多少孩童，身受巨痛，却坚忍无语，
只为不让母亲的心，再添伤痛。

多少学者，执着到底，
打破宗教桎梏，万死不辞，宣传真理。

和平到来，国泰民安，大好时代，
突现平民英雄，举世欢呼，众人瞩目。

是他，为了千万人的幸福，
用自己年轻的生命谱就了"英雄"的音符。

受这件事的激发，我决定拿出 500 万美元设立基金，用于奖励见义勇为的

英雄。那些在工作岗位上努力工作，或为挽救同伴而牺牲的英雄，他的家人能从这笔基金中获得补助；那些在意外事件中受难的家庭，也会从中得到帮助。这项基金创建于1904年4月15日，无论从哪方面来看，它都成效显著。我就像父亲呵护孩子般呵护着它。据我所知，到目前为止，还没有人有过和我类似的想法，所以，说它完全是"我自己的孩子"也不为过。后来，我又把这项基金推广到我的故乡英国，在丹佛姆林设立了总部，并全权委托卡内基丹佛姆林信托公司负责管理。同样，这也取得了杰出的成绩。后来，这项基金又延展到法国、德国、意大利、比利时、荷兰、挪威、瑞典、瑞士和丹麦。

关于这项基金在德国的运作情况，美国驻柏林大使大卫·杰恩·希尔写信给我作了说明，这里引用原文如下：

> 我写这封信的主要目的就是想告诉你，德国国王对英雄基金的运作是何等的满意。他对此非常热心，高度赞赏了你的能力和你建立这份基金的慷慨之举。他不敢相信这项基金发挥了如此重要的作用。他说，如果没有英雄基金，很多人将完全丧失生活来源。他跟我讲了几个真实感人的事例，其中一个事例是，一个小男孩落水后，被一位年轻人托出水面，放进一只小船。可年轻人却因体力不支，沉入水中，不幸遇难。他留下一位年轻美丽的妻子和一个年幼的儿子。正是在英雄基金的资助下，他的妻子开了一家小商店，生活得到了保障；他儿子的学费也是由英雄基金出的。这不过是众多事例中的一个。

开始时，政府内阁长官瓦伦蒂尼先生对英雄基金的作用略有怀疑，现在他对此却大为赞赏。他告诉我，委员会的全体成员（由精选出来的人员组成）都愿意运用自己的才智，竭尽全力投身于这项工作。

他们与英国和法国的基金委员会经常就工作问题定期交流工作，共同制订方案。同时，英国和法国的基金委员会对美国基金会的运作也很感兴趣，希望能从中学到更多的东西。

英雄基金的贡献令英国国王爱德华深受感动，他给我写来一封亲笔签名的信，对我为家乡所作的贡献表示赞赏。

亲爱的卡内基先生：

一直以来，我都想表达对你的感谢，感谢你为这个国家、为你出生的这片土地所做的公益事业。

为了使这项基金得到合理使用，你付出了很多努力，这令人敬佩。

我想告诉你的是，你为这个国家所做的慷慨善举和杰出工作，令我感到分外温暖。

为表达对你的谢意，我将这幅肖像赠送给你，希望你能接受。

你真诚的爱德华

1908 年 11 月 21 日

于温莎城堡

美国的一些报纸以怀疑的态度对英雄基金第一年的运作报告发表了评论。好在这些都已经成为过去，现在人们对基金的作用有了相当高的认可。困难已经逐个克服，英雄基金将长期造福于更多需要帮助的人们！曾经在野蛮时期，打伤或杀死同类被视为英雄；而在今天的文明时代，帮助或救助他人才是英雄所为。这就是野蛮与文明的差异所在。文明时期的英雄表现出来的英勇精神将受万人尊崇。

英雄基金至今已经为许多英雄、英雄的遗孀和孩子的日后生活提供了保障。而在最初，人们却误解了它，一些人认为设立这项基金是为了片面鼓励英勇行为，引诱人们为了获取奖励而故意扮演英雄角色。我从未这么想过。这是多么荒谬的观点啊！真正的英雄是不图回报的，他们考虑的只是人们的危险，从来不计个人得失。设立英雄基金的目的就是希望以最恰当的方式，给这些英雄或其家属提供抚恤金，因为他们为挽救他人的生命而致残或付出了生命，我们必须要对他们和他们的家人提供优抚。现在，随着人们加深了对英雄基金的宗旨和用途的理解，它的发展会更加美好。在我们的名单上，现在美国已经有1430 位英雄或其家人受益。

英雄基金会的主席查理·泰勒，是我从卡内基集团的创始人中挑选出来的。不过这份工作是没有工资的——查理从未拿过一分钱，但他非常热爱这份工作。我也相信他的能力，他是最适合这项工作的人选，威尔莫特先生是他的助手。因为不仅英雄基金、卡内基钢厂工人们的基金（卡内基救济基金），以及我以前工作过的宾夕法尼亚铁路公司匹兹堡分部的铁路员工的基金工作都归他负责，所以他需要一个帮手。

查理常劝我要为别人做些事，终于机会来了，我可以给他一个"报复"了。里海大学希望我能捐建一座大楼，并通过查理来做说客——查理是里海大学最优秀毕业生中的一员。我当时没有表态，不过给德林克校长写了一封信，表示愿意捐建，但须由我来给这座大楼命名。校长同意我的要求，于是我给那座大楼命名为"泰勒礼堂"。查理知道这一情况后，立刻跑来跟我"抗议"，说这让他太惭愧了，他作为一个普通的毕业生何以享有这样的荣耀？他在一旁为难不已，我却很开心地看着他说，如果我坚持要把这座大楼命名为"泰勒礼堂"，这也许会让他有点尴尬，但作为里海大学的学生，他应当为母校作出一点牺牲（贡献名字）才是。他面临两种选择，要么牺牲"泰勒"这个名字，要么放弃为里海大学作贡献的机会。好在，他很快克服了这种难为情的心理，作出了决定。正如他自己所说的："没有泰勒，就没有礼堂。"他最终同意了！今后，来这里参观的人，都会知道泰勒不仅是里海大学的优等生，是个福音传递者，更是一位身体力行的慈善家。

第二十章 教育和养老基金

1905 年 6 月，我提供了数额为 1500 万美元的资金捐助，这是我捐助的第四笔重要款项，是为许多上年纪的大学教授提供的养老基金。为此，须由美国各大高校校长中挑选出 25 人担任该基金会的理事。除芝加哥大学的哈珀教授因病缺席外，24 位理事齐聚我家商议此事，这让我备感荣幸。我和他们成了亲密的朋友，这是我最大的收获。弗兰克·A. 范德利普先生在该基金建立之初，做出了很大的贡献。基金会主席亨利·S. 普利切特博士也是一位不可多得的人才。我和很多亲密的朋友就是通过这个基金认识的。

在所有职业中，教师的社会地位虽然较高，但他们收入却很低，这对他们来说是很不公平的。当我首次担任康奈尔大学的理事时，我惊讶地发现教授们的工资竟然比我们公司的一些员工的工资还要低，真是不可想象。不能让上了年纪的教授们，靠省吃俭用来过余生。当时的大学，并没有为他们提供养老基金，那些本该退休的老教授们因此不得不继续站在讲台上教书。从首批公布的受益者名单中，不难看出养老基金的意义是何等重要。获益者有一些是享誉世界的教授，他们为传播人类知识作出了巨大的贡献。许多受益者及其遗孀写信给我，令我非常感动。这些信我一直保留着，每当内心难过的时候，重新读起它，便会让我消除烦忧。

丹佛姆林的托马斯·肖先生（现在是肖勋爵）是我的一位朋友，他在一家英文刊物上发表了一篇文章，文章中写道：苏格兰有许多穷人支付不起孩子上大学的费用，虽然如此，还是有些人竭尽全力帮助他们，尽管这些人自己也极为贫困。看到肖先生的文章之后，我决定拿出 1000 万美元设立一个基金，其年收益的一半将用于支付贫困生的学费，另一半将用于高校的建设。

卡内基苏格兰大学信托基金于 1902 年在苏格兰国务卿的爱丁堡办事处举

行了由鲍尔弗·伯利勋爵主持的首次董事会。

参加会议的人有许多是名人要员，他们分别是：巴尔弗首相、亨利·坎贝尔·班纳曼爵士（后来成为首相）、约翰·莫利（现为莫利子爵）、詹姆斯·布来斯（现为布来斯子爵）、埃尔金伯爵、罗斯伯里勋爵、雷伊勋爵、肖先生（现为肖勋爵）及丹佛姆林的约翰·罗斯博士等。我解释说，我最近读了一份理事会报告，认为把基金委托给苏格兰大学的教职人员来管理更为妥当，董事会成员埃尔金伯爵也对我的提议完全赞同。

基金管理的细则被当众宣读。埃尔金伯爵认为这些内容尚须制订得更加严谨和详细，他希望明确他的职责。鲍尔弗·伯利同意埃尔金伯爵的意见。我赋予董事会较大的权力，受益人和申请方式可以根据时代的发展，进行合理的调整。巴尔弗首相很赞同我的说法，他说他从未听说过哪一个"立遗嘱"者会给执行人这么大的权力。他询问了具体的操作方式。

"说得对，"我说，"巴尔弗先生，我只听说过能管住一代人的法律，有时候，当代人制定的法律甚至对自己这代人都不能完全适用呢。"

现场爆发出一片笑声，巴尔弗首相自己也笑了，他说："你说得没错。不过，我认为你是第一个深明大义又见解独特的捐助者。"

我提议：只须有董事会一半的人同意即可通过决议，但鲍尔弗勋爵提议说不能少于三分之二的人数。他的提议得到了埃尔金伯爵及其他所有成员的赞同。我深信：这项规定是明智的，今后的事实会为它作出证明。埃尔金伯爵义不容辞地成为基金会的主席。当我告诉巴尔弗首相，希望推举埃尔金担任这一职位时，他立即说："在英国你不可能找到第二个更胜任此事的人了。"

大家对埃尔金伯爵都相当满意。

好事成双，当时又恰逢苏格兰大学基金会的 4 位董事被授予丹佛姆林荣誉市民称号。我是其中之一，其他三人是亨利·坎贝尔爵士、埃尔金伯爵和约翰·罗斯博士。现在，还有一位女士也加入了这个队伍，那就是卡内基夫人，她像热爱自己的家乡一样热爱丹佛姆林。

1902 年，我当选为圣安德鲁斯大学名誉校长，对我来说，这是一件大事。身处大学校园中，仿佛走入一个陌生的世界。在我的一生中有几件事让我印象深刻，比如第一次与全校教职员工会面。自圣安德鲁斯大学创建至今，500 多年来，只有有杰出成就的人才能坐在我现在坐的这个位置上。在准备发言稿的过程中，我阅读了大学校长们的演讲稿。其中有一段话最引人注目，那是迪安·斯坦利校长给学生的忠告："去彭斯的诗歌中寻找你们的信仰。"他跟教会过从甚密，跟维多利亚女王的关系也非同一般，所以才有胆量对约翰·诺克斯大学的学生们畅所欲言，这也显示出宗教日渐进步。彭斯的诗句富含人生哲理，例如："唯有自责才是可怕的。"早年时我将这句话当作座右铭。又例如：

> 可怕的地狱就像刽子手的鞭子，
> 为了让不幸的人们俯首听命；
> 但是在你享受荣耀的地方，
> 也将使你濒临绝境。

圣安德鲁斯大学校长约翰·斯图亚特·米尔给学生们作的演讲也极为精彩，他很想把自己最宝贵的生活感悟传递给学生们。他强调说，音乐有助于提高生活质量，欣赏音乐可让人心升高雅情操。这也是我的切身体会。

苏格兰大学信托基金主席埃尔金伯爵、苏格兰大臣鲍尔弗·伯利勋爵和夫人、四所大学的校长及其家人，被我们夫妇俩盛情邀请，参加了在斯基伯举行的首次聚会，此次度假为期一周。此后，每年都举办该活动，"校长周"由此形成了惯例。借助这一活动平台，大家都成了朋友。校长们彼此交流经验心得，在许多方面达成了一致意见，这对各所大学发展大有裨益。大家的合作精神就是在"校长周"上被发掘出来的。首次活动结束时，兰校长握着我的手说："500 年来，苏格兰各大高校的历届校长们一直在研究给学生们上课的问题，现在他们聚在一起花了一周时间就把这个问题解决了。"

1906 年，我们在斯基伯举行的那次聚会令人难忘。本杰明·富兰克林的曾孙女艾格尼丝·欧文小姐——拉德克里夫学院的院长，参加了"校长周"活动。所有人都为她所倾倒。大约 150 年前，在圣安德鲁斯大学，富兰克林获得了他的第一个博士学位。在费城，人们为他诞辰 200 周年举行了隆重的纪念活动。当时，包括圣安德鲁斯大学在内的世界各地的其他高校纷纷来电祝贺。如今，圣安德鲁斯大学要给他的曾孙女颁发学位了。我作为名誉校长，在"校长周"的第一天晚上，为她颁发了学位，在现场见证这一时刻的有 200 多人。

整个仪式非常隆重美好。主持这样一个重要的仪式，令我内心深感荣幸。

圣安德鲁斯大学的校长唐纳德先生每次回忆此情此景，便振奋不已！

我再次被圣安德鲁斯大学的学生们一致推选为名誉校长（没有一个竞争者），这让我深受感动。我喜欢"校长夜"这样的活动，因为没有教职员工的参与，学生们可以畅所欲言，我们彼此过得非常愉快。第一次"校长夜"活动结束后，唐纳德校长向我转交了学校秘书提交给他的一份意见书："某某校长都是在讲台上和我们谈话，而卡内基先生却是坐在我们身边，大家围成一圈交谈的。"

我一直在想：我们的高等教育机构该如何发展。不过，我认为我们的重点大学，如哈佛大学和哥伦比亚大学，有 5000 ~ 10000 名学生，如此大的规模，今后的发展空间并不大。而那些规模小的教育机构，尤其是专科院校，它们有着更大的发展空间，但这需要投入资金去支持它们的发展。因此，这些规模并不大的学校是我后来资助的对象。结果也颇具成效，令人满意。我认为这样做是明智之举。后来，我发现洛克菲勒先生的光辉教育基金、普通教育基金委员会与我们自己的基金一样，都不约而同地涉足这个领域。洛克菲勒先生希望我加入他们，我表示同意。我们很快有了合作，这对双方都非常有利，我们的合作关系一直保持到现在。

在资助大学的过程中，有许多朋友和我的合伙人查理·泰勒那样，获得了荣誉。迪金森学院的康威大厅是由孟科·D. 康威的名字命名的。康威的自传刚刚出版，被"文艺协会"誉为"文学作品"。他们是这样评价的："桌上的这两卷书，如同璀璨耀眼的宝石，让自传的垃圾堆更加黯然失色。"

康威先生自传的最后是如此结尾的：

> 我亲爱的读者朋友，请乞求和平吧。乞求和平不是要你把上天奉若神明，向它祈祷，而是为你身边的每一个男人、女人，还有儿童祈祷。这祈祷不是发出一声"请赐予我们这个时代和平"等如此简单的呼吁，而是需要你自己用心去响应！虽然这个世界上仍然存在战争，但至少在你心里还有一片和平的净土。

我们所处的这个时代，最严重的问题是战争。我的朋友一针见血地指出了它。在文明时代的国家之间，的确应当尽快消除战争。

在俄亥俄州的凯尼恩学院，我设立了斯坦顿经济系名誉教授一职，以示对埃德温·M.斯坦顿先生的纪念。当年在匹兹堡，我还是一个信差时，每次送电报给他的时候，他都亲切地和我打招呼；后来在华盛顿，我成为司各特部长的助理，他也是一直热诚地待我。我非常愿意并且很高兴用朋友们的名字来为捐助的对象命名，比如克里夫兰的西储大学的汉纳系、布朗大学的约翰·海图书馆、汉密尔顿大学的第二项伊莱休·鲁特基金会、韦尔斯大学的克利夫兰夫人图书馆，等等。我希望能多捐助一些，以此纪念那些我所熟悉、喜爱和尊敬的朋友们。我本来还想捐建两座图书馆，分别以道奇将军和盖莱的名字命名，但这两位朋友的母校早把这样的荣誉给予了他们。

伊莱休·鲁特基金会是我准备给汉密尔顿大学的第一笔捐助时要用的名字，但是我们这位最为能干的国务卿，被罗斯福总统评价为"无所不知的聪明人"，似乎并没有向校方提及此事。当我因这项基金没有以他的名字冠名而责怪他时，他笑着回答："好吧，我答应你，下次我不再拒绝了。"

虽未冠名，不过我还是拿出了第二笔捐助作为弥补，但我却没有将这件事直接委托给他。现在，伊莱休·鲁特基金会已经在汉密尔顿大学建立，伊莱休·鲁特无法破坏我的计划了。鲁特是一个了不起的人，他最突出的性格优点是朴素和率真。罗斯福总统曾宣称，如果能确保鲁特成功地获得总统候选人的提名，那么他将从白宫爬到国会大厦。有人认为鲁特性格软弱，只因他不善言辞，且过于谦逊。虽然他曾经为一些公司作过辩护，但对于那些缺乏鉴赏力的低俗听众们来说，他的语言苍白无力，毫无吸引力。后来他所在的党派作出的决定非常愚蠢，他没有被提名作为总统候选人。

我通过与汉普顿和塔斯克基学院的联系，把黑人的地位进行了提高。这真是一件让人满意和高兴的事，并且因此认识了布克·华盛顿，这是我莫大的荣幸。我们都应该脱帽向他致敬，因为他不仅从奴隶中把自己解放出来了，而且还有数百万的黑人同胞也因他的举动提高了自己的文明程度。我给塔斯克基学院捐了60万美元之后没几天，华盛顿先生便来拜访我，问我能否允许他提个建议。我说："当然可以。"

"您仁慈地从基金中专门拨出一笔钱为我和我妻子的将来生活提供保障，这让我们非常感激。但是，卡内基先生，对于我们来说，这笔钱并不是那么重要。但在我的同胞看来，这笔钱会让他们认为我已经是富人了，在工作上也没必要考虑如何节俭了。所以能否请您修改一下条款，删去具体的数字，改为'只提供适当的补助'？我们信任基金会的董事们，我们夫妇俩也用不了那么多钱。"

对他的提议，我表示赞同。他的这一做法如今成了榜样。后来鲍尔温先生告诉我，当他要把最原始的那封写有具体数字的捐助信归档时，这位品格高尚的人却谢绝了，只是放进了后来修改过的那份文件。

这一点，足以反映出这位黑人领袖的高尚品格。有史以来，再也找不出哪位比他更真诚，更具有自我牺牲精神的英雄了，他的身上兼具了所有英雄的优点。在他身上，纯洁高尚的灵魂这一世间人性的最高境界得以充分的体现。布克·华盛顿是我们这个时代或是历史上，从最底层奋斗到最高层的杰出人物。他虽然出身为奴隶，但最终成长为黑人领袖，他是现代的摩西和约书亚，领导他的人民向前，向上！

我和一些院校的负责人、董事打交道的过程中，渐渐对这些人有了些了解，他们是汉普顿大学的霍利斯·B.佛里塞校长、罗伯特·C.奥格登、乔治·福斯特·皮博迪、V.艾弗瑞特、梅西、乔治·迈克安妮、还有威廉·H.鲍尔温（唉，他最近也是刚刚离世）。他们为这个世界做了很多事情，与他们在一起是一件很愉快的事。库珀联盟是一个机械商贸社团，它的每一个机构都令我感兴趣，在那里有很多人都默默地奉献着自己的力量，他们为了一个共同的目标而努力——解救和帮助不幸的同胞，他们是真正大公无私的。

我父亲曾经参加过斯韦登伯格教会，那是阿勒格尼一个不满百人的组织，因为参与人数太少，我没有答应捐建新教堂的请求，但我把管风琴捐给了他们。不久，索要管风琴的申请从各个教堂涌来，有匹兹堡宏伟的天主教大教堂，也有乡村小教堂，我无法应对。好像每座教堂都需要一架比原来更好的管风琴，新的乐器肯定要花不少钱，但是旧管风琴卖掉之后也能得到一部分钱。有些规模不大的教堂根本不需要那么大的管风琴，比如捐赠给斯韦登伯格教堂的第一架管风琴就是一个例子。某些教堂虽然已经买了管风琴，但他们仍然希望我能给他们这笔钱。为了应对这种情况，我们制定了一套合理的捐赠制度。教堂如果想得到捐赠，必须如实地回答我们提出的相关问题，填好后反馈给我们。现在，捐赠制度越来越完善、系统了，我们会依据教堂的具体需求安排捐赠事宜，捐赠工作进展得很顺利。

因为把管风琴捐赠给教堂，我在苏格兰高地被指责因此事而挫伤了人们做礼拜的热情。我受到了那些极其严厉的长老教会员的公开谴责，他们认为我居心不良，企图"用一个装满汽笛的柜子来赞美上帝"，而不是用上帝赐予人类的声音。从那以后，我想到了一个办法：让别人和我一起做这件事，如果想要新的管风琴，那么申请人就得分摊一半的钱。即使这样，管风琴捐助部门的工作还是异常繁重，需求并没有减少。管风琴的需求在不断增长。此外，由于人口的增长，新教堂的建立，管风琴就成了必备的乐器。

我觉得这件事可以一直持续下去。让申请人为新管风琴均摊费用，这不但可以保证人们正常的需求，还可以确保经费的合理使用。根据我自身的体验，一个人有信仰是非常好的，在工作空闲时也可以听听宗教音乐。有了管风琴，人们在布道之后的紧张情绪可以得到舒缓，因此我觉得在管风琴上出的钱是值得的。所以，这件事我会继续做下去。

我做的众多的慈善工作中，让我觉得最有荣誉感的是一项秘密的养老基金。有些老年人为人善良、慈祥，可他们没有过上自己渴望的体面、自由的生活，这不是他们的过错，而你可以为他们提供一个舒适安逸的环境，如果你那么做了，你会感到无与伦比的快乐。只要适当地支付一些钱，他们就会过得很好。我还没有退出商界就已经开始做这件事了，这令我感到高兴和满足。这份养老金名单别人并不知道。这是一份充满敬意和关爱的名册，他们都是值得尊敬的人。对此，我一直保守秘密。谁也不知道名单上的名字，我从来没说过。

我从未想过我做慈善事业会有什么回报。如果一定要有回报的话，我最期待的就是所有养老金名单上的朋友们过得幸福，这就是我所追求的。我所拥有的已经够多的了，因此我已经不需要什么了。我们生活在法制社会，因此我们应该默默奉献，遵纪守法，无所欲求，无所畏惧，沿着正确的道路，尽职尽责，不求回报。

其实，给予跟接受相比，前者更幸福。换个位置，那些亲爱的好友也会为我和我的亲人这么做的，就像我为他们所做的一样。对此，我深信不疑。他们给我发来了很多感谢信，有些人告诉我，他们在每晚祷告时都不会忘记我。我常常在回信中表达自己的情感。

"无须感谢我，"我说，"也不要代我祈求什么。我得到的已经很多了。请拿走已经赐给我的大部分财富，这样对我才是公平的。"这是我的真实感受，并非虚言。

铁路系统的养老基金也是一样，许多在宾夕法尼亚铁路公司匹兹堡分部的老信差（或他们的家属）都能从中受益。这项基金在很多年前就已经建立了，到今天该基金已经初具规模。现在，铁路员工是受益人，他们都是我在宾夕法尼亚铁路公司担任主管时的好伙伴，或者是他们的家属，他们现在都需要帮助。当年，我第一次加入他们这个行列时，还只是一个孩子，通过名字认识了他们。他们对我非常友好，大多数基金受益人都是我认识的，他们都是我的朋友。

钢铁工人养老金是我拿出 400 万美元设立的，虽然有数百名工人跟我都没有见过面，但对我来说，这些钱是为了感谢那些帮助过我的人们设立的。

第二十一章　和平教堂和皮特克利夫

　　很早我就认为，在说英语的国家里实现和平，这是最低要求。1869 年，英国启用了当时最大的战舰——大型君主号战舰，我不明白，它为何要对外宣称能很快就拿下美国的所有城市（意即攻无不克，战无不胜）。我给当时英国内阁的约翰·布兰特发了一封电报（这封电报最近已公开）：

　　"或许君主号战舰的当务之急是应该把皮博迪的遗体运回他的祖国。"

　　这封电报没有署名。说来奇怪，君主号战舰果真成了和平使者，战争没有发生。许多年后，布兰特先生和我在伯明翰的一个小型的宴会上见面了，我说那封匿名信是我写的。他很吃惊，那封匿名电报的内容正是他想要做的事情。我相信他说的话，他是一个值得信任的人。

　　内战期间，当美国需要支持者的时候，他提供了无私的帮助。我父亲很崇拜他，一直以来我也很喜欢他。最初，他被人民说成是野蛮的激进分子，但他并不在意，最终人们被他的观点所同化。和平是他一直倡导的，他并不赞成克里米亚战争，英国对这场战争的判断是不正确的，索尔兹伯里勋爵后来也是这么看的。作为朋友，布兰特家族赋予我一个特权——把国会原来那个旧的曼彻斯特·布兰特雕像替换下来，摆放了一个新的复制品上去。

　　英国的和平协会让我很有兴趣，很早的时候我就参观过他们的协会，还参加了许多会议。后来，克里默先生创建的国会联盟对我的吸引力最大，他是国会中的优秀工人代表。现在，能与克里默先生相提并论的人都不在世上了。因为他对和平事业所做的大量工作，诺贝尔和平奖给了他 8000 英镑的奖金，但他把 7000 英镑捐给了仲裁委员会，只为自己留下了急用的 1000 英镑。他的这种高尚的奉献精神多么伟大啊！对于真正的英雄来说，钱不是最重要的！即使克里默先生在伦敦身为国会成员，他每周也就只花几个美元维持生活，但是在和平事业上，他却捐献出了 7000 英镑。这种英雄精神难能可贵。

1887 年，克利夫兰总统在华盛顿接见了仲裁委员会的成员们，并说要与他们合作。从那天起，我最关心的一个问题就是如何消除战争。第一次海牙会议的决定让我兴奋异常。据说，会议的第一个决定就是要考虑裁军（后来才知道这只是一个谎言），并成立了一个用来解决国际争端的永久性的法庭。我认为，这是人类迈向和平极为关键的一步。

假如海尔斯先生（他的去世令我非常悲痛）还健在，并且和他的领导安德鲁·D. 怀特作为代表一起出席即将召开的第二次海牙会议，我觉得国际法庭极有可能会成立，战争也将会避免。当晚，他从海牙赶到德国，他是带着领导的指示去会见德国外交部长和国王的，最终说服他们赞成建立最高法庭，并且不再以撤走代表团作为条件——海尔斯先生为此做了那么多工作，被誉为人类最伟大的公仆载入史册是没有任何疑问的。唉，但他却英年早逝了。

国际法庭成立日——它必将成为世界历史上最值得纪念的一天。那些残害人类的败类必将为他们所犯下的滔天罪行而受到惩罚。我相信，这一天很快就会到来，每一个国家都会为此庆祝。那个时候，现在所谓的英雄将不再受追捧，因为他们不但没有促进和平、维护团结，反而促进了战争的爆发。

安德鲁·D. 怀特和海尔斯先生从海牙回来后，给我提了一个建议：为海牙捐建一座和平殿堂。我告诉他们，如果这个建议是荷兰政府向我提出的，如果他们需要我为他们提供资金，我愿意帮助他们。这个事情我不会轻举妄动。

最后，盖维尔斯男爵提出了申请，他是荷兰政府驻华盛顿的外交人员，我答应了他的请求。在给他的回信中，我谨慎地说，我会在适当的时候给他的政府汇款，并把这 150 万美元金额的汇票作为一份纪念品保存了下来。对我来说，这座和平殿堂（世界上最神圣的建筑，因为它有着最神圣的目标）的建设有我的一份力量，我认为非常光荣。这座殿堂的意义不仅限于圣彼得教堂或任何为赞美上帝而建的建筑，正如路德所说："我们不能为上帝做事情，上帝也不需要我们的任何帮助。"建这座殿堂的目的就是为了世界和平。"为人民服务就是对上帝负责。"在这一点上，我与路德和富兰克林是一致的。

朋友们组建的纽约和平协会在 1907 年成立了，他们邀请我担任该协会的会长，我没有接受，理由是事务繁忙。但我后来为此决定感到内心不安。如果我没有为和平事业做点事情，那么我该怎么做呢？我还有什么好的选择吗？很幸运，过了几天，莱曼·艾博特牧师、林奇牧师，还有其他一些著名人士希望我收回之前的话。我听从了他们的建议，我告诉他们我接受邀请。我为上次的拒绝而感到自责，我愿意做会长，我会用心做好会长。在和平协会第一次会议召开之后的第二年4月，大型的全国性会议召开了，美国的35个州都有代表出席，许多来自不同国家的外国朋友也出席了会议。

那时，我获得了第一枚勋章，这让我感到意外。我被法国政府授予二等爵士荣誉勋章。在纽约由我主持的和平宴会上，埃斯图内勒·康斯坦男爵亲自上台发表了精彩的演讲，我在大家的祝贺声中被授予勋章。这是一份天大的荣誉，因为我为促进世界和平做出了努力，大家才会对我如此赏识。我得到这份荣誉，也促使我比以前更加努力，对自己的一言一行有更高的要求。

丹佛姆林的皮特克利夫峡谷是记载我童年时所有纯洁而美好的记忆的地方。下面这个故事是我必须要说的。

在我很小的时候，为了争夺阿比大教堂的土地和宫殿遗址的归属，丹佛姆林发生了一场斗争。我的外祖父莫里森肯定参与了这场运动。这场斗争一直延续到兰德姨父和莫里森舅舅这一辈，有人指控拆毁某堵墙的人群就是莫里森舅舅煽动起来的。在最高法庭上，莫里森舅舅败诉了。当时，地主下令，从此以后"莫里森家族禁止进入峡谷"。我和堂兄多德作为莫里森家族成员，峡谷是不能随便进出的。皮特克利夫的地主们和当地居民产生了隔阂。

就我所知，皮特克利夫峡谷在世界上是绝无仅有的。它跟阿比大教堂和宫殿为邻，它的东南方向是市中心两条主干道。那片区域（大约有60至70英尺长）保护得非常好，高耸的山脉上树木茂盛。一直以来，丹佛姆林的孩子们把它视为天堂，我也这么想。每当听到天堂这个词，我就会想到它，那是我能想到的最接近"天堂"的地方。当时，如果我们能通过敞开的屋门，或是越过围墙，或是穿过铁栅栏，望一眼那里，就会觉得无比幸福。

后来，让兰德姨夫没想到的是，皮特克利夫竟然是我的了。我把皮特克利夫峡谷作为一座公园移交给了丹佛姆林——那是我童年的天堂！任何一顶桂冠都换不来这个峡谷。

事情经过是这样的：我从罗斯博士那里获悉，亨特上校准备卖掉皮特克利夫峡谷，我立即对此事关注起来。罗斯博士说他卖得太贵了，那会儿我根本不在乎这些。1902年秋天，我在伦敦生病了，但这件事使我念念不忘。一天早上，妻子走进我的房间，说来了个客人，我猜肯定是罗斯博士。如我所愿，他来了！关于皮特克利夫的事情，我们一起商量了很久。我提议，请我们在爱丁堡的朋友，也是我们的同乡肖先生（丹佛姆林的肖勋爵）跟亨特上校的代理人见面，告诉他们，他们如果失去我这样的买主，是他们的终生遗憾，因为像我这样诚心的买主，世间少有，并且我很可能会改变主意或突然去世。肖先生告诉罗斯博士，这件事他已经告诉对方了，亨特上校的律师与他约好了明天早上见面，这层意思他一定会转达。

很快，我就到了纽约。一天，肖先生就给我发来了一封电报，说他们要卖45万英镑，问我的意见。我回电说："只要罗斯先生卖就行。"圣诞节前夕，我接到肖先生的答复："你现在已经是皮特克利夫的主人了！"就这样，在我看来这个世界上最尊贵的头衔已经是我的了。

作为公园和峡谷的主人，我发现要想为大众做点事情，就得让一个热衷于公益事业的机构去管理自己的资产。我将皮特克利夫公园管理工作的最佳人选定为罗斯博士，并邀请斯基伯组建一个信托基金机构。

如今，信托公司已经管理皮特克里夫峡谷12年了，周边城镇的居民都被吸引前来游玩。它每天向公众开放，举办了儿童年度娱乐活动和花展，它总能给人带来惊喜。峡谷在信托公司多种方式的管理之下，运行得非常成功，这与契约书上明示的管理要求是一致的：

> 要让更多的丹佛姆林人民感受到生活的乐趣，要让他们感到——尤其是青少年——一些欣喜和幸福，让他们的生活条件得到提高，使故乡的孩子在成年以后，即使不在家乡，但他们回忆起童年时都会觉得当时的生活是幸福、快乐的。如果你们能让他们快乐，那么就是成功；如果不能，那么就是失败。

我与加拿大前总督格雷伯爵就是因为这段文字建立了友谊。当时，他写信给罗斯博士：

"我一定要跟今天早上《泰晤士报》上那篇文章的作者见个面。"

我们在伦敦见面了，并一见如故。他的行为很高尚，很快就投入到公益捐助的事业中。今天，在大不列颠联合王国，格雷伯爵是一个1000万美元（规模）基金会的一位理事。

因此，我至今最为满意的一项公益捐助就是皮特克利夫峡谷。当年的激进派领袖托马斯·莫里森是我的外公，贝利·莫里森是我舅舅，我那高尚的父亲和英勇的母亲的儿子，终于站起来取代了地主，成为这里的主人，使峡谷和公园成了丹佛姆林人民的财产。这是一个真实的传奇故事，不是空中楼阁或虚构的小说能与之相比的。这一切都有定数，我仿佛听到有人在我耳边低语："你的一生是充实的——非常充实。"这是我今生最大的骄傲！我认为这个项目是非常特别的。真的是时代不同了，我们以前的耻辱将被彻底洗刷。

我不再从事商业活动，做公益事业已有 13 年了。我不是因为有了足够的钱可以养老才什么也不做的，如果是那样的话，我恐怕不会成功的。阅读写作的习惯和爱好帮了我，作演讲也是我所喜欢的，经商时我还结交了一些有教养的朋友。我离开商界之后，就没有再去看过工厂。唉，我很怀念以前的朋友，叫我"安迪"的人已经越来越少了。

但我也不会忘记那些年轻的伙伴，他们是我最重要的朋友，我对新环境的适应离不开他们的支持与帮助。此外，他们成立卡内基退伍军人协会组织是最令我欣慰的，而且他们坚持到把最后一名成员送走才解散。在我纽约的家中，我们每年都会见一次面，这是我们最快乐的一件事——这份快乐一直延续下来。有些退伍军人远道赶来就是为了跟大家聚一聚，我此生最大的快乐之一便是能跟大家聚在一起。他们于我，就像是兄弟般一样，我对此深信不疑，我的心总是跟他们在一起。我对自己说："我希望把钱都分给真正需要它的人，而不是只做个有钱人。如果我不捐助，我会比他们富有 1000 倍，是的。"

我们纽约的新家被妻子称为首届退伍军人聚会所，她把他们称为"最初的朋友"。我的妻子被他们推选为第一位名誉成员，第二位名誉成员是我的女儿，这并非浪得虚名。他们在我们心中的位置是无法替代的，虽然我们年龄悬殊，但我们在一起仍然像"兄弟"一样。使我们相互之间产生深厚的手足之情的是充分的信任和共同的目标。我们先从朋友开始，逐渐成为合作伙伴。45 位合作伙伴中除了两位，其他人一直在一起。

在我们家举行的文学聚会成为能给我们带来精神享受的另一件年度大事，它是理查德·沃森·吉尔德先生组织的，吉尔德是我们的好朋友，在《世纪》杂志任编辑一职。他负责策划，从每一年度贵宾的著作中摘录一些句子写在每位宾客的卡片上，这项活动调动了现场的活跃气氛，深受大家欢迎。

有一年，吉尔德想为宾客们安排座位，所以他很早就来到了晚宴现场。但在他来到之前，座位已经安排好了，他察看了一下座位安排，发现约翰·柏洛兹和欧内斯特·汤普森·西顿的座位紧挨着，当时他俩在鸟兽的习性问题的观点上有很大分歧，因此而争论得不可开交，大战一触即发，于是他就走过来跟我说了这事。吉尔德说，他俩的座位安排在一起不合适。他自作主张地把他们俩的座位分开了。我不置可否，但趁人不注意时溜进餐厅，把座位卡又复原了。当吉尔德看到这两个人紧挨着坐在一起时，感到很吃惊。但结果如我所料，他们在这次聚会上结下了深厚的友情。古语云："把双方同时安排在一个文明的场合下才能做好调解工作。"

对于座位安排，柏洛兹和西顿都非常感谢我。事实上，经常邀请你的对手共进晚餐，甚至恳请他不要拒绝，这样的和解方式很受欢迎。因为矛盾双方缺少见面与沟通，只是听了其他人的一些不同意见，这样只能使矛盾激化。主动握手言和，与对方成为朋友才是聪明人的做法。只有固执的人才会拒绝这么做，这显然是他的不幸。失去一位朋友是一个人巨大的损失，即使你们之间的关系已经很淡了。随着时光流逝，你的朋友会越来越少。

如果一个人总是能够帮助别人，并帮助他人取得成功，那么他就会觉得自己是一个快乐的人。有人因为朋友的名誉受损而与之断交。这是一件非常遗憾的事情，非常遗憾，遗憾的是你失去了他的友情，因为真正的友谊需要用心培养，对方的优点才会被发现。

> 当友情开始凋落枯萎，
> 相互之间就会变得客套生分起来。

从前的亲密无间不复存在，但对彼此的祝福丝毫不减。

我退出商界没有得到朋友们的支持，除了马克·吐温。有一次，当各大报纸谈论我的财富时，他给我发来下面这封短信：

亲爱的朋友：

这些日子，大家都在议论你。你能把 1.5 美元借给一位你的崇拜者用来买一本书吗？上帝保佑，希望你能同意。我知道，你会的。这正是我希望的。这笔钱定会用作购书。

你的马克

又及：不要给我寄书，只要寄钱。我自己买书即可。

他在纽约卧病在床时，我经常去探望他。我们相处得非常愉快。虽然他是一位躺在床上的病人，但脑子却像往常一样机智。有一次，在去苏格兰之前，我特意登门向他告别。我起程没多久，"大学教授养老基金会"便在纽约宣布成立。我刚到苏格兰，马克便就此事写信给我。信中写着"致圣徒安德鲁"，其中有一段话是这样说的：

请把我的光环取走。只要你来到我的床边，告诉我你做了什么，你就有资格得到它。它由纯锡制成，你要对它负责。

对于克莱门斯先生（马克·吐温）的好友们来说，他是一个很有魅力的人。乔·杰斐逊是唯一能向他的孪生兄弟作出谦让的人，他俩魅力相当。另外，"瑞摩斯叔叔"（乔尔·钱德勒·哈里斯）、乔治·W. 凯布尔、乔奇·毕里斯也都很有魅力。他们无论在何时何地都能让朋友们感到快乐。他们与欢乐同在。《里普·范·温克尔》一书中写道："快乐是相似的。"

公众对克莱门斯先生幽默的一面很熟悉，却对他在社会和政治问题上坚定的立场并不熟悉，他是一位非同寻常的道德勇士。比如，他对阿奎纳多受骗被俘一事，以笔为枪，进行了尖锐的抨击。朱尼厄斯（一位作者的笔名，人们不知道其真实身份，该作者于 1769 年至 1772 年间，在伦敦一家报纸上发表一系列抨击英国内阁的文章）与他相比可就逊色多了。

马克·吐温 70 岁寿辰的庆祝大会与众不同。与会者大多是文学界的人士，但马克没忘记邀请大富豪罗杰斯先生与他坐在一起。罗杰斯先生和马克一样，对朋友的难处会热情相助。毫无例外，文学界人士在文学领域里的发言是比较擅长的。轮到我发言了，我提请大家注意，马克的英雄之举会跟他的作品一样让世人永远铭记。马克因为合伙人的过错而破产时，他有两个选择：他可以走一条平坦、轻松、合法的捷径——交出所有的财产，宣布破产，他的债务就此消失，一切从零开始；另一条路漫长、艰难，而且枯燥，需要付出一生的努力，样样都要作出牺牲。该如何选择呢？他是这样说的：

"关键不是我该如何面对别人，而是我应该对自己负责。"

在人生的多次考验中，是渣滓还是金子，危难时刻一看便知。面对困难，我们的朋友丝毫没有退却。他通过全球巡回演讲的方式赚取收益，并把所有债务都还清了。公众对他的普遍评价是："马克·吐温是一个幽默的家伙。"但同时克莱门斯先生还是一位英雄般的人物。

他的妻子一直在他身旁支持着他，与他一起周游世界，使他能像瓦尔特爵士那样无惧困难。他对此引以为傲。克莱门斯夫人去世后，马克对我重复说的那三个字让我感到从未感觉到的辛酸悲痛。他看到我很激动，握紧我的手伤心地说："家没了，家没了。"然后是继续沉默。许多年后，当我写到这里，仿佛仍然能听到那几个字，我的心不由伤感起来。

我们与祖辈比起来，多么幸运。如果生活是公正的，我们无所畏惧。

> 做一个诚实的人，
> 必须时刻保持真诚，
> 不能欺骗任何人。

这世界上不公平的事情有很多，惩罚无处不在，光明终将到来，魔鬼不再进犯。

第二十二章　马修·阿诺德和其他人

约翰·莫利和我都认为，马修·阿诺德是我们认识的人中最有趣的一位。他确实是"一个有魔力的人"。他的言谈举止，甚至连他沉思时的神情都只能用"有魔力"这个词才能准确地形容。

回忆起来，大概是在 1880 年，他和我们一起坐马车穿越英格兰的南部。同行的还有威廉·布莱克和埃得温·A. 阿比。快到一个小村庄时，他跟我们说，基布尔主教是他的教父，如今在此安息，他想让马车在那儿做一个短暂的停留，他要去墓地祭拜一下。

他接着说："啊，亲爱的、亲爱的基布尔！在神学观点上，我有愧于他，这让我感到难过。虽然他非常伤心，但他还是专程为我赶到牛津大学，推荐我为英文诗歌教授。因为他是我的朋友。"

我们一起去了寂静的墓地。在基布尔的墓地前，马修·阿诺德沉思的样子给我留下了永久的印象。后来，我们谈到他的神学观点，他说为此他令好多朋友伤心。

"格拉德斯通先生一度对我非常失望，甚至可以说是有点生气了，他说我本可以成为一名主教，而我的那些著作成了我晋升的绊脚石，这同样也令朋友们伤心透顶，然而我对此无能为力，我必须要表达自己的观点。"

我清楚地记得，他当时语速非常缓慢，语气透着极度悲伤。那些话就像是从他的心底掏出来的一样。他向外宣传了自己的观点，随着时代进步，这些观点也逐渐为众人所接受。今天，他宣传的教义几乎无可指责。如果你要找一个虔诚的教徒的话，那这个人非马修·阿诺德莫属。无论何时，都不会有一个不恭敬的词从他嘴里说出来。在这方面，他和格拉德斯通先生一样，只是他用简短的一句话便打发掉了神秘力量的存在。这句话就是："对抗奇迹的事应该终结了，它们是不会发生的。"

1883 年，他带着女儿（现在是惠特里奇太太）来我们纽约的家里做客——我们住在阿勒格尼山上的家里时，也经常能见到他。在纽约的时候，母亲和我曾驾车送他去纽约的大礼堂举办他的首次公开演讲。演讲不太成功，主要原因是他在公众场合不善言辞。当时我们跟他说什么他都听不进去。

回到家后，他的第一句话是："好吧，你们想对我说什么？请告诉我！我能当一名演说家吗？"

我很想看到他成功，因此毫不迟疑地告诉他，在公开演讲之前需要作好充分的准备。我们必须找一位有经验的演说家给他进行指导才好。我极力地鼓励他，他终于同意按我说的去做。

等我们都发表完意见之后，他转过来问我的母亲："现在，亲爱的卡内基夫人，他们都给我提出了意见，但我想听听您的意见，您是怎么看我在美国的第一次演讲的？"

"太拘谨了，阿诺德先生，太拘谨了。"母亲缓慢而柔和地回答道。后来，偶然的一次，阿诺德先生提起这句话，他说当时他的感觉就像是受到了当头一棒。当他结束西部之旅，回到纽约时，演讲水平已经有了很大提高，他的声音完全像是从布鲁克林音乐学院出来的。他曾在波士顿听了几堂一位演讲艺术教授的讲课，受到指点后，他的演讲道路就一帆风顺了。

他说他想去听一听著名的布道者比彻先生的演讲，于是我们在一个周日的早晨，起程前往布鲁克林。比彻先生对我们到访的时间已经做好估算，这样他就可以专门留出时间和阿诺德先生会面。我把阿诺德先生介绍给比彻先生，他对阿诺德表示热情的欢迎。

比彻先生说，他很高兴见到这位久闻大名、心灵相通的朋友，他紧紧地握着阿诺德先生的手，说："阿诺德先生，您的所有作品我都都认真拜读过，而且不止一次，它们让我获益良多！"

"哦，比彻先生，"阿诺德回答，"您会发现有些提到您的地方，最好还是删除掉。"

"噢，不，不，那些地方很不错。"比彻先生微笑着说，接着他们俩都笑了起来。

比彻先生有点不知所措。接下来，我把英格索尔上校的女儿介绍给他，我说："比彻先生，这位英格索尔小姐是第一次来到一座基督教教堂。"

他伸出双手紧紧地握住英格索尔小姐的手，直视着她，慢条斯理地说："噢，我所见到的异教徒中，你是最美丽的。"那些见过年轻时的英格索尔小姐的人感受和比彻先生是完全一致的。他接着说："英格索尔小姐，你的父亲好吗？我希望他一切都好。他和我常常一起站在讲台上，不幸的是，我们每次都不在同一边！"

比彻先生的确是一位宽宏大量的人，他海纳百川，博采众长。斯宾塞的哲学、阿诺德细腻深刻的意见、英格索尔坚定的政治观点，这些都是有益于共和政体的。比彻先生非常欣赏和尊敬这些志同道合的朋友。

1887 年，我们在苏格兰见到了来访的阿诺德。有一天我们谈到运动，他说他不会打猎，他不忍心把那在蓝蓝的天空中高高飞翔的鸟儿杀死。不过他补充说，他保留了钓鱼这一爱好——"这是一件多么快乐的事啊"。他开心地告诉我们，有一位公爵每年提供给他 2 ~ 3 次的全天钓鱼的机会。我忘了这个人是谁，但听说人们一提起他就多少有点讨厌之感。我们问他，为什么会和这样的人密切交往。

"唉！"他说，"和我们相比，公爵永远是一位名人，思想和行为都更无拘无束。而我们只是自以为了不起的凡人，我们个个自命不凡，但人家的血统生就如此与众不同，数百年来一直如此，我们无法改变这些。"

他面带微笑说着这些话，而我认为他内心深处是有所保留的。他其实并非是一个自命不凡的人，而是一个天性率真的人。

只不过，对有钱有势的人，他比较感兴趣。我记得在纽约时，他特别想认识范德比尔特先生。我保证，他不会发现此人与别的人有什么不同之处。

"但有时候还是有必要认识一下这个世界上最富有的人的，"他回答道，"毫无疑问，那些靠自己致富的人会让那些靠继承家产致富的人相形见绌。"

一天，我问他为什么从来没写些文章评论一下莎士比亚，他可以从自己的角度对这位伟大的诗人进行评价。他说本来他已有此意，不过他现在对自己的文章都还不能满意，更不要说评论莎士比亚了。他认为现在还不能写好这样的文章，因为莎士比亚是最杰出的作家，不能妄加评论，他觉得自己需要多作一些研究，多动脑筋进行更深入的思考才能有资格评价，所以一直以来他不敢轻易触碰这个话题。

如今，他终于为莎士比亚写出了无人可比的诗篇，这也是我一直拭目以待的。我从他的诗里摘录几行：

莎士比亚

他人受到拷问，你却自在无比，
即便千万次向你发问，你仍笑而不语，
你见解独到，踞于云端高峰，
只向群星展示雄伟壮丽的身影。

你脚步坚定，向海底深处探究不已，
天堂中的天堂，栖息着你的魂灵，
山边云脚，雾霭重重，
只为平庸者留下徒劳登攀的空隙，

只有你，洞悉群星与太阳之光的含义，
自修，内省，自重，自卫，
世人有几个能识你的真面目，
知你的价值所在！

心灵不朽，是建立在忍受无尽痛苦之上，不朽的心灵必须忍受所有的痛苦，
还包括人性的弱点，与孤独凄凉，难以排遣的弱点和令人难堪的凄楚，
这一切，凝聚在你的眉宇之间，在气宇轩昂的眉间找到了唯一的表述。
化为对世人的尽情倾诉！

我认识肖先生（乔奇·毕里斯），希望光明使者阿诺德先生去见一下这位外粗内秀的人——人不可貌相。正巧，一天上午，乔奇来温莎旅馆（我们当时

住在那里）看我，我们提起了阿诺德先生，他说自己很崇拜阿诺德先生。

我回答："今晚，你、我和他会一起共进晚餐。女士们都不在家，我们正好3个人。"

他有点儿不好意思，但还是同意了我的安排。晚餐时，我坐在他们两人中间。肖先生的语言表达方式让阿诺德很感兴趣，喜欢听他讲他的西部趣闻，阿诺德前所未有的开心地笑。肖先生把自己的演讲经历讲了一遍，15年来，他每到美国的一个地方都要为成千上万的观众作演讲。

阿诺德先生对这位演说家如何吸引听众的话题很感兴趣。

"好的，"肖先生说，"你得控制住观众们的情绪，否则他们会认为你在笑话他们。让观众们开心过后，你要摆出一副严肃的样子。例如我有一次问观众：'请告诉我人生中哪两样东西是无法预料的？'有人大声说'死亡'。'是的，另一个是什么？'有人回答：财富、幸福、健康、婚姻、税收。最后，我严肃地说：'这些都不是。双胞胎才是世界上第二样无人能预料的。'观众们哄堂大笑。"

"你的题材经常更新吗？"阿诺德问。

"是的，一直都是这样。你必须要有新的题材，否则你无法进行长年的演讲，当然，有时我也会讲错话。我有过一次棘手的经历，我自以为所有的听众都会被一个笑话逗乐，但并非如此。在密歇根州的一个晚上，我坐在篝火前，我的脑海里突然出现了一个词。我试着在孩子们面前讲了一遍带这个词的笑话，效果马上就出来了。我是这样开始的：'这是一个充满质疑的时代。人们总是无法相信自己没有完全理解的事情。如今，有约拿和批评家，他们什么都想知道，我认为约拿和批评家对这个时代的了解是有限的。他们问约拿在竞争社会做些什么——这个社会到处都在竞争。'"

有一天，在百老汇大街上，肖先生与一个真正的西部人见面了，那个人跟肖先生说：

"我想你是乔奇·毕里斯吧。"

"是的，我有时会被人这么称呼。"

"我这里的5000美元是给你的。"

"我们去戴尔蒙尼餐厅聊聊这事吧。"

两人进餐厅后，这位外地人告诉他，他在加利福尼亚有一座金矿，他跟合伙人因所有权的问题产生了分歧，他们吵得不可开交。这位外地人向肖先生坦白，他离开时威胁合伙人说，他会进行法律诉讼。"第二天上午，我找到我的合伙人跟他们说，今早我翻阅了乔奇·毕里斯的年鉴，今天的训言是：'如果你不认死理，你会有更多的回报。'我们都笑了起来，觉得这话说得很对。我们看到了你的文字后，都安静下来，又重归于好了。有人提议付 5000 美元给你，这次我来这边，就是受他们委托把这笔钱给你。这就是事情的经过。"

晚餐结束时，阿诺德先生说：

"肖先生，我很欢迎你来英国演讲，你的第一批听众就由我来介绍给你。虽然一个愚蠢的地主来介绍会比我更好，但这个机会对我来说很重要。"

没人能想到著名笑星乔奇·毕里斯要由光明使者马修·阿诺德向伦敦的观众引荐。

许多年后，他还经常问起"我们那位勇猛的朋友肖先生"。

那次难忘的晚餐之后，一天早上，我和乔奇在温莎旅馆见面了，我们坐在圆形大厅里，他掏出一本小便签本，说：

"阿诺德在哪里？我想要知道他怎么看待一些问题。我把我的随笔发给《世纪》，每周可以拿到 100 美元的稿酬。'毋庸置疑，作家没有评论家伟大。别人犯的错误，他们总是能敏锐地发现，这种独到的评论比行动更为有力。'这就是泽基尔伯父给我定的每周评论的宗旨。"

我把一个多少与芝加哥有点儿关系的故事告诉了阿诺德先生：波士顿上流社会的一位女士去芝加哥看望快要结婚的同学，她被芝加哥迷住了。

一位当地的名人在某天晚上问她，最令她着迷的是芝加哥的什么，她优雅地回答："我发现这里的文明程度比较高，热闹繁华的商业、日新月异的发展、富丽堂皇的住宅都不如这一点。"

那人立即答道："哦，是的，我们太热爱这里了。"

芝加哥并不是阿诺德先生的钟爱之地，庸俗之地是他对芝加哥的印象。然而，高度的"文明与优雅"也让他惊喜。他想去看看那里最有趣的事。我笑着说，那就去屠宰场吧，它很奇妙，一头猪从非常先进的新型设备里送进去，尖叫声还没散去，另一端的出口就已经出来了制好的火腿。他思考了一会儿，然后问：

"去屠宰场干什么，听猪叫做什么呢？"我无言以对，就此作罢。

　　阿诺德钟意的《旧约全书》无疑是《以赛亚书》，至少他经常引用的诗句都来自那位"伟大的诗人"——他是这么称呼他的。我在环球旅行中发现，其他宗教书籍对其中的故事进行了精心编排，适当地进行了取舍。我记得阿诺德先生说，《圣经》就是这么处理的。那些享誉世界的经典作品也是经过精选才结集出版的，孔子与其他圣人也不例外。

　　我们在阿勒格尼山的克雷森度假别墅回来后，匹兹堡弥漫在烟雾中。我们在上台阶时，阿诺德突然停下来大口喘气。他靠在栏杆上，用手捂着心脏，对我说：

　　"啊，我快要死了，就像我的父亲那样。"

　　当时，他的心脏有问题我是不知情的，但我深深地记住了这句话。很快，他的死讯传来了。每当想起阿诺德对自己命运的预言，我就悲从中来。他的逝世是我们极大的损失。除了他，没人能把塔姆·萨姆森恰当地用到彭斯的墓志铭上：

> 塔姆·萨姆森穿着新衣躺在此处：
> 你貌似虔诚的信徒，请将他饶恕！
> 假如天堂里的确存有真诚，
> 你将改过自新，获得新生。

第二十三章　领导英国的政治精英

　　我在伦敦时，罗斯伯里勋爵邀请我与他共进晚餐，他是格莱斯顿的内阁成员、前途远大的政治家。我之所以能够见到世界第一公民——格莱斯顿先生，全拜罗斯伯里勋爵所赐，所以我很感激他。

　　位于丹佛姆林的图书馆是我捐助的首座图书馆，罗斯伯里勋爵曾经为这座图书馆揭幕，最近（1905年），我新近捐助的一座远在斯托诺威的图书馆揭幕仪式他也参加了。他来纽约时，我开车带着他沿着滨江大道逛了一圈，他说纽约是最让他着迷的城市。他的脑子很灵活，但他的毅力却并没有那么顽强。

　　如果罗斯伯里勋爵是在一个工人家庭长大的，年轻时进入英国国会下议院，经过自己的努力后而进入上议院，那么他可以在艰难的生活中锻炼得更加坚强，就可以具备作为一个政治家必备的坚韧毅力。他在演说方面很有魅力——风格明快，气度优雅（也许他是我们中最优秀的演讲家，他的演讲稿从未被超越，所有人都敬佩他）。

　　一天上午，他约我见面。互致问候后，他递给我一个信封，说："我认为你的秘书应该被辞退。"

　　"恕难从命，阁下。他是一个很优秀的人才。"我回答说，"他做错了什么事吗？"

　　"这是他写的。他把罗斯伯里的名字写错了两次，对此你怎么看？"

　　我说，如果我斤斤计较的话，那么我的生活将是一团糟。"我每天都会收到很多信，这些信中的很多人根本就不会写对我的名字，拼写成'卡纳基'或'卡内其'的都有。"

　　但他把这事当真了。就像这种小事他都不能容忍。有大作为的人应该学会包容，并从中得到快乐，否则他会变得狭隘。他的个人魅力很大，但又腼腆、敏感、任性、保守，如果他能在下议院多干几年可能会好些。

令英国国会上议院非常惊讶的是，他成了一名自由派的成员。我大胆向他阐述了我的一些民主观点。

"你要毫不掩饰地支持国会。别在乎你的世袭地位，告诉大家你根本看不起那些拥有特权的人，这样人民才能拥护你。你年轻、聪明，有魅力，还有高超的演讲天赋，但是你不去尝试，你就永远不会成为英国的首相。"

他对此有明显的兴趣，可却非常平静地说："但我不会得到下议院的认可的。"

"这正如我所愿。如果我遭到拒绝，我不会轻易认输，而是继续参选，面对现实。一个对世袭特权一点儿也不眷恋的人，必然是一个高尚的公民，任何席位都适合他竞选，也肯定会成功的。就如克伦威尔。打破惯例的人或是开创先河的人在民主国家里是值得推崇的。"

后来，与莫利谈起此事时，他的评论让我至今不忘："我的朋友，伯克利广场 38 号不是克伦威尔的家。"他一字一句严肃地说。

罗斯伯里虽然是个好人，但他贵族家庭的出身不适合他。与之相反，莫利不是贵族子弟，他的父亲是一名外科医生，虽然家境一般，但并没有让儿子因此而失学，莫利一直是个"老实人"，贵族地位和荣誉勋章对他没有任何影响。下议院的议员鲍勃·里德（后来成为劳尔伯恩伯爵和上议院大法官）、海尔丹爵士（接替鲍勃的大法官）、阿斯奎斯首相、劳埃德·乔治等人都跟他的经历相似。直到今天，处处为人民考虑的民主主义者也没有完全成为国家的统治者。

谁能在格莱斯顿先生之后担任世界第一公民的职位成了一个问题。莫利先生被年轻的内阁成员们委托，由他来定夺。哈考特和坎贝尔·班纳曼成为候选人。哈考特有一个致命的缺点——无法控制情绪。对领导人来说，情绪失控会做出一些错误的事情，沉着、镇定、果断是领导人应具备的素质。

从我的角度看，哈考特是一个忠于国家的人，他的妻子是莫利的女儿，我很喜欢他。他对我们的人口普查和数据报告很感兴趣。当然，坎贝尔·班纳曼当选我也很高兴，他是我的家乡丹佛姆林的代表。

后来，他在答谢当地民众时是这样说的："我能够当选，主席贝利·莫里森居第一功。"

我的舅舅贝利是丹佛姆林激进派领袖。激进派从来不缺少卡内基家族和莫里森家族的人，我们都是伟大的共和政体的坚定支持者，就像是赞美华盛顿和他的同僚"知道并且敢于正式宣布公民的特许权"一样。在法制发展的稳定时期，一套永恒的公民黄金法则很快就会被说英语的民族建立起来：

> 地位如同金币上的印章，
> 人才是真正意义上的黄金。

英国所有的殖民地早已盛行这一理念。

1905 年秋天，我们夫妇俩参加了我们的朋友约翰·罗斯博士被丹佛姆林授予荣誉市民称号的典礼。作为卡内基丹佛姆林基金会的主席，罗斯博士在慈善工作方面是这个镇上最热心的人。观众从麦克白市长的发言中听到，这项荣誉得来不易，能够获得这项荣誉的还健在的只有 3 人，他们分别是：国会议员亨利·坎贝尔·班纳曼（现任首相），印度前总督埃尔金伯爵（现任殖民地大臣），还有我。对我来说，这个荣誉很了不起，因为政府官员不在我的考虑范围之内。

埃尔金伯爵是布鲁斯王族的后裔。丹佛姆林的阿比大教堂的大钟下面就是他祖父的安葬地。苏格兰大学进行改革时，委员会的二把手正是埃尔金伯爵。埃尔金被任命为保守派政府成立的布尔战役委员会的主席。

当推选苏格兰大学基金会的董事机构成员时，我告诉巴尔弗首相，埃尔金伯爵作为丹佛姆林的权贵人物，他是完全有能力做好这一工作的。巴尔弗首相认可了我的观点，他认为埃尔金伯爵是英国国内最合适的人选了。事实证明，我们对了。

后来有一天，约翰·莫利以丹佛姆林基金会成员的身份跟我说起埃尔金主席："我以前把埃尔金看作是我所遇到过的最麻烦的公众人物，他居高临下，但现在我对他的印象变了，他是一个实干家，而不是鼓动家。"

今天，这位布鲁斯王族的后裔代表了谦虚和智慧。

1906 年在伦敦总部，6 天之内我被授予了 6 个城市的荣誉市民称号，接下来的一周，我又被授予了两个荣誉市民称号。为了能赶上典礼，我只能坐早班火车去，晚上赶回来。有些人可能会认为经常参加那样的典礼没有意义，但我不这么认为，每一场典礼都有各自的特点。各个城市的市长和市政要员会出现在典礼上，每个城市的情况和问题也不同，功绩和缺点不一而足。通常，人们最关心的问题是这个地区的发展，每个地方都像是一个独立王国。当地城市议会相当于内阁，首相就是市长。人们只关心自身的情况，对外界无动于衷。相邻城市之间存在着供水、供气、供电等问题，是分是合，都要进行讨论。

新旧世界之间在市政问题上有很大的区别。过去，许多家庭的祖祖辈辈都没有离开过他们的出生地，人们对自己的家乡及其周围的一切事物都很熟悉、很热爱。如果这个人当了市长，那么他就会让他的儿子向市长这个方向努力。许多宝贵的财富都是他们创造的，他们是城市的骄傲，他们始终依恋着故土。他们竞选参议员的目的是为了在任期内能为城乡做出贡献，对绝大多数公民来说，这个理想的目标是值得赞扬的。几乎没有人能想到——有钱人能得到国会议员的位子，因为他们在伦敦居住期间没有任何补贴。然而后来，这一情况很快有了改变，英国遵照常规，立法者的服务要得到相应的回报（这一规定自1908年开始实施，现在支付的报酬是400英镑）。

在这以后，英国很可能会借鉴其他国家的经验，白天在议员们精神饱满、思维敏捷时开展议会工作。因为在忙了一整天后，接着又在晚餐后筋疲力尽地去考虑国家大事是没有效率的。

英国市镇地方议会聚集了最优秀的人，他们大公无私，热心公益，以自己的家乡为傲，为家乡的建设发展贡献了一生。

这些人都是无私奉献的人。苏格兰和英格兰的许多城镇的镇长和其中的地方议员，我都认识，这让我很高兴。当然，爱尔兰的荣誉市民一职，也让我荣幸之至。在科克、沃特福德、利默里克，我受到的礼遇，让我终生难忘。人们在横幅上写着"永远欢迎你"，让我很是惊讶。

荣誉市民这个头衔之所以没有让我感到厌烦，是因为它让我更方便、更深刻地了解到英国当地公众的生活和他们的爱国热情。

我得出这样的一个结论：与其他国家相比，在英国，由公众投票选举出来的自治政府首领，可能会更好地为公众服务，并且这些人都在政府重要部门的核心岗位上工作，国会的办事效率也就不会低。

第二十四章　格莱斯顿和莫利

1892 年 4 月，我携妻来到哈瓦顿。我们去格莱斯顿先生的家中做客时，他高度赞扬了我的那本《美国的四驾马车在英国》。在他的新藏书室里，一边整理书籍，一边和我聊天，我则浏览着书架。当他站在离我很远的一架梯子上，正往书架顶部放一些很重的书时，我忽然发现自己眼前的书架上有一本很独特的书，便对他大声说道：

"格莱斯顿先生，我在这儿发现一本《丹佛姆林名人录》。它的作者是我父亲的一位朋友。当初我还是一个小孩子，就已经从中知道一些名人了。"

"是的，"他答道，"如果你把手伸到左边的第三或第四本书，我想你会发现另一本由一位丹佛姆林人写的书。"

我按他所说，伸手去找，不料看到的却是自己写的那本《美国的四驾马车在英国》。就在我要拿起这本书的时候，我听到有个饱含深情的声音从梯子顶部传来：

"丹佛姆林于我，其意义就如同麦加对于伊斯兰教教徒，贝那勒斯对于印度教教徒，耶路撒冷对于基督教教徒那样。"

过了一会儿，我才反应过来，原来我听到的这些话正是我书中的原文。这是我从南方回丹佛姆林，刚刚踏上故乡的土地时的真情流露。

"你是从哪里得到这本书的？"我问，"我写好这本书的时候还不认识你，并没有给过你这本书呀。"

"确实不是你给我的！"他回答，"当时我们的确还不认识，不过有一个人，可能是罗斯伯里吧，跟我提起过这本书。于是我就心头一喜，买来一读，没想到那种对丹佛姆林的热爱深深地打动了我，真是让我永生难忘啊。"

这一幕发生在《美国的四驾马车在英国》写完后的第 8 个年头，这么长的

191

时间里，格莱斯顿先生竟然还记得其中的句子，可见其记忆力是何等的非凡。我或许是个爱慕虚荣的作者，不过，我不得不承认，对于他的高度赞赏，我一直怀着深深的感谢之情。

我觉得，人们对那些在礼拜日当着大家的面，扮演着"圣经读者"的政治家们是深表怀疑的。在了解格莱斯顿先生的为人以前，我承认，自己也一直有着同样的想法，认为他在某些场合作秀。他的真实性格被我了解之后，这些想法就不存在了。像他这样真诚直率的人太少了。是的，他甚至在日记中写下了（莫利在他的《格莱斯顿的一生》中提到）他在下议院期间发表的关于预算的演说，得到了普遍赞同，他"意识到有种神圣的力量在支持他"。一个人可能不会承认这是一种信仰，它来自于未知力量的支持，这是一种潜在的影响。创世者关心像格莱斯顿先生的预算这种小事是任何人都很难想象的事情。这是对神灵的冒犯，但对格莱斯顿先生来说，这是很正常的——因为他是一个非常虔诚的人。

1887年6月，适逢女王登基50周年纪念日，那天晚上，格莱斯顿夫妇在布莱恩先生和我去沃德弗顿勋爵位于皮卡迪利大街的家中赴宴时相遇了——这是布莱恩先生第一次把我介绍给他。我们从京华国际酒店出发，虽然提前租了马车，但是街上人太多，只能在圣詹姆斯街的中央停了下来。我挤到人行道上，布莱恩先生跟在后面，我找到了警察，并把布莱恩先生的身份以及我们要去的地方说清楚，请求他的帮助。他答应了，他用职权在人群中开出一条道路，我们紧紧跟随。9点以后，我们才到沃尔弗顿勋爵家，待到11点多，我们就返回了。

晚餐时，格莱斯顿先生和布莱恩先生就英美两国的国会议事程序问题进行了交流。整个晚上，格莱斯顿先生多次向布莱恩先生详细询问众议院的议事程序方式，因为布莱恩先生有众议院议长的工作经验。我看过"先决问题"（国会议事程序中作为动议提出的）和简要规章，这些不必要的争论使我对格莱斯顿先生的印象深刻。隔了一会儿，谈话又跑了。

跟其他英国人相比，格莱斯顿先生的兴趣更为广泛。我最后一次见到他是在苏格兰的阿米斯蒂德家，他的思维还是那么清晰，精力还是充沛，对什么事情都很有兴趣。我们国家的钢结构高楼是他当时最感兴趣的，问了我很多相关的问题。有个问题一直让他不解：为什么第5层或第6层的砖瓦工程常常比第

3层或第4层早完工。他对我的解释非常满意。他对事物有着执着的精神。

返回时，格莱斯顿先生说，他和妻子是绕过后面的路，通过海德公园来的，他们要按原路返回。布莱恩先生和我却尝试穿过人群回到酒店，顺道看看热闹。我们走进人群，随着人流缓慢地前行，当我们走到革新俱乐部时，我听到在我右方有个熟悉的声音，便对布莱恩先生说："好像是格莱斯顿先生。"

他说："不可能。我们刚分别，现在他正在回家的路上呢。"

"我不这么认为，我很会辨别声音，那是格莱斯顿先生的声音无疑。"

终于，布莱恩先生被我说服，我们往后退了几步。我走近一个不让脸露出来的人，对他小声说：

"都这么晚了，怎么还不休息？"

我告诉他我早听出了他的声音。

他和我们一起待了几分钟，这期间他把遮头和遮脸的斗篷除去了。当时已经过了晚上12点了，虽然他已80岁高龄，但还像一个孩子似的，他把妻子送到家之后，就又偷偷出来看热闹了。

我和英国人莫利很早以前就成了朋友，虽然他是一名爵士，但他的生活却始终保持着一名作家的朴素风格，他当时在《双周评论》任编辑一职，我第一次给英国期刊的投稿就是在那里刊发的。随着年岁的增长，我们的友情愈发深厚，我们成为知己。通常，我们在周日下午互通短信（有时是长信），交流情感。我俩性格差别很大，能成为朋友就是因为能够互补。我是个乐观主义者，认为一切都会好起来的；他却是个悲观主义者，事事小心，总是杞人忧天。他总认为官员们都有缺点。在我看来，世界真美好，我们就像生活在天堂一样——我要感恩生活；莫利对任何事情都不着迷，他会经过慎重思考做出判断，无论何时他都会看到阴暗面。

我给莫利讲了一个故事：有一个消极的人，没有事情能让他高兴，还有一个积极的人，没有事情会让他不高兴。天堂向他们发出了邀请，消极的人说："是的，这个地方很好，但不知为什么，我不适应这里。"

积极的人通过一个故事来驳斥他：魔鬼背着一个人进入了地狱，当走到泉水边时，魔鬼把他放在岸边，自己去喝水。这时，一个老朋友走过来和他搭讪："你好，吉姆，这是怎么了？"

消极的人说："嘘，安静一点儿，情况可能会更坏。"

"这里已经是地狱了，还能再坏吗？"

"嘘——"他指了指魔鬼，"万一他让我来背他呢？"

莫利跟我有同样的爱好：音乐。在斯基伯期间，每天早晨管风琴的伴奏，让我们非常享受。他和亚瑟·巴尔弗一样喜欢神剧。他们两人都极具理性与圣贤明见，我觉得，他们几乎可以与哲学家并驾齐驱。不过最近以来，巴尔弗的许多作品过于注重推测，而莫利从未试图这么做。一直以来，他都能认清方向，并脚踏实地去走自己的路。一旦他要"迷失在森林里"，他便会自寻出路，避免有任何危险的情况。

最近一次在伦敦召开的全球编辑大会上，莫利的演讲震惊四座。他对众人说道，彭斯的一些诗句，在改善社会状况和稳定社会形势中，其意义要比成千上万篇社论更具效果。随后，他认为，目前人们应该像汤姆·潘恩在《人权》中提到的那样，把自己对一些事物的所思所想表达出来，可以用书写或演说的方式进行。

这次演讲结束后，他来到了斯基伯，我们就此展开一番探讨，并提到了他引用彭斯的那6行诗。

随后，在蒙特路斯公园的彭斯雕像揭幕仪式上，我在演讲中背诵了那几行诗句。令人惊奇的是，在几年前我们两人竟同时被授予蒙特路斯荣誉市民称号。

1904年，在我的说服下，莫利终于来到美国，他的足迹踏遍了大半个国家。我们努力想让他认识一些与他一样有名的人物。有一天，我邀请了伊莱休·鲁特参议员，莫利和他谈了好长时间。鲁特参议员离开后，莫利告诉我，他非常欣赏这位参议员，在他遇到的美国政治家中，这位是最令他感到满意的。他说得没错。莫利博学多识，对公共事务判断准确，这两方面，是美国的其他政治家所不能及的。

和我们道别后，莫利去白宫拜访了罗斯福总统。与这位非同寻常的人在一起的几天，令莫利大有收获。后来，莫利如此评价道："啊，我在美国见到了'两大奇观'：罗斯福总统和尼亚加拉瀑布。"

的确，这"两大奇观"还真是如此相似：都是那样的气势磅礴，大气浩荡，激流飞奔，精神强健，热情四溢，乐此不疲，并且各司其职，尽心尽力。

因为阿克顿勋爵的境况不太好，于是我买下了阿克顿图书馆，并允许阿克顿勋爵可以在他的有生之年使用它。阿克顿勋爵去世后，我认为莫利会处理好这座图书馆，便打算赠给他。没想到格莱斯顿已经提前告诉了莫利。从这件事可以看出格莱斯顿和莫利关系异常亲密——唯有此人能与他分享所有的快乐。但他俩在神学方面观点不同，阿克顿和格莱斯顿的观点趋于一致。

在苏格兰大学接受我给他们的基金捐设后的同一年，英王陛下去巴莫拉尔宫，莫利作为大使陪同，我收到他发来的电报说，他会在我们起程回国前来看我。我们见面后他告诉我，英王陛下对我为苏格兰大学以及英国其他地方所作的捐助印象很深，他想对我进行奖赏，但他不知道在他的权力范围之内，他能够做点什么事情让我感到满意。

我问："你如何回答的？"

莫利回答说："什么都不用做。"

我说："你说得很好。但如果英王陛下愿意写一封短信给我，表达他对我所做之事感到满意，这将使我深为感激，我会让我的后代看到它，并为此感到骄傲。"

英王陛下果真这么做了。我在本书的其他地方已经提到过这封亲笔信了。

最适合莫利疗养的度假胜地就是斯基伯了，每年夏天，莫利夫妇都会和我们在斯基伯待上一段时间。"老实人"一直是莫利的本色。遇到突发事件时，他都毫不慌张、镇定自若。

张伯伦和莫利是激进派的"战友"，在英国时，我经常会遇见他们或谈到他们。英国比美国对"地方自治"更感兴趣。我给张伯伦先生寄了一本安娜·L.道斯小姐的《我们如何管理》，这是他之前要求过的。我与莫利、格莱斯顿以及其他人也经常谈起这个话题。

我给莫利先生写信，告诉他我不赞同第一份《地方自治法案》的原因，不应该把爱尔兰的成员排除在国会外。我对格莱斯顿先生说，南方国家派遣代表去华盛顿不会遭到我们的反对。

"如果他们拒绝的话，你怎么办呢？"他问。

"不发生冲突的前提下，争取所有民众的支持。"我回答。

他稍作停顿，然后重复道："不发生冲突。"他感到有些无可奈何，便换了个话题。

我想用自己未来的行动来对此进行回答。一直以来，我都强调美国有许多立法机关，但只有一个国会。英国不妨以美国为榜样，也设立一个国会，并在爱尔兰、苏格兰、威尔士分别设立地方立法机关（而不是国会）。这些地方可以建设得像纽约和弗吉尼亚一样。但是英国没有最高法院，除了通过国家的立法机构制定法律，还要通过国会，才能最终形成权威有效的判决。英国可以让国会成为国家的最高权力机构，地位处于爱尔兰之上。这样一来，爱尔兰当地立法机关的法案就应该在下议院进行公示，时间是3个月，一旦法案中有与国会立法相冲突的地方都要进行修改；如果他们不同意，那就继续修改，一直改到合适为止。除非制定的法律法规不合理，否则那些条款将没有任何意义。

我极力把自己的意见推荐给莫利。他告诉我已经转达给帕内尔了，却遭到了拒绝。我想，当时格莱斯顿先生可能这样说："好想法，不过不止我个人认为这项条款没有必要，而且其他人也这样认为。我们需要的是对英国有利的事情，现在还不能接受这个提议，那只是你们的做法。"

关于"政教统一"，我的观点是，将来我们的民族会重新联合起来，因为大不列颠岛不再具有对外扩张的能力了。格莱斯顿先生问："你认为我们的国会还能存在多久？"

我无法得知确切的时日，就政教分离而言，我没有他的经验丰富。他对此表示赞同。

我进一步说到，与地域广阔的国家比，英国的人口不会再增加。

他问："你怎么看英国的未来？"

我提到古希腊，还说到英国出现乔叟、莎士比亚、弥尔顿、彭斯、司各特、斯蒂文森、培根、克伦威尔、华莱士、布鲁斯、休姆、瓦特、斯宾塞、达尔文等名人是必然的。纯粹靠物质是无法产生天才的。多年之后，工业大国的称号已不属于英国，它并没有衰退，只是因为其他国家的发展速度比它快，我认为将来的英国就是现代的希腊，民族精神统治必将会实现。

他紧紧抠住这个词，若有所思地反复说道："精神统治，精神统治，我喜欢，我喜欢。"

此前，没有一个人能跟我交谈得如此尽兴。后来，我又到哈瓦顿拜访他。1897年冬天，是我最后一次见他，当时是在戛纳兰德尔勋爵的家里，他已经病得非常厉害了，但他的魅力丝毫未减。当我们从兰德尔勋爵家驱车返回时，我的弟媳露西轻声嘀咕道："有病的鹰！有病的鹰！"这位伟人苍白的倦容难以言表。他是一位真正善良而杰出的人，"世界第一公民"这个头衔非他莫属。

《胜利的民主》是我的第三本书，目的是向对美国了解不多的人，甚至是有些曲解的人进行解释。那些受人尊崇的英国人居然不知道美国的存在，这让人难以理解。

我们又谈到了一个令他震惊的问题——国家财富。他从 1880 年的统计报告中得到了一条惊人的消息，美国虽然只有百年历史，但整个大不列颠及爱尔兰都可以被它买下来，而且英国所有的债务都能还上，做完这些事之后，还富富有余。我提到的自由贸易问题是最令他震惊的。我指出，世界上最大的制造业国家是美国（我记得后来海尔丹法官说世界上最大的制造业国家是英国，对此，我纠正了他的错误，他向我表示感谢）。我引用了马尔海尔的一组数据：1880 年，英国的产值是 8.16 亿英镑，美国的产值是 11.26 亿英镑。

他听了以后只说了一句话："真是难以置信！"

随后，我提到的数据同样令他吃惊。

他问："为什么这些问题没有人以简明扼要的形式向世界通报？"

那时，我正在为《胜利的民主》一书整理素材，我告诉他，这本书将会满足他的愿望。

《环球旅行》和《美国的四驾马车在英国》很快我就写完了，但是《胜利的民主》花费了我大量的时间，我从 1882 年开始准备资料，搜集过程很累。搜集到的数据我还要进行核对、整理，随着工作的推进，我感觉这项工作对我没有那么大的吸引力了。那段日子，数据占据了我的全部，我经常把时间搞错。由于书稿整理压力巨大，我又不能耽误生意，所以我一生中的第二次重病光顾了我。

第二十五章　赫伯特·斯宾塞与他的粉丝

1882 年，我和赫伯特·斯宾塞与他的朋友罗特先生在塞尔维亚相遇了，并相约从利物浦出发到纽约去旅行。我在旅行方面的经验是比较丰富的，一路上由我照顾他们俩。在航行途中，我们同坐一桌。

有一天，我们聊到与伟人第一次见面时留下的印象，我们谈了谈各自的感受。他们与我想象中的印象一点儿也不一样。

"哦！"斯宾塞先生说，"我给你的感觉是这样吗？"

"是的，"我回答，"任何人也无法跟你比。你在我的印象中是一位老师，是一位非常沉着冷静的哲学家，跟圣人一样，任何事都打动不了你。赤郡奶酪还是切达奶酪这样的问题让你激动是我不敢想的。"起因是前一天，服务员把奶酪送错了，他大声喊道："我要的不是赤郡奶酪，是切达奶酪，切达奶酪！"像他这样怒吼的人并不多见，他在随后的自传中也提到了这件在航海旅行中发生的小事。

斯宾塞很爱笑，喜欢听故事。尤其喜欢美国的小说故事，我给他讲了很多，通常会引来他的一阵爆笑。他急于了解美国西部地区的境况，当时欧洲非常关注那里，我给他讲的得克萨斯州的故事让他觉得非常有趣。

一个从得克萨斯州来的沮丧的移民与我们在返程途中相遇了，我们就问他关于当时那片贫瘠土地上的情况，他说："外地人，我对得克萨斯州的感觉是，如果我是得克萨斯州的主人，我一定会卖掉它。"

从早期到现在，那儿的变化非常大！得克萨斯州现在有 400 多万人口，那片土地的棉花产量是世界第一。

在匹兹堡，有一次我和这位哲学家在屋外散步，我们在快走到家的时候我想起另一个美国游客漫步到花园时发生的故事。

当这个游客正准备进门时，一只大狗跑出来迎接他。他被吓得立即退了出来，并把花园的大门关上了。主人朝他喊道："它不会伤到你的，你要知道咬人的狗是不叫的。"

"是的，"这位游客因为惊吓而声音颤抖地大声说道，"我明白这个道理，你也明白这个道理，但你的狗明白吗？"

有一天，我的外甥悄悄地打开门偷窥我们俩说话。后来，他的母亲问他原因时，这个 11 岁的男孩回答说："妈妈，我想看看这个在书里说不用学习语法的人长什么样。"

斯宾塞先生听了之后很开心，并且把这件事挂到嘴边。

有一天我和他聊天，他说他不支持在加来和多佛之间修建隧道，并为此签名反对，他做出这样的事情令我非常惊讶。他说他也和别人一样确实想要有这条隧道，可签名抗议是因为他知道他的同胞都非常愚蠢，一旦开挖隧道，英国的陆军和海军会惊跑群众，使他们害怕，也会激起他们的军国主义思想。军队就会得到扩充，并且涉及在防御工事上要付出的费用也就非常高，但后来被证实这些考虑是多余的。

一天，我们坐在酒店里俯视特拉法加广场。有一支英国皇家近卫骑兵团经过，我说："斯宾塞先生，在 19 世纪最文明的民族里，我从来没有见过一个人装扮得像小丑一样无忧无虑，就像我们从自身的角度来看，发现他们竟希望以此为职业——目前绅士的唯一职业——学习杀人最有效的办法。这太让我愤怒了。"

斯宾塞先生说："我同意你的观点，但是我要告诉你，我会克制自己的愤怒。每当我觉得即将失控时，就会把爱默生的故事拿来平息自己的心情。有一次，爱默生在法尼尔大厅的讲台上发表演说，他因为直言反对奴隶制度而被轰下台来。他对我说当时他非常生气，就直接走回家，当他打开花园的门时，他看到园外有榆树的枝条伸出来，天上的星星斑斑点点。星星们好像在对他说：'亲爱的先生，为何如此激动？'"我们都笑了，他的这个故事让我感慨。我时常会对自己重复这句话："亲爱的先生，为何如此激动？"这的确很有效。

在戴尔蒙尼餐厅为斯宾塞先生举行的宴会是他此次美国之行的高潮。我驱车和他一起赴宴，在那里，我们一起看到了这位大人物惊慌失措的样子。也许他参加过众多的宴会，但没有一次宴会比这次的名人多，这次聚会非比寻常。斯宾塞先生收到了很多名人赠送的稀世珍宝。当亨利·沃德·比彻转身向斯宾塞先生致辞时，宴会达到了高潮。

比彻先生是这样说的："我的身体是父母给的，而我的智慧，是先生您给的。在关键时刻，您为深陷困境中的我指明了方向，您是我的导师。"

他讲这番话时语气缓慢而郑重。很明显，他的这番话是发自肺腑的感恩之语，至于是否还有更深的感受，我就不记得了。这话感动了斯宾塞先生。宾客们对这番话也很是关注。比彻先生在这样的气氛中开始了他的布道，他讲述的是关于进化论的观点。无疑，他对斯宾塞先生的感恩会提升他在教会里的知名度，这正是他所期望的效果。如果我没记错的话，比彻先生是这样结束他的布道的，并以此来回答那些评论家的：他说，虽然他相信达尔文进化论中的某个观点，但是当人类达到最高境界时，上帝就会赐予他圣灵，由此他获得了神圣的光环，这是万物中唯有人才有资格获得的。

斯宾塞先生对机械设备兴趣浓厚。当我带他一起参观我们的工厂时，那些新型的机械装备让他印象深刻。在后来的岁月里，他有时会跟我提及往事，他说他的预测——美国会出现的发明和取得大规模的发展，现在已经完全实现了。他对美国的关注令他自己也感到心满意足。

我每次去英国，都会去看望他，即使后来他搬到了布莱顿我也去看望他。他在布莱顿可以看到大海，这会令他心神安宁，这样的居住环境对他自然很有吸引力。我从来没有遇到过像他这样的人：一举一动、一言一语都要做到完全遵从自己内心的声音——甚至微不足道的小事也要做到如此。他并不嘲笑宗教，但在神学领域，他却不太注重条理。这对他而言是一个阻碍他发展的大毛病。然而他对一些陈旧观点并没有像诗人丁尼生那样态度强烈。诺尔斯对我说，丁尼生无法控制自己的情绪。诺尔斯对诗人的儿子非常失望：因为厌恶严苛的神学，而没有对他的父亲作出真实的解读。

一直以来，斯宾塞先生都是一位沉着冷静的哲学家。我相信他从小到大——甚至是一生里都没有做过不道德的事，他无愧于任何人。在同时代的人中，他无疑是做事最认真的一个。我想，很少有人会比我更想要了解赫伯特·斯宾塞先生，因为很少有人会像我一样，对他和达尔文怀有深刻的感激之情。

对旧时代的神学的反对，让教会里的许多年轻人非常满意，尽管他们反对严厉的加尔文教派的信条，但真理和信仰对今后的幸福毕竟是必不可少的。这一点自然会获得有思想的青年的认可。人生到了一定时期，受过良好的高等教育的青年人不得不去思考信仰究竟是什么的问题，信仰是他追寻的榜样和方向，它必须是正确的。遗憾的是，他很快会发现信仰不会完全听命于他。

很快，年轻人便会产生长久的反抗情绪，并试着去臆断他人的信仰。他们表面上认可所有的信条和说教，但内心的想法却与此迥然不同，疑虑重重。卡莱尔经过苦思冥想之后，发表了自己的意见："如果不可信的话，那就以上帝的名义，让他名誉扫地。"这样一来，他便永远消除了疑惑和忧虑。

当年，我和三四位好友都对神学持有疑惑。我所说的神学包括超自然因素、代为赎罪的拯救方法，以及在此基础上的所有学说。幸运的是，我读到了达尔文《人类的起源》和斯宾塞的《伦理学原理》《第一原理》《社会静力学》等著作。读到他们就人类如何汲取对自己有益的精神食粮，取其精华、去其糟粕的内容时，我的内心产生了豁然开朗之感。至此，我不但摆脱了因宗教和神学方面的疑惑而带来的困扰，而且找到了人类发展的真理："万事万物都是不断向前发展的"。这句话既是我的座右铭，也是我的幸福之源。人类的进化从低级形态发展到高级形态，永无止境，不断完善。人类站在阳光下仰视它的光明，探索不已。

人作为一个有机体，会本能地趋利避害，吸取精华，放弃糟粕。如果放开想象，不难展望：宇宙的设计者创造出了完美的人，他们就像天堂中的天使一样无忧无虑。虽然目前的人类不可能做到如此完美，但是人类永远都在进步，而不是后退，因此这样的理想是有可能实现的。与其他国家的宗教书籍一样，《旧约》和《新约》流传到今天，是有其存在的价值的：它们既对过去进行了记录，也推介了信仰者极力推崇的好经验。我们应该像写出《圣经》的那些古人一样，我们的任何主张都应该取决于当下的生活和自身的责任。正如伟大的圣人和人生导师孔子所教导的："士不可以不弘毅，任重而道远。"明天，世界将会是什么样子？未来，人类将担当怎样的责任……这些问题都是等我们到了那个时候才应考虑的。

在这个庄严、神秘、充满未知的宇宙中，我就如同阳光下的一粒微尘，毫不起眼。退一步思考，让我明白了一个真理。富兰克林说得对："对上帝最高的尊崇是为人类服务。"然而，所有这些都不能阻止人们对于名誉的永恒追求。未来的人们会比现在的人们创造更多的奇迹。人类已经创造了一个个奇迹，为什么不能再创造另一个呢？因此，我们完全有理由去追求不朽的名誉。让我们一起期待吧！

第二十六章　布莱恩和哈里森

有人因结交甚广而著名，有人则因善于讲故事而广为人知。布莱恩先生属于后者。他的性格如阳光一样活泼开朗，妙趣横生且尖锐深刻的故事总是能从他的嘴里说出来。

我陪同布莱恩先生去了约克郡，大家对他在那里的演讲非常满意。两个说英语的民族之间培养起来的友谊被他用到演讲中，最后他希望两国之间能长期和平友好。当我听到他的演讲稿内容时，我觉得"长期"这个词不太合适，于是我说：

"国务卿先生，我建议您把'长期'换成'永远'。"

"很好，非常正确！"

于是演讲中就改为："永远和平友好。"

我们从约克郡回来，那晚的夜色很美。月光下，前方有军乐队演奏，我们坐在船尾，谈起对音乐的感受。布莱恩先生说，《即将到来的快乐》是他最喜欢的乐曲，他是在加菲尔德总统的葬礼上才听到这首曲子的，演奏这首曲子的就是现在的这支乐队。他当时就被那种有生以来从未有过的悦耳的声音深深打动了。他恳请乐队在当晚再演奏一遍这首乐曲。自然简朴的音乐是他和格莱斯顿的共同喜好。他们对贝多芬等著名的音乐家推崇备至，但却丝毫不了解瓦格纳。

我问他在国会听过的最精彩的演说是谁的？"原宾夕法尼亚州州长，德国人里特尔的一次演说。"他说。

在一次讨论为内陆地区淡水供应拨款的议题时，出现了不同的声音，讨论非常激烈，难分胜负。就在此时，一直很安静的里特尔州长却站了出来，现场马上安静了，这个老德国人想说什么呢？他说了下面的话："议长先生，我不太了解宪法，但是我知道，宪法肯定会在淡水中洗澡，而不是在盐水中洗澡，否则我不会给钱。"议员们对此爆笑如雷，法案就此通过。

于是，新政策出台了。通过适当调整我们的宪法可以满足人口的日益增长的新的需求。

布莱恩先生有很多精彩的故事，如果非要选一个最精彩的话，我想非下面这个莫属：

一位被称为法国法官的著名民主人士住在靠近加利波利斯的俄亥俄河畔，他对一些反对奴隶制度的朋友们说："我不讨厌奴隶，我还可能会把第一批潜逃来的黑奴安排到我的办公室。可他们为什么想要逃走呢？"于是，法官和奴隶有了下面这次对话：

法官："我想，是因为你们的主人对你们不好，你们才从肯塔基州逃出来，是吗？"

奴隶："噢，不，法官大人，主人没有欺负我们，他很好。"

法官："他不让你休息？"

奴隶："不，我的工作很轻松。"

法官踌躇了一会儿，说："他不给你饭吃？"

奴隶："吃不饱？噢，上帝啊！我的饮食很丰富。"

法官："他不给你衣服穿？"

奴隶："法官大人，我的衣服有很多。"

法官："你的住所不够好？"

奴隶："噢，上帝啊！我在肯塔基州漂亮的小木屋非常舒适。"

法官停顿了一下，说："你的主人善良和蔼，你的工作很轻松，有吃有穿，住所很舒服。真想不通，你有什么理由逃跑？"

奴隶："是的，法官大人，我的生活很美好，可你愿意跟我换吗？"

法官似乎想通了。

"自由非常诱人，对奴隶们来说，虽然他们的生活无忧，但他们缺少自由。"

这些人为了自由甘愿冒险，他们会一直争取，直到获得美国公民身份。

布莱恩先生和我在克鲁尼时非常高兴。他就像一个孩子，在我的指导下，学会了用苍蝇钓鱼法。他第一次钓鱼时的情景让我难忘："我的朋友，我从你这里学会了钓鱼的方法。上百个垂钓的海湾在缅因州，我以后度假可有事干了。"

克鲁尼的 6 月无昼夜之分，我们在草地上一直尽情地跳舞。学习苏格兰旋转舞的布莱恩夫人、道奇小姐、布莱恩先生和其他宾客都像苏格兰高地人一样发出嗬嗬的叫喊声。在那两个星期里，我们纵酒狂欢，畅快淋漓。此后的一天晚上，我们在纽约的家中举行了一次宴会，布莱恩先生对来自克鲁尼的客人们说，他来到克鲁尼才发现什么样的度假才是真正的假期。

1888 年，布莱恩先生被总统哈里森提名担任总统，而当时，布莱恩先生正与我们一起进行快乐的旅行——我们和布莱恩夫妇、玛格丽特·布莱恩小姐、黑尔议员及夫人、道奇小姐、沃尔特·达姆罗施坐在一辆车上，正从伦敦向克鲁尼城堡进发。从爱丁堡快到林利斯哥时，我们在酒店受到了当地的市长和地方官员们热情地迎接。布莱恩先生拿着一封电报进了屋，他问我电报上是什么意思。因为电报上写着四个字："请用密码。"这是芝加哥议会的埃尔金斯议员发来的。布莱恩先生曾经发电报说，只有俄亥俄州的谢尔曼部长同意他才接受总统提名。埃尔金斯议员非常愿意与布莱恩先生保持一种不受任何影响的通信联系。

我对布莱恩先生说，在我们出发前，埃尔金斯议员曾与我见面，他对我说，我们应该有密码，因为我们是重要候选人。我把几个密符给了他，并把它记在一张纸片上放进了我的笔记本里。那几个密符很快就在我的笔记本里找到了。"胜利者"代表布莱恩，"王牌"代表哈里森，"明星"指的是新泽西州的费尔普斯，等等。晚上，写有"王牌"和"明星"的电报被我发了出去。

第二天，我们在政府办公楼接受检阅时，布莱恩拿到一封电报："被提名为候选人为哈里森和莫顿。"费尔普斯没能入选。就这样，最高政府的组织权掌握在布莱恩手中。

布莱恩先生作为哈里森内阁的国务卿是非常称职的，他最辉煌的功绩就是泛美大会。而我成为泛美大会美国代表团成员，是我一生中唯一的一次政治任命。这使我对南美洲国家以及他们的各种问题有了最生动的了解。我们和所有共和国的代表们聚在一起，巴西除外。一天上午大会发表了批准成立新组织的宣告。17 个姊妹共和国又多了一个成员国——巴西，此时已经有 21 个共和国了。现场掌声如雷，这是对巴西代表团表示庆贺的掌声。

坐在我邻座的是未来的阿根廷总统——曼纽尔·昆塔纳。大会的议程让他很感兴趣，有一天，一个不起眼的议题使他非常不满，这促使他和大会主席布莱恩产生了激烈的争论。我认为这个问题的根源在于语言翻译上的错误。我站起来悄悄地向主席台后面走去，找到布莱恩，然后对他小声说："会议先暂停，分歧会消除的。"他赞同我的观点。我回到座位上，提出休会。在休会期间，这个问题就解决了。有一个小插曲发生在我们离开会场的时候。在我没有丝毫准备的情况下，一个人突然用一只手搂着我，另一只手拍打我的胸口，并大声说道："卡内基先生，你这里的东西比这里的更多。"——他指着他的口袋。这就是南方的兄弟表达自己情感的方式。他们热情的性格也许是由热带的气候造成的。

我在前面已经说过了，哈里森总统在1891年和我一起从华盛顿前往匹兹堡，为我在阿勒格尼市捐赠的卡内基礼堂和图书馆揭幕。白天我们从巴尔的摩和俄亥俄州铁路经过，一路欢歌，欣赏沿途的风景是总统的一大乐趣。我们到达匹兹堡时天已经黑了，他看到熊熊燃烧的焦炭炉和火光冉冉的烟柱非常惊讶。人们对匹兹堡的描述是这样的：从山顶看就像是"一只打开盖子的水壶"，哈里森总统认为这描述非常恰当。在他之前，还没有总统访问过匹兹堡。

揭幕仪式因为有总统的参与而异常隆重，一切都很美好。第二天一早，我们的钢铁厂成为总统最先想看的地方，护送他的人陪他到了那儿，工人们用热烈的掌声欢迎了他。每个部门经理都被我召集起来，逐一介绍给他。最后，轮到介绍施瓦布先生了，总统转过头来对我说："怎么回事，卡内基先生，你怎么把一些孩子介绍给我认识？"

"没错，总统先生，但你发现他们的特别之处了吗？"

"是的，他们个个都是把好手。"他评论道。

他说得太对了。这个世界上这样的青年人才太难找了，他们都是公司的合伙人，但不用承担负成本或风险。

总统造访了匹兹堡和阿勒格尼，这是阿勒格尼的一个意外收获，而匹兹堡的市议会成员们令我想起了一幕令我难堪的事情：他们拒绝了我第一次提出想要给匹兹堡捐建一座图书馆和一座礼堂的请求。当时，阿勒格尼的官员知道这件事后，问我能否把这笔捐赠给他们，我同意了。总统亲自来为阿勒格尼的图书馆和礼堂揭幕，这个举动使得匹兹堡大受冷落。第二天早晨，匹兹堡的官员找到了我，问我是否能重新考虑给匹兹堡捐赠。如果可以的话，匹兹堡将非常愿意接受，而且会增加一大笔维护费用，这笔费用比我先前提出的要求还要多。我为什么不愿意呢，我主动提出捐赠 100 万美元，而在此之前我要捐赠的是 25 万美元。我的捐助越来越多，卡内基研究院就这样形成了。

匹兹堡的大多数市民都能免费在卡内基研究院享受到艺术的魅力。这座昔日的工业重镇经过多年的积累，已经拥有了自己固定的管弦乐队——当时的美国只有波士顿和芝加哥才有。一座博物馆和一所美术学校也在这里建成。我一生中最为满意的成就就是我在那里捐建的图书馆、艺术画廊、博物馆及音乐大厅（在这座美轮美奂的建筑里能演奏四重奏）。我太多的记忆留在了这里，因为我早期就生活在这个地方，它是我创业起步的地方，匹兹堡虽然古老、烟雾缭绕，但它成就了我。

在匹兹堡，赫伯特·斯宾塞听说了我捐助匹兹堡的过程，便写信问我，他不明白我是怎么想的，如果是他，他再也不会为匹兹堡做什么了，匹兹堡不配得到这些。我给这位哲学家回信说，我要给匹兹堡捐助不是为了让他们感谢我，如果是那样，别人随便说我什么都可以。但是，我认为匹兹堡的人们才是受益者，没有他们就没有我的财富，我想做些对他们有好处的事情，以此去感化他们。感谢上帝，卡内基研究院已经建成了，匹兹堡的作用真正实现了。

第二十七章　华府外交

哈里森总统曾经在部队服过兵役，当总统后军人作风依然存在。很多朋友为他的脾气担忧。布莱恩关于在白令海的和解协定被加拿大的索尔兹伯里勋爵拒绝了，于是哈里森总统主张用武力解决。不过，他最终接受了朋友们的劝解。此外，他对《军力动员法》异常热情，对南美国家不友好。

智利与美国有冲突时，无人能阻止总统采取行动，只要有所行动，战争在所难免。总统被智利官方在声明中对他即将采取的行动所表示出的极为轻率挑衅的态度激怒了。我想为避免两国的战争做点事情，便去了趟华盛顿，我已经是首届泛美大会的成员了，对南方姊妹共和国的代表们是比较了解的，他们与我的关系也比较融洽。

我刚进入肖勒姆宾馆，就与密苏里州的亨得森参议员碰面了，他也是泛美大会的代表。我们互致问候，他望着对面的街道对我说："你来得正好，总统正找你呢。"

"你好，卡内基，何时到的？"

"总统先生，我刚刚到，刚在宾馆登记。"

"你为什么来这里？"

"我们需要好好谈谈。"

"很好，我们出去走走吧。"

傍晚，我和总统挽着胳膊在华盛顿的大街上漫步，聊了一个多小时，我们的谈话轻松愉悦。我对他说，我是他指定的泛美大会的代表，南美代表团的成员在泛美大会离开时，他为他们举行了一个阅兵仪式不是向他们炫耀军力，而是出于对代表们的尊敬，这是毋庸置疑的。拥有军队并不是我们的本来意愿，我们无须有军队。在共和国家族中，我们的实力是最强的，我们首先要考虑的是如何以和平的方式解决争端。因此，他为了小摩擦而要大动干戈，偏离了既定轨迹，我看到这一点非常难过。

"作为纽约人，你只关心自己的事业和钱财。纽约人的处事方式是这样的，国家的尊严和荣誉他们从来不考虑。"总统说。

"总统先生，我生活在美国，我是钢铁制造商的老大，战争对我的财产的增加是有利的，我可以从战争中获得巨额利润。"

"噢，是的，我忽略了这一点。"

"总统先生，如果让我去打仗，我会找一个和我身材一样的人。"

"很好，你能容忍他国的欺侮和羞辱吗？"

"总统先生，羞辱我的人只能是我自己，尊严不是别人给的。"

"你看，对岸袭击了我们的海军，有两位士兵牺牲了，你怎么解释？"他问。

"总统先生，海军士兵醉酒之后的矛盾，不会让美国颜面扫地，并且这些人不是美国人，从他们的姓名就可以看出。我觉得这件事最应该负责的应是船长，镇上发生骚乱时，已经无法保证公众的安全了，但他却允许手下上岸。我们应该对他进行撤职处理。"

我们谈得很投入，到白宫门口时天已经黑了。总统对我说，晚上他还有宴会要出席，但他安排我在明晚与他共进晚餐，他说那时只有自家人在，说话方便。

"明晚能和您共进晚餐是我的荣幸。"我说，于是我跟总统告别。

第二天早上，美国国务卿布莱恩先生热情地伸出双手迎接了我。

"嘿，我们昨晚还等着你一起吃饭呢。当时我夫人听总统说你在镇上，她就说：'我刚才还在想，如果卡内基先生在镇上，他正好来吃饭。'"

"噢，布莱恩先生，幸好我没见到你。"我回答说。于是我把昨晚的事情跟他说了一遍。

"是的，"他说，"这确实是幸运。不然，总统可能会认为我们是串通好的。"

正在此时，埃尔金斯进来了，他是西弗吉尼亚州的参议员，跟布莱恩先生是莫逆之交，跟总统也是挚友。他说，总统已经接见过他，他听总统说了昨晚我跟总统的交谈内容，对这个问题大家有分歧，并把与总统的对话告诉了我们。

埃尔金斯参议员说："总统先生，卡内基先生对我们说话时也这样直率。但我想你们在谈话时他会保留一些的，即使他非常敏感。"

总统答道："我担保他没有任何保留。"

布莱恩先生的和平外交政策使得事情得到了协调。据我所知，美国多次因为他而免遭外交纠纷。

我和总统在友好气氛的晚宴上谈了很久。但我能看出来他不在状态，我大胆地建议他休息，出去散散心是他必须做的。他说，未来几天要去开快艇，但刚刚去世的布拉德利法官是最高法院的人，必须尽快找到一个继任者。我建议道，我有个人选，但我不方便推荐，因为我们很熟悉，曾经一起钓鱼，是多年的朋友，我怕这样的关系影响到客观的判断，但可以调查一下他的情况——匹兹堡的施拉斯先生。后来总统对施拉斯先生的情况做了详细的了解，并向他颁布了任命。施拉斯先生能被任命是因为这个职位很适合他，否则总统不会考虑任用他，不管是谁推荐，总统都不会答应。

对白令海的问题达成的一致协议遭到索尔兹伯里勋爵的否认，这让总统很恼火，他决定不接受反对意见，通过仲裁来解决，而且态度强硬。布莱恩先生与我进行单独交谈时，我向他解释，索尔兹伯里勋爵已经没有办法了。先前草率约定的条款使他无法接受，因为加拿大提出了抗议。还有一个原因，就是纽芬兰提出一定要稳定其利益，所以他和纽芬兰之间也有问题。在英国，纽芬兰左右不了政府对加拿大的态度。索尔兹伯里勋爵已经竭尽所能了。

白令海问题的处理中，有一些小插曲比较有意思。一天，华盛顿接待了加拿大总理约翰·麦克唐纳爵士，布莱恩先生收到他们关于白令海问题想跟总统当面商议的请求。"我得先向总统请示。"布莱恩先生说，约翰爵士会在第二天早上得到回复。

后来我在华盛顿听布莱恩先生说起此事。"当然，"他说，"总统不会正式接见约翰爵士一行的，我很清楚这一点，我在他们拜访时已经明确告诉他们了，而如果我安排加拿大总理与纽约当局官员会面，华盛顿的一些意见很快就会来到我面前，而且纽约当局也不会消停。"

后来，布莱恩先生向英美两国提出建议：双方都在白令海安排两艘舰船，在海上双方权利对等，实际上就是联合执法。英国大使朱利安·庞斯富特爵士收到索尔兹伯里勋爵发来的表示对布莱恩先生在这一问题上所作出的"明智的建议"的感谢的电报。对于悬挂任何一方或者双方国旗的船只赋予同等的权利，这是人类历史上的突破，这个条约是充满情谊的，是正义的。我之所以会把这件事拿出来说一说，是想对那些才能卓越又善于实践的政治家们说，心急吃不了热豆腐，有时候欲速则不达。

作为政治家，布莱恩先生的确很伟大，他的视野广阔，嗅觉敏锐，和平是他一直所追求的。在处理与智利的交战、《军事法案》，以及白令海的问题上，他没有意气用事，思维活跃，力主和平。他在团结英语民族的关系中起到了正面的促进作用。布莱恩先生并没有忘记美国独立战争时期法国对我们的帮助，但他并没有因此而头脑发热忘乎所以。

布莱恩先生在伦敦举行的一次晚宴上，与宾客进行了一次短暂的交锋。当时，《克莱顿－布尔沃协议》被提出来。某位著名的政治家站出来说："我们感觉布莱恩先生对英国一向怀有敌意。"这种说法被布莱恩先生否认了，但根据我所掌握的情况看，这位政治家的说法是较为准确的，《克莱顿－布尔沃协议》的相关信件可以作为证据。

布莱恩先生是这样回答的："作为国务卿，我必须提出来，我惊讶地发现，我们总是会听到你们的外交大臣告诉我们，你们的女王陛下'期望'什么，而我们的国务卿在向你们转达消息时，会说我们总统'冒昧请求'什么。"

"很好，你承认对信件上的措辞进行了修改吗？"这个问题的矛头直接指向他。

他的反应相当迅速："变化不大。美国无须再向任何强权国家用'冒昧请求'这种的字眼。我的做法是你们教我的，如果女王陛下能够'冒昧请求'，那么我们的总统也一定会做得到的；而如果你们坚持用'期望'什么，恐怕回应你们的也只有'期望'了。"

在一个有约瑟夫·张伯伦先生和苏格兰钢铁公司总裁查尔斯·泰南特爵士出席的晚宴上，张伯伦先生说："我的朋友卡内基是一个十分难得的伙伴，他能够获得成功我们很高兴。但有个问题我想不明白，美国为什么每年都会给卡内基价值 100 万英镑或者更多的保险费，这是对钢轨生产进行补贴吗？"

"噢，"布莱恩先生说，"我们不这么看这个问题。以前我们以每吨 90 美元的价格向你们购买钢轨，分利不让。现在，就在我此行出发之前，我们的朋友卡内基已经同意以每吨 30 美元的价格把钢轨卖给美国政府，并且已经签订了大额的合同。这使我想到，如果没有卡内基及他的同行们愿意在我们的大西洋沿岸冒险投资用于发展制造业的话，那么现在我们就不得不乖乖地花 90 美元才能买到一吨钢轨。"

这时，查尔斯爵士插话说："我们商定的出口价格就是 90 美元，这一点请不要质疑。"

布莱恩先生微笑着说道："张伯伦先生，你还没有准备好充足的对卡内基先生发难的理由。"

"是啊，"他回答，"我不会有充分的理由的，查尔斯爵士不是已经不跟我在同一条战壕里了吗？"于是，笑声响起来了。

布莱恩是非常健谈的，他的讲话很有特色，即：他从来不会把事情说错，一个词也不会错，就算是最挑剔的人也很难找出什么毛病。他的反应极其灵敏，跟他在一起的人会感到很愉悦，并且我发现他总是用平和的眼光看待所有的国际问题。

第二十八章　约翰·海和总统麦金莱

约翰·海是我们在英格兰和苏格兰的座上宾。1898年，他还没来得及到斯基伯看望我们，就被麦金莱总统召回国了，并升职为国务卿。他在公务上所做的事很少有人记录。因为他很真诚，人们对他充分信任，他志向高远，痛恨战争，认为人类最残忍和最愚蠢的行为莫过于此。

我跟约翰·海和亨利·怀特（公使馆秘书，后来成为美国驻法国大使）在伦敦相遇了，当时我正打算启程去纽约，处理菲律宾事件。我惊讶于我们对此事观点相似：都认为这与我们的一贯政策是相悖的，避免远攻及不相连的国土是美国一直以来的原则，我们只要在美洲大陆内保持我们的主权即可，军国主义跟我们无关。此前，他给我写来了下面这封短信：

> 亲爱的卡内基：
>
> 　　对你在斯基伯的热情款待及你亲切的来信表示感谢。上周发生了一件非常严肃，也非常有趣的事情，就是我听到并且读到了许多表达友善的过分之词的信。
>
> 　　你发表在《北美》上的文章我读了，很感兴趣。但根据我现在的处境，你的观点我不认同。我脑海里只有一个问题：我们现在从菲律宾撤退的胜算有多大？谢天谢地这个难题不归我管。
>
> 　　　　　　　　　　　　　　　　　　　　　　　1898年8月22日于伦敦

这个难题最终还是落到了他手里，世事难料。

华盛顿的一天清晨，我和汉纳参议员一起去白宫，发现参议院修改《海—庞斯富特条约》一事令总统头疼。我敢肯定，对于参议院的要求，英国不会反对，因为工程资金是我们出，可最大的赢家是他们，我把这个想法告诉了总统。

汉纳参议员问我有没有见到"约翰"（海先生一直被他和麦金莱总统这么称呼），我说没有。于是，汉纳参议员说我应该去拜访他，尽量让他打起精神来，修正案一事让海先生很抑郁。我告诉海先生，参议院对《克莱顿—布尔沃条约》做了些修改，但知道这件事的人很少，没人会在意。修改后的《海—庞斯富特条约》很快就生效，是不是原来的形式没人关注。可他对此表示怀疑，担心英国不会让步。很快，我和海先生一起用餐时，他肯定了我的预料，进展顺利。

这是肯定的。我们已经从英国一方得知，修建运河是他们最希望的事，他们愿意为此做任何让步。修建运河可能在当时并不值得，但这跟耗费三四千万金钱建造军舰去攻打假想敌人相比，意义大多了。修建运河会有一些损失，但建造军舰极有可能引发战争。因为：

> "罪恶工具已现，罪恶将会来临。"

海先生非常不喜欢参议院，在那里，只有在那里，他才会失控。而我认为根源在于他身体欠佳，他的朋友们都很清楚这一点，他当时的健康状况越来越糟了。

有一天我在海先生家吃午饭，那是他跟我的最后一次会面。当时，参议院修改的《仲裁条约》正在让罗斯福总统过目。极力劝说总统同意修改条约是以前任国务卿福斯特为首的仲裁委员会的成员们急于做到的。如果罗斯福总统不同意这份条约，那也主要是为了安慰病中的海先生，因为海先生绝不会向参议院退让。离开他家时，我对我妻子说，真不敢保证能够再次见到这位朋友。此后没多久，我们果真成了隔世人。

海先生作为华盛顿卡内基研究院创办之初的主席兼理事，对研究院的发展提供了大力支持和许多明智的建议，我们非常感激他。他作为一名政治家，表现出色，也是我所认识的人中不能及的。我一直保存着他的一封短信，我的文学创作也曾得到他最高的赞美，因为他那极其可爱的性格，人们才会对他那么热情。今天当我写下这些文字时，我感觉我的周围一片黯淡，因为他走了。

对于西班牙战争，麦金莱总统曾经试图尽力避免。古巴应有自治权是西班牙提出来的条件。"我不明白'自治'究竟意味着什么，但我希望加拿大所拥有的那些权利古巴也会有，这就是我的理解。"这是麦金莱总统给出的答复。亲爱的总统以为事情已然解决，但事实并非如此。

宣战了——参议院对参议员普罗克特讲述的他在古巴集中营的见闻感到震惊。国民又质问："西班牙为什么来这里？"麦金莱总统及他的和平外交政策被人晾在一边弃之不用。政府宣称扩张领土不是战争的目的，希望取得独立才是古巴的目标——他们会严格遵守诺言。这点应该被我们永远铭记，因为此次战争最有成效的一个方面就是它。

此次战争的一个污点是侵占菲律宾。他们把西班牙赶走了，占领了菲律宾，代价是支付 2000 万美元。根据总统的意见，在菲律宾建一座装煤站是经过内阁同意的，据说最初是巴黎的和平专委会成员发电报授意他们这么做的。麦金莱总统此时正忙着在西部发表演说，国旗和杜威的胜利的演讲内容让听众们欢呼不已。总统回来后才知道撤退的事，认为那样做会失去人心，便对先前的政策做了调整，可他的政策调整没人支持。

此时，我的朋友科尼利厄斯·N. 布利斯——内阁的一位要员，前来邀请我去华盛顿看望一下总统。

他说："只有你能说服他。他从上次演讲回来后，谁的话他也听不进去。"

我去华盛顿跟总统见了面，并进行了交谈。他坚持认为撤退会导致国内革命。最终，他向内阁大臣解释说，这么做是迫于压力，对菲律宾的占领只是权宜之计，这件事会妥善处理的，内阁就此安静了。

时任康奈尔大学校长的舒尔曼（他不赞成侵占别国领土）被麦金莱总统邀请担任委员会主席，并出访菲律宾。后来，委员会理事塔夫特法官（他对美国的霸权主义非常反感）随同前往。塔夫特法官指出，让谴责霸权行为的人出访菲律宾很奇怪，但总统说让他去那里肯定有他的道理。事情在有条不紊地进行，但是制止侵占和放弃购买领土是两码事。

曾有一次，与西班牙签署和平条约一事完全在布莱恩先生的掌控之中。可他却在自己党派的利益与祖国的利益相冲突时，毫不犹豫地选择了前者。这使我很多年都对他没有好感。

对于全美的政治家们来说，占领一块远离美国本土的殖民地是不可思议的：因为会有很多不可知的麻烦和危险找上他们：美国是首次犯严重的国际错误——参与国际军国主义。世界的变化就在政治家的一念之差！

几周前（1907年），我和罗斯福总统在白宫共进晚餐时，他说道："如果有两个人最希望美国从菲律宾事件中摆脱出来，他们就在这里。"当时塔夫特法官也在场，他指了指自己和法官。

"你就应该坚持和平啊？"我回应道，"美国人民会支持你的。"

然而，为菲律宾群岛的自治作准备使我们必须这么做，总统和塔夫特法官都这么认为。这就是"你要在学会游泳之后再下水"的策略，将来总有一天你会下水的。

菲律宾不被我们占领，就会被德国占领，这是霸权主义者的想法。但到目前为止，团结统一依然是我们国家的主流思想。

第二十九章　与德国君主见面

德国君主对我第一次为圣安德鲁斯大学的学生所作的校长致辞产生了兴趣，他通过纽约的巴林先生告诉我，我的演讲词他认真地看过了。同时，他在他大儿子的献祭仪式上的演讲词给我发了一份。随后，他对我做出了访问德国的邀请。因为事务繁忙，我们夫妇俩直到 1907 年 6 月才去了基尔，接待我们的是美国驻德国大使托尔先生夫妇，我们受到了非常热情的款待。我们在德国住了 3 天，在这期间我们认识了许多著名的公众人物。

托尔先生在我们到德国的第一天早晨就带我参观了皇家游艇。我与君主不期而遇。他恰巧在甲板上，看到托尔先生，便问道：这么早到游艇上来干吗？托尔先生解释说，主要是带我来参观一下。

君主问："为什么不给我们介绍一下？我希望能见见他。"

此时，一群海军将领正跟我谈话，谁都没有注意到君主的到来。有人拍了拍我的肩膀，我转过身去。

"君主陛下来了，卡内基先生。"

我还没回过神来，君主已经来到我的面前。我赶紧伸出双手，大声说道："这真是太巧了，我正期望能见到您呢，没想到是这个场合。"我接着说："尊敬的陛下，感谢您的热情邀请，您是我见过的第一个头戴王冠的君主。"

君主笑了——他的微笑非常有魅力。

"噢！是的，你写的书我看过，我知道你对君主的态度。"

"是的，尊敬的陛下，我喜欢的是君主头衔下的真正的人才。"

"啊！我明白了，苏格兰的国王罗伯特·布鲁斯一定是你喜欢的君主。我年轻时很崇拜他，他是我的榜样。"

"是的，尊敬的陛下，这位君主是我喜欢的。他的墓地就在我的故乡丹佛姆林的阿比大教堂。我小时候常常去那里，阿比大教堂高耸的方形纪念碑周围是我散步的地方，'罗伯特·布鲁斯国王'几个大字遍布在每一块石料上。但是，尊敬的陛下，布鲁斯不仅是一位国王，还是人民的领袖。尊敬的陛下，我如今在丹佛姆林拥有马尔科姆国王塔——您尊贵的苏格兰血统也是源自那里。《帕特里克·司本斯》这首经典而古老的民谣您也许很清楚：'丹佛姆林的塔上，国王坐在那里饮着鲜红的葡萄酒。'我想，您在方便的时候可以回苏格兰看看。"

他大声说："非常好。今晚，我们共进晚餐吧！"——他补充说刚到的海军将领们今晚也会受到款待。

大约有60人出席晚宴，那晚我们很愉快。我坐在君主陛下的对面，坐在他右边的是托尔先生，君主非常热情地举杯邀我们共饮。他还问我，是否把他心目中的英雄——布鲁斯长眠在我的故乡丹佛姆林的事情向布洛亲王提起过，他祖先的塔在皮特克利夫峡谷里，而我是那里的主人。

"不，"我回答说，"虽然我与陛下的交流很轻松愉悦，但我保证，与贵国大法官的交往将是极为真诚严肃的。"

一天晚上，我们借用戈莱特夫人的游艇设宴请客，君主陛下也来了，我告诉他，罗斯福总统向我透露说希望能拜访他。他认为如果能够作一次重要的交谈，两国会实现共赢。我相信确实如此，君主也认可了这个观点，他说非常想见罗斯福总统，希望他能来德国待几天。我建议他打破宪法的管制，乘船到美国与罗斯福总统会面。

"噢，我的国家离不开我！我怎么能离开呢？"

我回答说："有一年离家之前，我向我的员工们做了个告别，说自己将要离开，让他们在烈日下辛苦地工作非常抱歉。但我觉得现在我需要每年安排一个休假，即使再劳累，当我站在船头待上半个小时，看着船在大西洋的波浪中一路航行，我会感到非常惬意。聪明的琼斯船长会对我说：'噢，老板，我们在旅行中也得到了休息。'尊敬的陛下，您的人民也许会有这样的感觉。"

他哈哈大笑，这触发了他新的想法。他一再表示希望能见到罗斯福总统。

于是我说："好的，尊敬的陛下，如果让我在您和他之间选一个支持者的话，我肯定会选您的。虽然你们俩可能在某些问题上有分歧。"

他笑了笑说："噢，我知道！如果你能把罗斯福劝上马，我不会落后于他。"

"啊，不，尊敬的陛下，我得想办法让你们握住同一根缰绳，同步前进，这样你们的安全才有保障。"

像他对故事这么感兴趣的君主我还是第一次见。他是一位难得的朋友，我相信世界和平和人类发展是这位真诚的君主所渴望的。可以肯定地说，和平一直是他的主张。他认为，德国海军力量对英国构不成威胁，而且一直都没想过要与英国对抗。不过，我认为这个想法不好，因为他无须向别国表示卑恭，布洛亲王也同意我的观点。我认为德国会对世界和平造成威胁的担心是多余的，和平是德国一直所追求的方向，工业发展是他们的主要目标，他们会把主要精力放在这个领域里。

我请人把《罗斯福新政》转送给君主；君主把他自己的精美铜像和一封珍贵的来信送给了我，这使我很荣幸。他不只是一个国家的君主，而且还是一个追求世界和平的伟大的人，他渴望改善现状，尽力提倡戒酒，反对决斗等等主张，深得大众喜爱。我认为君主确实是一位真命天子。见到他之后，这种看法更加坚定了。我渴望他将来会有一番惊天动地的作为，千古留名。他对德国的和平统治已经有 27 年了，但人们觉得他还有更大的空间，他可以为世界和平做出更大的贡献。维护本国和平是他的职责，人们更希望他还能邀请其他重要国家联合起来，建立国际事务仲裁协会。本国的和平的守护者也好，国际和平使者也罢，我们对未来是有希望的。

1912 年，他在柏林皇宫当面接受了我带给他的美国的贺信，对他统治德国 25 年却没有发生任何流血事件表示庆祝。贺信装在致辞的盒子里，当我亲手交给他时，他向我张开双臂，大声说道："卡内基，我已经和平统治德国 25 年了，我希望世界永远和平。"

我不由得回应道："这项事业非常伟大，您是我们最重要的同盟者。"

目前，战争爆发与否，德国都是能够控制的。军国主义与世界和平，二者不能并存。今天（1914 年），当我读到这些文字时，我感慨良多！战争让这个世界发生了巨大的变化，这是史无前例的！人类杀红了眼！我不敢幻想什么。最近，有一位统治者在世界舞台上出现了，他或许会是一位伟大的人物，他在巴拿马运河通行费的问题上为本国赢得了荣誉，这个人就是现任总统威尔逊先生。他不可战胜的意志是天生的，我们真想说："国王能被神化，普通人也能成为王。"

对伟人来说，一切皆有可能！我们对威尔逊总统拭目以待！作为苏格兰人，他的血管里流淌着苏格兰人的血液。